扁舟越大江

夏建国 著

长江出版传媒 | 湖北人民出版社

图书在版编目(CIP)数据

苏东坡：扁舟越大江 / 夏建国著. —武汉：湖北人民出版社, 2023.8
ISBN 978-7-216-10533-0

Ⅰ. ①苏…　Ⅱ. ①夏…　Ⅲ. ①苏轼（1036-1101）—生平事迹
Ⅳ. ①K825.6

中国版本图书馆CIP数据核字（2022）第203622号

责任编辑:杨晓方
　　　　　丁　琦
封面设计:刘舒扬
　　　　　赵汗青
责任校对:范承勇
责任印制:杨　锁

苏东坡：扁舟越大江　SUDONGPO：PIANZHOU YUE DAJIANG

出版发行:湖北人民出版社	**地址**:武汉市雄楚大道268号
印刷:武汉鑫兢诚印刷有限公司	**邮编**:430070
开本:787毫米×1092毫米　1/16	**印张**:18.5
字数:321千字	**插页**:2
版次:2023年8月第1版	**印次**:2023年8月第1次印刷
书号:ISBN 978-7-216-10533-0	**定价**:68.00元

本社网址：http://www.hbpp.com.cn
本社旗舰店：http://hbrmcbs.tmall.com
读者服务部电话：027-87679656
投诉举报电话：027-87679757
（图书如出现印装质量问题，由本社负责调换）

总　序

党的二十大报告明确指出："新时代十年的伟大变革，在党史、新中国史、改革开放史、社会主义发展史、中华民族发展史上具有里程碑意义。"在这个瞬息万变的时代，对历史的理解和认识从未像现在这样至关重要。历史是一面镜子，反映着人类社会的发展变迁，是我们回眸过往、洞察现状、展望未来、理解世界的重要基础。2023 年 6 月 2 日，习近平总书记在文化传承发展座谈会上强调，在新的起点上继续推动文化繁荣、建设文化强国、建设中华民族现代文明，是我们在新时代新的文化使命。

习近平总书记多次强调，青少年是祖国的未来和民族的希望，广大"五老"（老干部、老战士、老教师、老专家、老模范）是加强青少年思想政治工作的重要力量。中共中央办公厅、国务院办公厅发布《关于加强新时代关心下一代工作委员会工作的意见》，就加强新时代关心下一代工作委员会的工作提出意见。随后，湖北省委办公厅、省政府办公厅发布《关于加强新时代关心下一代工作委员会工作的若干措施》，其中明确提出面向青少年"深入开展党史、新中国史、改革开放史、社会主义发展史、中华民族发展史学习教育"。

鄂州市关心下一代工作委员会深感"五史"学习教育的重大性与紧迫性，也迫切为完成新的文化使命，在教育、引导、关爱、保护青少年方面贡献绵薄之力，故牵头组织编纂了这套青少年"五史"教育系列书籍。编纂过程中不仅汇聚了鄂州市"五老"力量，还广泛参考了各种历史资料和教育理念，力求做到史料丰富、史实可靠。

国民之魂，文以化之；国家之神，文以铸之。弘扬优秀传统文化，传承文化经典是一项功在当代、利在千秋、泽被后人的伟大工程。本系列书籍不是简单的码字写文，而是对中华优秀文化和中华民族精神的传承和发展。我们尽量避免枯燥的事实堆砌，而是通过生动的人物故事、重大事件的解读，以及深入浅出的历史思考，激发青少年对历史的兴趣，并从历史中获取鼓舞人心的精神养分；致力于鼓励青少年独立思考，培养他们的思辨能力，能从中学会多角度审视问题，形成自己的见解，使他们有能力用历史的视角思考问题，用历史的智慧解决现实的挑战。希望这套书籍可以陪伴青少年一同成长，为他们的人生旅程提供一盏明灯和一枚指南针。

最后，感谢参与编纂本系列书籍的所有人员，是你们的辛勤付出才使这套系列书籍得以面世。也感谢愿意花时间阅读的读者，是你们的关注和支持使我们的努力得以实现。

鄂州市青少年“五史”教育系列书籍编委会

2023 年 8 月

引 言

“大江东去，浪淘尽，千古风流人物。”

2000年，法国《世界报》评选出上一个千年对地球文明发展做出杰出贡献的十二位历史名人，国际上称之为“千年英雄”。中国唯一入选“千年英雄”的风流人物，是以豪放旷达胸襟，吟出千古绝唱《念奴娇·赤壁怀古》的苏轼。

苏轼，字子瞻，一字和仲，号东坡居士，生于宋仁宗景祐三年十二月十九日（1037年1月8日），卒于宋徽宗建中靖国元年七月二十八日（1101年8月24日）。在其赤壁吟咏时，夹江相拥的黄州、武昌（北宋荆湖北路鄂州武昌县，现湖北省鄂州市。为避免古今鄂州、武昌地域歧义，书中统一表述为“武昌”），给这位正经历贬谪磨难的宦海精英、骚坛俊杰，倾注了绵密浓郁的温情和滋养。

宋神宗元丰三年（1080）二月初一，苏轼因“乌台诗案”被贬来到黄州。由此，隔江相望的武昌也跟一代文豪因缘际会。他先后在给友人的信中说：“对岸即武昌诸山，时时扁舟独往”“纵游其间”“放浪山水间”。武昌这座古城以多情的土地、胜绝的山水、厚重的人文、淳朴的友情，接纳抚慰苏东坡，让其得以宣泄解脱，沉淀升华；促其日益旷达乐观，超然物外；使其越来越钟情适意于此，以至于离开多年后苏东坡仍深情地呼唤：“君不见武昌樊口幽绝处，东坡先生留五年！”

苏轼在江之上游的西蜀眉山起步，一路青云直上。人到中年却从云端峰尖跌入山谷泥潭，来到江之中游的黄州。他以破茧成蝶、涅槃重生之势，在其仕宦、文学旅途转了一个大弯后，一步步登上人生功业之巅。最后他在江之下游、邻近大海的常州毗陵仙逝。

苏东坡贬谪黄州、扁舟武昌这段人生历程，恰如其深爱的长江一样。大江在武昌这里也转了一个大弯：滚滚西来的母亲河，先是由北而南，直接拍击黄州赤壁，然后由于武昌樊山的顶托而没有继续南下，从此又浩然东去，奔涌入海。

目录

第一章

贬谪黄州　钟情武昌

心似已灰之木，身如不系之舟。
问汝平生功业，黄州惠州儋州。
——苏轼《自题金山画像》

使君何从得此本，点缀毫末分清妍。
不知人间何处有此境，径欲往买二顷田。
——苏轼《书王定国所藏王晋卿画〈烟江叠嶂图〉一首》

一、谪迁离京回眸

苏东坡戴罪贬谪黄州、结缘武昌，起因是“乌台诗案”。这一不幸使他的命运轨迹出现重大拐点，跌入人生低谷。武昌这座位于其贬谪地江对岸的古城，却有幸迎来喝着流经“千年诗书城”故乡岷江水长大、经受眉山纱縠行苏家厚实家风润泽的大文豪。苏东坡通过“时复扁舟”武昌，十分幸运地见识了独特美妙的山水、厚重温情的人文，为他疗伤舔血、蛰伏蝶变提供了慰藉，也帮助他从“寒饿”困顿、苦闷抑郁中走了出来，实现了“黄州突围”。苏东坡去世前对自己一生命运进行概括时，把这段历程视为步入人生功业高峰的第一站。

非凡之路提供结缘武昌机遇

苏东坡临终自评人生功业，发生在北宋建中靖国元年（1101）五月的润州（今江苏镇江）。

从最后一个贬谪地儋州遇赦北返的苏东坡，经过磕磕绊绊来到润州金山寺。寺中存有一幅北宋著名画家李公麟（1049—1106）为他绘的画像。画是十年前的画，作画地点在驸马都尉王诜（1048—1104）的西园。十年前的苏东坡就坐在西园的一块磐石上，右手自然而然地下垂，头戴“子瞻帽”，左手握着弯曲的竹杖，神情严肃地远望前方。这幅画让我们大体知道了苏轼的相貌特征：眼睛细长，颧骨高阔，耳朵肥大，脸盘方正均匀，右脸颊有黑痣，髭须修整得很精致。

看到画中年富力强、坚毅挺拔的自己，二十余年沉浮坎坷、死里逃生的经历，不由自主地涌上苏东坡心头。从四十五岁到四十九岁在黄州贬谪戴罪，五十九岁到六十一岁谪迁惠州，六十二岁到六十五岁流放儋州。这一幕幕悲壮大剧使他百感交集。苏轼拿起笔，用苍劲的手在画像旁边写下一首诗：

心似已灰之木，身如不系之舟。问汝平生功业，黄州惠州儋州。

两个月后，苏东坡在常州毗陵去世。他在《自题金山画像》这首诗中的自问自答，实际上是对一生功业的自评。

为什么苏东坡认为平生最值得自豪的功业恰恰在贬谪磨难之时呢？这位杰出的政治家、文学艺术家用他特有的诗意语言说明：建立非凡之功业，必是非凡之人；成就非凡之人，必走非凡之路。

苏东坡一生走过的确实是一条历经磨难、成就功业的非凡之路。在贬谪黄州、扁舟武昌前，苏轼经历了一段从科考春风得意到步入仕途踌躇满志，再到遭遇“乌台诗案”灭顶之灾、跌入落魄失意低谷的大喜大悲之路。被贬谪到黄州后，苏东坡则开启了后半生在跌宕起伏中蝶变升华、在命运抗争中成就伟大功业的非凡之路。

恰恰是这条非凡之路，为苏东坡提供了与武昌结下绵密情缘的历史机遇。这一机遇在他走出乌台大狱、离开汴京城（现河南开封）时就已开启。

无情押解黄州时的感怀思念

北宋元丰三年（1080）大年初一，汴京城鞭炮轰鸣，呈现出热热闹闹过新年的喜庆景象。此时刚刚走出乌台大狱的苏轼，面临的却是宋神宗赵顼（1048—1085）“令御史台差人转押前去”贬谪地的无情与凄惨境况。这个贬谪地就是十五年前苏轼兄弟俩护送父亲灵柩回川途中，在武昌樊口歇息时眺望大江对岸的那座古城——黄州。

大雪纷飞中，回望出入过无数次的汴京城，苏轼静心想其中的五次出入，刚好包含了自己前半生大起大落、悲喜交加的命运。

这是苏轼第五次离开汴京城，也是他仕途遭遇第一次大磨难的重要标志。来到汴水河畔，他不由自主地想起二十五年前的春夏之交，父亲苏洵（1009—1066）带着自己和弟弟苏辙（1039—1112），欢欣雀跃地第一次饮汴河水、进汴京城的情形。而二十五年后，他满怀凄凉郁闷心情离京，更加思念那座给予他们父子三人一举成名厚重底蕴的“千载诗书城”——故乡眉山，更加感怀眉山纱縠行那个老家给予自己的无限温暖。

岷江，经秦国李冰（前302—前325）父子鬼斧神工、因势利导的改造，通过都江堰将江水引入川西平原，形成“水旱从人，不知饥馑”的千里沃野，给四川盆地注入无限生机，成就了四川“天府之国”的美名。

岷江中游镶嵌着一颗璀璨的明珠——眉山。南宋大诗人陆游（1125—1210）为这里的山川秀丽、人杰地灵挥笔赋诗：“蜿蜒回顾山有情，平铺十里江无声。孕奇蓄秀当此地，郁然千载诗书城。”苏东坡好友吕陶（1028—1104）直接以“眉（山）素多士”夸赞这座“千载诗书城”。当年与苏轼兄弟同时参加省试的眉山学子就有四十多人，中举十三人，连宋仁宗赵祯（1010—1063）都惊叹“天下好学之士皆在眉山”。因此，清代四川三才子之一的彭端淑（1699—1779）说“两宋时人文之盛莫盛于蜀，蜀莫盛于眉”。据民国十二年《眉山县志·选举志》统计，仅大宋三百年间，眉山就出了进士八百八十六人。故乡的良好学风，为苏东坡成就伟大功业注入了浓浓基因。

第一次进汴京城，“三苏”父子一鸣惊人，还离不开苏家厚重文脉、厚朴家风的浸润。苏辙在《亡兄子瞻端明墓志铭》中说：“苏自栾城，西宅于眉。”说到这里，就不得不提及从赵州栾城（今属河北石家庄）走出的唐代宰相苏味道（648—705）。

苏味道，字守真，唐代政治家、文学家，二十岁举进士。武则天（624—705）当政时官至同凤阁鸾台平章事，跻身相位。与杜审言（645—708）、崔融（653—706）、李峤（645—714）并称为“文章四友”，还与李峤并称“苏李”。对唐代律诗发展有推动作用。其《正月十五夜》中的诗句“火树银花合”，被称为“古今元宵诗第一”。唐中宗神龙元年（705）被贬为眉州刺史。后迁为益州（治所在今成都市）大都督府长史，未及赴任就病逝于眉州。

眉山苏氏一脉就源于苏味道之子苏廷宪在当地的开枝散叶。到苏东坡祖父苏序（973—1047）时，苏家在眉山日益兴旺起来。

苏序生活在北宋初年。唐朝末年的藩镇割据终结了大唐盛世，随后不到六十年的时间里，五代十国“你方唱罢我登台”。北宋开国皇帝宋太祖赵匡胤（927—976）通过“陈桥兵变”取代后周建立大宋王朝。英明神武的宋太祖并没有陶醉于自己建立的盖世伟业，他从历史中吸取经验教训，用“杯酒释兵权”将“尚文抑武”确立为大宋国策。宋真宗赵恒（968—1022）在这样的历史背景下，亲自为大宋子民撰写《劝学篇》：“当家不用买良田，书中自有千钟粟。安居不用架高堂，书中自有黄金屋。娶妻莫恨无良媒，书中自有颜如玉。出门莫恨无人随，书中车马多如簇。男儿欲遂平生志，五经勤向窗前读。”

宋真宗的劝学、眉山浓郁的民间学风、宰相后裔的盛名，使苏序形成了“吾欲子孙读书不愿富”的持家理念，倾尽家财购书，想方设法支持子孙读书、考取功名。苏东坡在《答任师中家汉公》中说：

> 先君昔未仕，杜门皇祐初。道德无贫贱，风采照乡闾。
> 何尝疏小人，小人自阔疏。出门无所诣，老史在郊墟。
> 门前万竿竹，堂上四库书。

与这首诗所述“堂上四库书”相互印证的是苏辙的两段文字。他在《藏书室记》里说家中“有书数千卷”。在《再祭亡兄端明文》中又说“幼学无师，先君是从。游戏图书，寤寐其中”。

苏序长子苏澹（？—1037）、次子苏涣（1000—1062），都以文学举进士。苏涣还于宋仁宗天圣二年（1024）进士及第。苏辙在《伯父墓表》记载：（苏涣）“登科，乡人皆喜之，迎者百里不绝。”这在眉山产生巨大震动，也对苏洵、苏轼、苏辙父子三人后来能够一举成名并同时入列“唐宋八大家”影响巨大。曾巩（1019—1083）在《赠职方员外郎苏君墓志铭》中这样说：“至（苏）涣以进士起家，蜀人荣之，意始大变，皆喜受学。及其后，眉之学者至千余人，盖自苏氏始。”同是蜀中英杰的朱德（1886—1976）也为三苏祠写下“一门三父子，都是大文豪。诗赋传千古，峨眉共比高”的题词，盛赞“苏门奇迹”。

想起第一次进汴京城时的春风得意，苏轼又由衷地感念父母在自己成长道路上的谆谆教诲。挂在河北省石家庄市栾城区苏东坡祖籍纪念馆三苏纪念厅的楹联“父母严慈，教子有方，修身治国尊儒训；兄弟友爱，慰亲无愧，功业声名照汗青”，就是这方面的生动写照。

苏轼母亲程夫人是一位不同寻常的女性。北宋史学家司马光（1019—

1086）在《苏主簿夫人墓志铭》中给予她很高的评价：

府君（苏洵）年二十七，犹不学。一日慨然谓夫人曰："吾自视，今犹可学。然家待我而生，学且废，奈何？"

夫人曰："我欲言之久矣！恶使子为因我学者，子苟有志，以生累我可也。"既罄出服玩鬻之，以治生，不数年，遂为富家。府君由是得以专志于学，卒为大儒。

这段文是说程夫人对于"少不喜学"的丈夫苏洵，不是一味地埋怨，而是因势利导。她是一个大家闺秀，却用柔弱的肩膀扛起全家生活的重担。程夫人灵活精明，有经商头脑。她把苏家在纱縠行正中间地段的临街房屋开成商铺和丝织作坊，雇人摘桑养蚕，缫丝织布，逐步使苏家富裕起来，从而让丈夫心无旁骛地读书做学问。司马光说苏洵"卒为大儒"有程夫人的功劳。

《苏主簿夫人墓志铭》中还记述了程夫人教子的情况："夫人喜读书，皆识其大义。轼、辙之幼也，夫人亲教之。"苏轼满五岁时，程夫人就亲自启蒙。有一天，程夫人教苏轼兄弟俩读《范滂传》。这是一篇记叙东汉名人范滂（137—169）正直节慨、宁死不屈的传记。听了母亲的讲解后，苏轼幼小的心灵受到很大的冲击。可以说，程夫人帮苏轼扣好了人生的"第一粒扣子"，是他树立远大志向的引路人。

再来看看父亲苏洵及其对苏轼的影响。纵观苏洵一生，用当下话语评价他是"问题少年""另类青年"，不按常规出牌而大器晚成。他的非凡人生对苏轼有林林总总的影响，并深深地渗透在苏东坡的人生之旅中。

苏洵一生独具风骨，这在他带两个儿子第一次到汴京城毛遂自荐时就得到充分体现。没有功名，又远离京师的一介西蜀布衣，为了能一展抱负，他先后向韩琦（1008—1075）、欧阳修（1007—1072）等当朝权臣发出求见信。但信中没有低三下四、阿谀奉承的华丽辞藻，有的是阐述自己政治主张、治国方略、针砭时弊的洋洋洒洒之文，以其才华学识博取认可。他的风骨傲然，因而被人们称为"布衣鸿儒"。苏洵的风骨，还体现在其著书立说力求标新立异，为人处事从不掩饰自己的张扬个性上。第一个欣赏苏洵之才，并积极向当世名臣推荐他的张方平（1007—1091），在《文安先生墓表》里举了这样一个例子：王安石（1021—1086）因主持变法"名始盛，党友倾一时"，他想跟苏洵相交。但苏洵认为其“是不近人情者，鲜不为天下患”，不仅回避，还在王安石母亲去世时作《辨奸》臧否其人。

有其父必有其子。苏轼后来在仕宦起伏、党争迭起中体现出来的铮铮铁骨，与其父何其相似！不管是在皇帝面前，还是在朝廷重臣之中，又或是面对政敌，他从不随声附和，敢于说出不同凡响之见，每每因此被谗遭贬而不悔。就连其爱妾王朝云也说他“一肚子不合时宜”。苏轼遭遇“乌台诗案”、五次进出汴京城，与他骨子里的刚正不阿、肚子里的“不合时宜”直接相关。

命运波折中难忘一路相助的贵人

苏轼从嘉祐元年（1056）第一次满怀自信进汴京城，到第五次被贬谪押解离开皇城，划出了一条从初次出川的贵人相助、春风得意，到初入仕途的跌跌撞撞、踌躇满志，再到陷入党争、被贬黄州的轨迹。其间既有命运眷顾，又有命运波折，更有命运抗争。贬谪戴罪前往黄州，回眸过往历程，苏轼对一路的贵人难以忘怀。

也许是天佑英才，还未出川，苏轼父子就得到镇守成都的礼部侍郎张方平、雅州（今四川省雅安）知州雷简夫（1001—1067）的举荐，结识了他们科考之路上的贵人欧阳修。苏轼在《上梅直讲书》中记述了他跟这位贵人神交久远的特殊缘分：“轼七八岁时，始知读书，闻今天下有欧阳公者。”“始能读其文词”便“想见其为人”。

此前，北宋贡举考试主要以句读、声律之学取士，苏洵因反感此作法而屡试不中。苏轼兄弟参加的这次考试，是由北宋古文运动主要推动者欧阳修主持的，他坚决摒弃之前作法，新的考试以经世致用为主。这正好符合兄弟二人之所学。当一眼见到“省试刑赏忠厚之至论”的试题时，苏轼便洞悉皇帝和出题者的良苦用心，仅用六百余字就阐述了自己的“仁政治国”主张。当梅尧臣（1002—1060）从一大堆试卷中发现这份不同寻常的试卷后，立即呈送主考官欧阳修。欧阳修一口气阅完此试卷，连连拍案叫绝。试卷启封时发现署名为“眉州苏轼”，他大为惊叹：“蜀中有如此高才之士，朝廷之大幸矣！”接着进行礼部复试，苏轼以《春秋对义》的口试取为第一名。御批放榜，苏轼第二名，苏辙第五名。

苏轼兄弟俩的科考路之所以如此出彩，并受到欧阳修的好评，是因为在父亲苏洵的指教下，他们通今博古，以西汉文辞为宗师，秉承三代和汉唐文韵，为文词语质朴，不尚华丽，直抒胸臆，针砭时弊。这正合欧阳修所提倡的“条达疏畅、委婉闲易”文风，也是他想通过革除科举考试积弊、改变文风所推崇之作。因此，苏轼兄弟是一代文宗欧阳修挽狂澜于既倒，革除科考积弊的最大受益者。

历史应该感谢这位大德贤儒的伯乐之举。是欧阳修为“三苏”父子同时扬名提供了舞台和机遇，使他们免于在草泽中自生自灭，并使三人同时走进“唐宋八大家”殿堂。从另一个角度看，“三苏”父子也是欧阳修推进北宋古文运动的自觉实践者和强大助力者。

在苏轼春风得意，不断向上攀登之时，还有一位贵人，即宋仁宗。

进士及第三个月后的四月八日，程夫人因病去世，苏轼兄弟俩不得不第一次离开汴京城，立即回川奔丧。嘉祐五年（1060）二月守孝期满，苏轼、苏辙举家迁移，第二次进汴京城，并迎来一个展示才华的更好机会——朝廷准备开制考科。据《宋史·选举志》记载：“制科无常，所以待天子每亲策之。”苏轼兄弟俩就非常荣幸地沾了宋仁宗亲开制科的光。

苏轼兄弟俩同时参加“贤良方正能直言极谏科”考试，都“直言当世之故，无所委屈”。他们大胆的应试之语，特别是苏辙的一些过激言论，有的考官恐皇上龙颜恼怒，主张黜之。但开明大度且爱才的宋仁宗说：“求直言而以直弃之，天下其谓我何？”因而将苏轼录为宋开国以来只有吴育（1004—1058）一人得过的最高等级——三等，苏辙被录为四等。《宋史·苏轼传》还记载：“仁宗初读轼、辙制策，退而喜曰：‘朕今日为子孙得两宰相矣。’”

不久，宋仁宗任命苏轼为大理评事、签书凤翔判官。第二次离开汴京城赴任的苏轼，此时还不满二十六岁。初入仕途就一步跳到了相当于副知州的位子，何等意气风发！

三年后，宋仁宗驾崩。尽管其生前无法把“为子孙得两宰相”这一预言落到实处，但这句话后来对苏轼兄弟俩的仕途命运还是非常管用的。顺境时，这是他们能得到重用的“绿色通行证”；逆境时，这是他们的“免死金牌”。

正如自然界“花无百日红，月无百日圆”那样，苏东坡的一生伴随着命运的起起伏伏，并在年富力强时跌入“乌台诗案”的深渊，以贬谪戴罪的身份第五次离开汴京城。此时他不得不深思“乌台诗案”的前因后果，不能不把跌入人生第一次大低谷的惨痛经历刻入心扉。

二、“乌台诗案”磨难

“淹滞”生涯的开启

从宋仁宗手上接过皇位的宋英宗赵曙（1032—1067），还记得先皇“为子孙得两宰相”的话，也非常欣赏苏轼的才华学识。治平二年（1065）正月，苏轼任满还朝第三次进汴京城。宋英宗了解到他在凤翔政绩卓著后有心大用。但就是在这样的情况下，影响苏轼兄弟俩仕途升迁，使他们最终没能坐上宰相位置的悲剧却悄悄拉开序幕。其开场曲便是英宗越级使用苏轼的提议搁浅，不仅开启“淹滞”生涯，而且为后来包括“乌台诗案”在内的一系列贬谪磨难悲剧预定了基调，还为苏轼后来贬到黄州、结缘武昌埋下伏笔。

在一次朝议时，英宗突然提出要将苏轼召入翰林制诰。这一升迁便是五级，满朝文武甚感惊异。宰相韩琦以“资浅”为由劝说英宗不能“骤用”苏轼。这一理由成为后来政敌打击他们兄弟俩的利器。对此，史学家评说：“计自英宗以来，（苏轼）凡淹滞者二十二年。”

后来苏轼通过召试入直史馆。不久妻子王弗病逝，第二年父亲又去世。待到守孝期满，苏轼兄弟俩于熙宁二年（1069）二月第四次进汴京城时，朝廷政局已发生巨大变化。

先是宋英宗驾崩，接着是宋神宗一上台就任用王安石，大刀阔斧地推进变法。本来苏轼也是力主变法派，但对王安石变法中的一些不得当举措，他又毫不客气地给予批评。《宋史·苏轼传》记载：“轼见安石赞神宗以独断专任，因试进士发策。”对此，“安石滋怒，使御史谢景温论奏其过”。

谢景温（1021—1098）是王安石的亲家，见苏轼在“试进士发策”时用历史典故发问，暗讽王安石主张的“独断专任”，于是就跳出来诬陷苏轼在扶送父亲灵柩返蜀时利用官船贩运私盐。这是苏轼第一次受到新党的打击迫害。

当然谢景温的这一莫须有诬告最后以“穷治无所得”结案，但苏轼兄弟俩就此莫名其妙地被划入旧党。在这样的情况下，“轼遂请外，通判杭州”。

宋神宗熙宁四年（1071）七月，苏轼以杭州通判的身份，第四次失意地离开汴京城。在杭州，他从百姓那里看到了王安石变法的得与失，并将其写进《山村五绝》中。“有生何处不安生”“岂是闻韶解忘味？迩来三月食无盐”“过眼青钱转手空”“一年强半在城中”等有讽刺新法意味的诗句，为他日后的遭遇埋下祸根。

熙宁七年（1074），苏轼改知密州（治所在今山东潍坊诸城）。虽然这是官职升迁，但朝中一阵接一阵吹来的凉风，还是让他有了“云山摛锦，朝露漙漙。世路无穷，劳生有限，似此区区长鲜欢”的感觉。尽管如此，他还是以“有笔头千字，胸中万卷，致君尧舜”的万丈豪情赴密州。面对“蝗旱相仍”“盗贼渐炽”，堂堂知州也要和同僚在城墙边挖杞菊等野菜进食度日。不负朝廷重托的苏轼毫不畏惧，亲力亲为，标本兼治。不到一年时间，密州的情况大有好转。第二年，苏轼写出《江城子·密州出猎》，表达了初战告捷的快乐心情和“老夫聊发少年狂”的踌躇满志心境。

熙宁十年（1077），苏轼改知河中府（治所在今山西永济蒲州镇）。走到陈桥驿（位于今河南新乡封丘东南部）又改知徐州。到徐州不久就遭遇黄河特大洪水。据《宋史·苏轼传》载，他凭着泰山崩于前而不慌乱的胆识，身先士卒，与徐州老百姓同生死、共患难，“卒全其城”，一举战胜了特大洪水。第二年为防患于未然，苏轼“复请调来岁夫增筑故城，为木岸，以虞水之再至”。

自古英杰多磨难。就在徐州老百姓对儒雅有政绩的苏轼赞不绝口之时，谁也无法料到，八个月后一场事关苏轼生死沉浮的暴风骤雨袭来。

“乌台诗案”的生死考验

从宋仁宗嘉祐元年（1056）到宋英宗治平二年（1065），苏轼历经开封乡试中举人、贡举与复试中进士、制试授大理评事、召试秘阁得直史馆。十个年头里，除去其间母亲去世守孝三年、出仕凤翔三年，其间四年，五次考试次次高中，集中显示出苏轼异于常人的才学。那么从宋仁宗嘉祐六年（1061）初仕凤翔，再到后来通判杭州，出知密州、徐州，十八年一步比一步更扎实的政绩、一处比一处更彰显的民望，充分展露了苏轼经世治国的才华。凭着这样的学识、才华和政绩，宋仁宗对苏轼可堪宰相大用的预言完全有条件得到应验。

但恰恰是在这个关键时刻，宋神宗元丰二年（1079）三月发来的一纸移知湖州诏书，使新党小人早就开始酝酿的苏轼仕途磨难悲剧，加快了大幕拉开进程。

元丰二年（1079）四月二十日，苏轼怀着“应笑谋生拙，团团如磨驴”的仕途不顺心绪来到湖州。未曾想这个著名鱼米之乡，在过激新政的影响下，呈现在他眼前的却是“政拙年年祈水旱，民劳处处避嘲讴。河吞巨野那容塞，盗入蒙山不易搜”的境况。素有仁政治国、民生为本理想的苏轼再也看不下去了。他在《思堂记》里道出了自己看不惯就要一吐为快的个性：

余天下之无思虑者也。遇事则发，不暇思也。未发而思之，则未至。已发而思之，则无及。以此终身，不知所思。言发于心而冲于口，吐之则逆人，茹之则逆余。以为宁逆人也，故卒吐之。

正是本着“宁逆人也，故卒吐之”的秉性，苏轼在《湖州谢上表》中向宋神宗表示：“知其愚不适时，难以追陪新进；察其老不生事，或能牧养小民。”这些直指“新进”，讥讽“老不生事”之语，一下子就像捅了新党的马蜂窝，也正好成为他们早就为苏轼准备好炸弹的导火索和要置其于死地的罪证。苏轼兄弟俩的仕途悲剧就此鸣锣开场。第一场大戏，便是“乌台诗案”。

苏轼“自求外任”、第四次离开汴京城之后，这出戏的剧本素材马上就有人搜集。极具讽刺意味的是，后来以《梦溪笔谈》名扬古今中外的北宋大科学家沈括（1031—1095），竟成了到杭州暗算苏轼，搜集其“黑材料”的急先锋。

说起沈括这个多面人，他还曾以所撰《良方》与苏轼所撰《苏学士方》合编为《苏沈良方》（一名《内翰良方》或《苏沈内翰良方》），于熙宁八年（1075）刊行。沈括利用时任两浙路察访使跟苏轼私交甚好的便利，请求苏轼将近作录为《钱塘集》，由他带回京城。谁知沈括把《钱塘集》当作其卖身求荣的敲门砖和攻击苏轼的“黑材料”，进呈宋神宗，状告苏轼“词皆讪怼”。还好宋神宗向来讨厌沈括的反复无常，未予理睬。但这份“黑材料”还是让新党那些“新锐”如获至宝，准备作为未来攻击苏轼的“炮弹”。

苏轼的《湖州谢上表》一到京城，那些激进小人欣喜若狂。连同《钱塘集》等早就搜集好的“黑材料”一起，在朝堂上倾泻而出。李定（1028—1087）、吕惠卿（1032—1111）、舒亶（1041—1103）、王珪（1019—1085）、何正臣（1039—1099）等新党重要人物，向宋神宗指斥苏轼“恃才傲物，愚弄朝廷，妄自尊大，谤讪讥骂，无所不为”“诋毁圣上变法之功”，请求宋神宗“当杀一儆百”“严明诛罚，以示天下”。

对待苏轼，宋仁宗是赏识，宋英宗是抬爱，宋神宗则是又喜爱又打压。《宋史·苏轼传》记载：“神宗尤爱其文，宫中读之，膳进忘食，称为天下奇才。”但他又不满苏轼对王安石变法的言行举止。现在这么多人因此弹劾苏轼，宋神宗一方面想敲打一下这位桀骜不驯的大才子，另一方面也想把事情弄清楚，于是下诏让人把苏轼抓到御史台审问清楚。

得到这一“尚方宝剑”，李定等人以置之死地而后快的架势行事，使苏轼经受了人生第一次生死考验。后来苏东坡在《杭州召还乞郡状》中回忆：

（李）定选差悍吏皇遵（皇甫遵），将带吏卒，就湖州追摄，如捕寇贼。臣即与妻子诀别，留书与弟辙，处置后事，自期必死。过扬子江，便欲自投江中，而吏卒监守不果。

从四月二十日到湖州赴任，到七月二十八日在知湖州军州事任上被拘捕，到“过扬子江，便欲自投江中”，再到八月十八日第五次进汴京城，关进御史台，不到四个月苏轼经历了知州变囚犯、天上到地狱的人生大逆转。

在乌台大狱，李定之流用尽心机逼迫苏轼就范，以便拿到能置之于死地的罪证。苏轼以不食求死来对抗，以自证清白。耳闻此事的宋神宗爱苏轼之才的一面显露出来，他“遣吏就狱，有所约敕”“故狱吏不敢别加非横”。苏轼得知宋神宗此举稍有安慰。

入乌台大狱前为防不测，苏轼跟儿子设下送鱼到牢，暗示被判死刑的约定。但接下来因为这一约定所引起的误会，又让他经受了一次生死考验。苏轼当即给家人写下两首绝命诗，并拜托狱卒在他死后，将诗稿交给弟弟苏辙。话音刚落，监狱主事官就闯进来夺过诗稿，送到朝廷。宋神宗详细问明苏轼写绝命诗的缘由后，大动恻隐之心。

此前，苏辙“乞纳在身官职赎轼之罪”。张方平等元老重臣纷纷上疏营救苏轼。已罢相的王安石还搬出宋太祖赵匡胤开国时“不得杀士大夫及上书言事人，子孙有渝此誓者，天必殛之”的勒石立誓，帮苏轼求情，劝宋神宗不要违背祖宗规誓，开以言杀士大夫之戒。

关键时刻苏轼的又一位命中贵人、赏识他的宋仁宗皇后、宋神宗祖母——曹太皇太后临终之前开口了：“今闻轼以作诗系狱，得非仇人中伤乎？捃至于诗，其过微矣。吾疾势已笃，不可以冤滥致伤中和，宜熟察之。”

苏轼绝命诗开篇所写的“圣主如天万物春”，没有丝毫怨上之意，加上宋太祖之规誓和曹太皇太后的临终之言，终于彻底打动了宋神宗。他下诏放人，将苏轼贬到黄州。

三、黄州失意困顿

难逃活罪的贬谪戴罪之身

苏轼第五次进入、离开汴京城，便是他经历“乌台诗案”炼狱般的那段悲催历程。他虽然人走出了乌台大狱，但其仕途命运磨难才刚刚开了个头。此时他面临的实际情况是死罪可免，活罪难逃。

先来看苏轼的谪迁身份：责授检校水部员外郎、黄州团练副使，本州安置。员外郎为打入另册的编外之官，团练副使是宋朝用来安置贬官的一种寄禄虚职，为从八品。不仅如此，他还是一个“不得签书公事”的闲官。苏轼在《初到黄州》诗中，就对此时自己的贬谪名分自嘲：

> 逐客不妨员外置，诗人例作水曹郎。
> 只惭无补丝毫事，尚费官家压酒囊。

另外，“令御史台差人转押前去”，是北宋对待戴罪流放之人的通常做法。苏轼这次离开汴京城时，衣袋里还装着“黜置方州，以励风俗；往复宽典，勿忘自新”的宋神宗责词。

再来看苏轼的贬谪之地。北宋以京城开封为中心，贬谪地离其越远，等次越低，就意味着这个人所受处罚越重。黄州虽然从直线距离上来看离京城开封并不太远，但其间隔着那个时代被视为畏途的大别山脉。另外，北宋的州县分为望、紧、上、中、下五个等次。当时黄州就是一个地处偏僻、经济落后的下等州。到南宋，朱熹（1130—1200）还认为黄州是“江淮间最为穷僻”之州。陆游也有相同观点，认为黄州“最偏僻少事”，只因唐代杜牧（803—852）、宋初王禹偁（954—1001）被贬出守，以及后来苏轼、张耒（1054—1114）等名士来黄州谪居而“遂为名邦”。苏轼后来在给友人的诗中也说：“索漠齐安郡（742年曾由黄州改置），从来著放臣。”

还有一个令苏轼心里更不安的事，就是“但知识数十人，缘我得罪”，其中包括张方平、司马光这些有恩于自己的朝廷重臣，他的弟弟苏辙也因此被贬到比黄州更远的筠州（现江西高安）监盐酒税务。他在跟朋友流露心迹时说：“每念至此，觉心肺间便有汤火芒刺。”

带着这样的心绪，苏轼于元丰三年（1080）二月初一来到黄州，当天就以“自笑平生为口忙，老来事业转荒唐”自嘲。他深知此时自己的贬谪戴罪身份，因而在《到黄州谢表》中向宋神宗表示：“惟当疏食没齿，杜门思衍，深悟积年之非，永为多士之戒。”他在给友人王巩（1048—1117）的信中说自己来到黄州后，除“感恩念咎之外，灰心杜口，不曾看谒人”。在《与参寥子》中，苏轼直言：“谪居以来，杜门思咎而已。平生亲识，亦断往来。”《答李端叔书》说得更形象具体：

> 得罪以来，深自闭塞，扁舟草履，放浪山水间，与渔樵杂处，往往为醉人所推骂。辄自喜渐不为人识，平生亲友，无一字见及，有书与之亦不答，自幸庶几免矣。

苏轼还在往来信中向友人明言：“自得罪后，不敢作文字。此书虽非文，然信笔书意，不觉累幅，亦不须示人。必喻此意。”他这是怕“好事者巧以酝酿，便生出无穷事也”。因为这样的缘故，苏轼在黄州期间给友人赋诗撰文、书写作品时，往往都附言“看讫便火之”“不须示人”“藏之”。

因贬谪戴罪之身和“不得签书公事”的散官闲人状况，苏轼无奈给自己封了个“幽人”名号。在贬谪黄州四年零两个月的日子里，他至少六次以“幽人”身份入诗。从初到黄州在《定慧院寓居月夜偶出二首》中写的“幽人无事不出门”，到《卜算子》中的“谁见幽人独往来”、《红梅三首》中的“幽人自恨探春迟”、《石芝》中的“幽人睡息来初匀”、《寄周安孺茶》中的“幽人无一事，午饭饱蔬菽”。最后离开黄州时，还在武昌以“幽人夜渡吴王岘”记叙行程，来显现自己在黄州的这段不堪经历及复杂情感。从历史的角度看，“幽人”既是苏东坡贬谪戴罪黄州时无奈心境的表露，更是他不屈服于生活的艺术表达。

在寒饿窘境中攀登艺术巅峰

以戴罪身份来到黄州开始贬谪生涯，除了给苏轼带来精神上的巨大压抑感，还在物质上给他和家人带来实实在在的困顿。

官职大贬意味着家庭收入的锐减。以前苏轼“俸入所得，随手辄尽”，何况他还是一个崇尚“以廉为本”、不追名逐利之人，平时没有多少积蓄。刚到黄州时，只有他和长子苏迈两人，“见寓僧舍，布衣蔬食，随僧一餐，差为简便”。眼见劫后弟弟苏辙即将护送来的妻子家人，本应万分高兴的他，却由于既没有房屋安顿，又缺少钱粮供给而“畏其到也”。在这样的情况下，他不得不向黄州知州求来江边一处年久失修的官家接待场所——临皋亭（又名回车院）。后又求来城中一处早已荒废的兵营，躬耕其间，以缓解饥寒之忧。

尽管如此，到了元丰五年（1082）春天，连续两个多月的寒冷淫雨使破旧的临皋亭瓦脱屋漏，江水暴涨，大有即将淹没临皋亭之势。苏轼每月开支的四千五百钱，按日用不得超过一百五十钱，分成三十个小钱串挂在屋梁上，每天用画叉挑落一串。即使这样，还是入不敷出。黄州东坡之地贫瘠，上一年所收不多。春季作物因连绵阴雨而歉收，全家人陷入青黄不接、吃了上顿愁下顿的寒饿境况。病中的苏轼记下了这一令人心碎的窘境：

一

自我来黄州，已过三寒食。年年欲惜春，春去不容惜。
今年又苦雨，两月秋萧瑟。卧闻海棠花，泥污燕脂雪。
暗中偷负去，夜半真有力。何殊病少年，病起头已白。

二

春江欲入户，雨势来不已。小屋如渔舟，濛濛水云里。
空庖煮寒菜，破灶烧湿苇。那知是寒食，但见乌衔纸。
君门深九重，坟墓在万里。也拟哭途穷，死灰吹不起。

“秀语出寒饿，身穷诗乃亨。”苏轼的《寒食雨二首》，写尽谪居黄州时生活的艰难困苦。情真意切的诗句，再用亲身的寒饿经历研磨而成的浓浓墨汁，写成这一书帖珍宝。

不幸与幸运是一对难解难分的孪生姊妹。苏轼贬谪黄州是其人生仕途之大不幸。但正是在“病起头已白”“小屋如渔舟”“空庖煮寒菜，破灶烧湿苇”“也拟哭途穷，死灰吹不起”的窘境中，苏轼攀登上了个人书法生涯和中国书法史的高峰。《黄州寒食诗帖》因诗情书意高度契合苏轼窘境，被称为“天下第三行书”。从这方面看，苏轼又是非常幸运的，真可谓苦难成就辉煌。

在《晁错论》中，苏轼这样表白心迹：“古之立大志者，不惟有超世之才，亦必有坚忍不拔之志。”正因为如此，在失意困顿情况下，他以坚忍不拔之志、豁达乐观的人生态度、百折不挠的非凡品质，很快走出这段窘境，实现了仕途逆境中的人生大突破。闭门思过中，苏轼摒弃自己浮躁气盛等不成熟之处；躬耕东坡，又使他接了地气，完成了向“东坡居士”的嬗变，有了“今我非故我”的变化，却依然“守其初心”。

中国当代著名文化学者余秋雨在《苏东坡突围》中写道，苏轼“与古往今来许多大家一样，成熟于一场灾难之后，成熟于灭寂后的再生，成熟于穷乡僻壤，成熟于几乎没有人在他身边的时刻”。事实上正是这样。苏东坡充分利用贬谪戴罪中“不得签书公事”的大把时光，纵情放浪山水，倾心交朋结友，潜心修身养性，激情艺术创作。在黄州期间，他写了诗二百一十四首、词七十九首、赋三篇、散文一百六十九篇、信二百八十八封，共七百五十三件，平均两天就写出一件作品。苏东坡后来在跟友人谈论贬谪戴罪黄州的境况时，一方面说在黄州“薄有诗文几卷”“此外百无一营”，另一方面说此时他的诗文、书画创作有了“信手拈来俱天成”的感觉。余秋雨认为“此时此刻，他完成了一次永载史册的文化突围”。因此，苏东坡在黄州以“两赋一词一帖”等作品，进入中国古代文学艺术史的最高殿堂。

四、钟情适意武昌

环境的有利与不利也是一对不可分割的孪生兄弟。苏东坡在黄州能够取得如此辉煌成就，正是在大环境极为不利的情况下完成的。但实事求是地分析，苏东坡在黄州的小环境还是不错的。黄州历任知州和一众官员，总是带着敬慕之情尽量帮助他解决生活中的具体困难，黄州的老百姓也跟他亲密无间。

还有极为重要的一点，就是黄州城周边的山山水水都向苏东坡敞开了热情友好的怀抱，这其中就包括了大江对岸的武昌。

苏东坡时常“沽酒江南村，棹小舟，径至店下”，在樊口古镇尽情享受武昌鱼的鲜美味道，品味诗酒人生。

苏东坡时复扁舟越大江，纵游武昌诸山，探景寻幽，谈古论今，礼佛悟道，常常“意适忘反（通返）”。

苏东坡跟流寓武昌车湖刘郎洑的西蜀犍为王氏兄弟一大家族人，“相过殆百数”，共道桑梓情谊，尽抒家国情怀。

大环境困顿失意带来的不利，反衬出武昌为苏东坡营造的宽松适意小环境的难能可贵。这些对苏东坡调适心境、快意创作给予了巨大帮助，更为他在蛰伏中破茧、在浴火中涅槃、在苦难中辉煌提供了极为有利的条件。因此，苏东坡很快就爱上了这座山川地理形胜、人文风情浓郁的古城武昌。也因此，长期研究东坡文化的中国苏轼研究学会副会长、黄冈市东坡文化研究会原会长涂普生，在《浅谈东坡文化与鄂州》中一语中的："东坡文化体内循流着鄂州文化血液。""没有鄂州文化，苏东坡是很难写出一词二赋的。"也就是认为，武昌（今鄂州市）对苏东坡"黄州突围"起到了滋润助推作用。

曾在黄州沙湖吟过"回首向来萧瑟处，归去，也无风雨也无晴"的苏东坡，从首次扁舟武昌开始，就用诗文回馈了这座古城。这些诗文中，除了用普通方式创作外，苏东坡还用了十余种花样翻新、别出心裁的方式，如"吃语诗""禽言诗""佛理诗""翻改诗""同事诗""唱和诗""自度词""点化词""集句词""效体词""回文词""墨竹词"等写作，既体现了他的多才多艺和炉火纯青的艺术创作实力，也体现了他在写作这些诗词时的轻松惬意、挥洒自如。

在黄州告别友人时，苏东坡不忘向武昌发出"仍传语，江南父老，时与晒渔蓑"的心声。在西山吴王岘辞行时，他向武昌官员和朋友郑重表达了"他年一叶溯江来"的心愿。

离开武昌后，苏东坡在汴京先后上演"《武昌西山并叙》玉堂唱和""《烟江叠嶂图》题诗赠答"这两部对北宋文坛及朝堂都产生过巨大影响的大剧，分别写下"忆从樊口载春酒，步上西山寻野梅""不知人间何处有此境，径欲往买二顷田"等诗句，来表达他钟情适意武昌、感激挂念武昌的深情厚意！

第二章

饮“潘生酒” 食武昌鱼

樊口有潘生，善酿酒醇美。

——苏轼《杂记》

晓日照江水，游鱼似玉瓶。谁言解缩项，贪饵每遭烹。

——苏轼《鳊鱼》

一、落帆武昌樊口

说起苏东坡在武昌、黄州的故事，起点并不是他第五次离开汴京，贬谪来到黄州之时。在此之前，苏轼、苏辙就曾落帆武昌樊口。这件事使他们兄弟俩得以初识武昌、黄州，并开启其跟这两座古城的不解之缘。

护灵返川在武昌樊口眺黄州

贬谪黄州、扁舟武昌的十五年前，也就是宋英宗治平三年（1066），苏轼第三次离开汴京城，经过汴水、运河，溯江返川。那时，苏轼就和苏辙落帆武昌樊口歇息。当时他和弟弟站在长江南岸，好奇地向江北眺望同样在江边、同样依偎青山、同样跟三国赤壁之战有关联的地方——黄州。只是那时他们无法想到，日后又要同时跟夹江相拥的这两座古城发生更为紧密的关系。

这两座古城虽然隔江相对，但过去很长时间黄州城偏西北、武昌城偏东南、樊口古镇在武昌城之西，这样才有《武昌县志·古迹篇》“黄州与樊口正相对”的记载。正因为如此，苏轼在他刚到黄州时写的《定惠院寓居月夜偶出·次韵前篇》中写下“樊口在黄州南岸”的自注。

苏轼跟儿子苏迈一到达黄州，就看到了长江，看到了十五年前落脚歇息的地方——武昌樊口。其心情跟那次大致相似，都藏着一个“悲”字。当年因丧父而悲痛，这次因被贬而悲哀。那段初识武昌樊口的往事不由自主地涌上苏轼心头。

宋英宗治平三年（1066）四月二十五日，以霸州（治所在今河北廊坊）文安县主簿身份编修《太常因革礼》的苏洵，刚完成书稿就在京城去世，享年只有五十八岁。这位充满传奇色彩的布衣鸿儒就这样以不到七品的寄禄官位辞别人世，顿时引起朝野关注。据张方平《文安先生墓表》记载："自天子大臣，至闾巷之士皆闻而哀之。""朝野之士为诔者百一十有三人。"欧阳修、张方平、曾巩这些重臣雅士分别为他撰写墓志铭、墓表、哀辞。"英宗闻而伤之"，下诏赐银一百两、绢一百匹。

面对父亲离世后的如此哀荣，苏轼心中却另有一番难以言表的滋味。因为他深知，钱财绢帛对父亲苏洵来说只是身外之物，凭借自身实力博取功名、以有用本领报国济世才是其终生追求。苏洵围绕这一志向，曾经遭遇两次人生大转折。其表现出的卓尔不凡，后来得到大宋朝野的广泛认可和赞誉。每每想到父亲的独特人生经历对自己的有益影响，苏轼就由衷感激。

苏洵的第一次人生大转折发生在二十七岁时，且跟苏轼的出生直接相关。十八岁科举不中后，苏序很快为苏洵迎娶贤惠的程夫人，想以此让他收心，助其早点成熟。但苏洵依然我行我素。随着一个天庭饱满、鼻如悬胆、耳似金叶的男婴到来，苏洵仿佛一夜之间醒悟成熟了。这个婴儿就是苏轼。民间传说苏轼生下来时，背上就有七痣，状如星空七斗，是文曲星下凡。此前程夫人生的两女一儿均夭折，家里求神告佛才迎来这个带着吉祥之兆的宝贝。苏洵十分慎重地为这个儿子取名。他以《左传·庄公十年》所载（曹刿）"下视其辙，登轼而望之，曰：可矣"之意，命其名轼，字子瞻。"轼"为车前的横木，是登高望远的依托；"瞻"为往前或往上看的意思。这一名字既寄托了他对这个宝贝儿子的厚望，也间接透出自己的抱负，还为下一个孩子预留了"辙"这个名。

此后苏洵一头扎进书屋，第二年即参加科举考试。尽管依然未中，但在南宋著名教育家王应麟（1223—1296）编的《三字经》里，留下了"苏老泉，二十七，始发愤，读书籍"的励志佳话，并成为从宋至今激励青少年发奋读书、立志成才的活教材。

不仅如此，苏洵一生"四试不第"的经历对苏轼兄弟俩勤奋苦读产生直接影响，使苏轼二十一岁、苏辙十九岁就同登进士科，又同策制举，双双年纪轻轻便一试即中，少走了很多弯路。对此，苏洵写了一首诗自嘲："莫道登科易，老夫如登天。莫道登科难，小儿如拾芥。”可以这样说，苏轼兄弟俩正是站在父亲的肩膀上，才一帆风顺地登科及第的。

第二次人生大转折发生在苏洵四十岁时，也就是苏轼“先君昔未仕，杜门皇祐初”诗句所言之事。

北宋庆历六年（1046），三十八岁的苏洵通过十年寒窗苦读，参加举茂才异等考试不中。第二年参加应制策试还是不第。转眼进入不惑之年，站在人生十字路口，该何去何从？欧阳修在《故霸州文安县主簿苏君墓志铭》中专门对苏洵深思熟虑后的惊天大逆转作了记述。苏洵认为读书科考的最终目的是匡世济民，于是“悉取所为文数百篇焚之，益闭户读书，绝笔不为文辞者五六年”，彻底跟过去告别。此后他“大究六经、百家之说，以考质古今治乱成败、圣贤穷达出处之际，得其精粹”。待“胸中之言日益多，不能自制”，乃把脉时弊，开笔作文辞。“其论议精于物理而善识变权，文章不为空言而期于有用。其所撰《权书》《衡论》《机策》二十篇，辞辩闳伟，博于古而宜于今，实有用之言，非特能文之士也。”宋仁宗嘉祐元年（1056），经过近十年的蛰伏，苏洵重新出山，还带上苏轼兄弟俩第一次进汴京城。后来轰动京师的，恰恰是苏洵写的那些“当世有用之言”。张方平在《文安先生墓表》中这样记述当时盛况：“自是名动天下，士争传诵其文。”

父亲的学风文风和秉性，对苏轼兄弟俩的学习成长、对他们在科考之路上过关斩将，以及后来应对仕途坎坷磨难，都产生了有益影响。

屡考不中，最终却以文、以子“名动天下”；名重一时，却未得到片刻重用就一命呜呼。对父亲苏洵这一对比强烈、令人惊异的结局，苏轼欣慰和抱憾之情交织。因此，他婉谢了宋英宗所赐钱物，请求为其父追赠官职，让父亲安葬时有名有份。于是宋英宗特赠苏洵光禄寺丞，诏命“有司具舟载其归葬于蜀”。

正是有了宋英宗的这一诏命，苏轼弟兄俩才得以于当年六月出发，第三次离开汴京城，护送父亲的灵柩溯江西上回川。这为武昌迎来“三苏”提供了机会，还为苏轼日后在武昌发生诸多故事，与武昌结下浓烈情缘开了个头。

“寻绎故迹”于古镇山谷江畔

逗留武昌樊口，兄弟二人满肚子学问，自然要利用掌握的历史地理知识来加深对这个地方的了解。苏轼在贬谪黄州、扁舟武昌后所写的《记樊山》中，为此特别作了“予十五年前过之（武昌樊口）”的说明，并记述当年跟弟弟苏辙一起在这个古镇的山谷江畔“寻绎故迹”。

兄弟俩来到樊山圣母庙，探访三国孙权（182—252）猎豹等踪迹。他们在樊山脚下的樊口江边码头，听闻东晋大将军陶侃（259—334）“治武昌，既病登舟，而死于樊口”的故事。观看樊湖通过樊溪（一名樊川，现名长港）流向长江的“樊水出江之口”，实地弄清了樊口地名的由来。

短暂逗留寻绎，苏轼便发现了一个有趣的问题，就是当地有不少带着“樊”字的名称。当地人说这与“樊史”有关。传说唐尧时有个小方国——樊国，其辖地就在武昌樊口这一带。另外，西汉司马迁（前145—前90）《史记》记载：周夷王七年（前879），楚君熊渠（？—前877）来到这片区域，以“不服周”而封王筑城。因古樊国，史书把楚的这段历史称为“樊楚”，与“荆楚”相对应。北魏著名地理学家郦道元（？—527）在《水经注》中认定“江之右岸有鄂县（武昌县改名于此）故城，旧樊楚地”。宋代史学家罗泌（1131—1189）《路史·国名纪》中有“帝尧时有樊仲文，今武昌有樊山”的记载，明代曹学佺（1574—1646）编纂的《名胜志》，有“鄂渚樊楚”的记载。

古樊国到底存在了多长时间无法具体考证。但一个个带“樊”字的名称，便是其遗存至今、使人能时时遥记回味“樊史”的文化符号。这让喜爱收集探究历史地理知识的苏轼平添了兴趣。苏轼后来专门撰写《记樊山》，最初的考究动机就源于此。其佐证是，此记开篇即探寻樊山之名出处。

通过落帆歇息中的“寻绎故迹”，还使苏轼、苏辙对历史上与武昌樊口相关的两场决定中国统分走向的大战，有了更加深入具体的了解。

第一场大战是秦灭楚的最后一战，其结果大大加快了“六国归一”进程。楚负刍五年（前223），秦大将王翦（？—前208）在古樊口设大本营，指挥秦军一举攻进楚最后的国都寿春，俘获楚国最后一位王负刍（前265—前223），这标志着战国七雄中疆域最大的楚国灭亡。秦王嬴政（前259—前210）专门为这一灭楚大捷来到樊口的事，还被明代大文人冯梦龙（1574—1646）写入《东周列国志》：“楚王负刍被掳，秦王嬴政发驾，亲至樊口受俘，责负刍以杀君之罪，废为庶人。”苏轼来到黄州后首次扁舟武昌，写下“莽莽真楚薮”诗句，就是间接回应楚国与古武昌和樊口古镇之间的历史渊源。

第二场大战便是孙权、刘备（161—223）联手抗曹的关键战役——赤壁大战。西晋陈寿（233—297）《三国志·蜀书·先主传》注引《江表传》载：“（刘）备从鲁肃计，进驻鄂县之樊口。”这段史实发生于汉建安十三年（208）。当时曹操（155—220）南征，刘备败走当阳后听从孙吴谋臣鲁肃（172—217）的建议，来到樊口。然后孙刘联军会师樊口，自此出发大败曹军于赤壁，标志着曹、刘、孙三分天下之始。

虽然一千八百年来对赤壁大战是否发生在黄州一直争议不断，但杜牧出守黄州时在《赤壁》诗中发出这样的幽思：“折戟沉沙铁未销，自将磨洗认前朝。东风不与周郎便，铜雀春深锁二乔。”所以后来苏东坡写《念奴娇·赤壁怀古》时说“故垒西边，人道是，三国周郎赤壁”。就这样，苏轼兄弟俩当年落帆的武昌樊口，就跟江对岸目之所及的黄州赤壁，因赤壁大战紧密地联系在一起了。

在极其短暂的“寻绎故迹”中，一个小小的樊口古镇便让从小喜爱探究历史的苏轼兄弟领略到了深厚的历史人文气息。这给他们留下很深的印象。因此，苏轼到黄州后就在《定慧院寓居月夜偶出·次韵前篇》中特别提起与武昌樊口的首次相会：

忆昔扁舟泝巴峡，落帆樊口高桅亚。
长江衮衮空自流，白发纷纷宁少借。

后来苏辙护送兄嫂到黄州，苏轼陪弟弟“千摇万兀到樊口”，共同回味当年落帆这座古镇的美好记忆。苏辙返还江州（现江西九江），见到等待在那里的家人后，写了《自黄州还江州》：

身浮一叶返湓城，凌犯风涛日夜行。
把酒独斟从睡重，还家渐近觉身轻。
岸回樊口依稀见，日出庐山紫翠横。
家在庾公楼下泊，舟人遥指岸如赪。

在这首重点写黄州返还之旅的诗里，苏辙却含情脉脉地吟出“岸回樊口依稀见”，说明他对武昌樊口也印象深刻，念念不忘。

二、潘生酒醇人好

古镇樊口不仅是苏东坡见识武昌最早的地方，而且他贬谪黄州、扁舟武昌后结识的第一批挚友中，排在首位的潘丙便来自武昌樊口。

潘丙用友情打开苏轼抑郁心扉

苏东坡刚来到黄州时，苦闷压抑使他“感恩念咎之外，灰心杜口，不曾看谒人”，常常似睡似醒地待在寓居的定慧院内，只是偶尔在静夜时出来转转。他在《醉睡者》中描述了自己的心境：

有道难行不如醉，有口难言不如睡。
先生醉卧此石间，万古无人知此意。

对于人生地不熟的黄州，还在谪迁黄州途中的麻城，苏轼就在给老朋友陈慥（生卒年不详）写的《岐亭五首》中，表达了“黄州岂云远，但恐朋友缺”的担忧。

但到黄州没几天，一个从武昌樊口渡江而来的陌生人，仿佛为他打开一扇窗，吹来一丝清风。这个人是在武昌樊口开酒店的潘丙，即后来苏东坡“樊口有潘生，善酿酒醇美”诗句中的“潘生”。

潘丙，字彦明，因父亲和兄弟、侄子住在黄州，所以常常往来于大江两岸。第一次见苏轼，潘丙带来仰慕已久的真诚问候，也有与其结为异乡朋友的强烈意愿。这正合苏轼之意。

苏东坡原本就是一个喜欢结朋交友之人。陈慥就说他“多年结交，从不择友”。宋人高文虎（1134—1212）在《蓼花洲闲录》里这样评论他：“苏子瞻泛爱天下士，无贤不肖，欢如也。尝自言：‘上可以陪玉皇大帝，下可以陪卑田院乞儿。’子由（苏辙字）晦默，少许可，尝戒子瞻择交。子瞻曰：‘吾眼前见天下无一个不好人。’”这说明苏东坡对天下高堂雅士、旷野寒士都敞开怀抱，乐意跟他们交往。《宋史》也说苏东坡“泊然无所芥蒂，人无贤愚，皆得其欢心”。

苏东坡什么朋友都交，但不是好坏不分，而是爱憎分明、敢爱敢恨。他的弟弟苏辙在《亡兄子瞻端明墓志铭》中说兄长：“其于人，见善称之如恐不及，见不善斥之如恐不尽，见义勇于敢为，而不顾其害。用此数困于世，然终不以为恨。”

就是凭着这样的交友原则，中过解元的潘丙很快成为苏东坡谪居黄州期间的挚友之一。为此，他在《东坡八首》中，专门一一写了自己跟潘丙、古耕道、郭遘三个人在特殊情况下产生的特殊情谊：

潘子久不调，沽酒江南村。郭生本将种，卖药西市垣。
古生亦好事，恐是押牙孙。家有十亩竹，无时客叩门。
我穷交旧绝，三子独见存。从我于东坡，劳饷同一飧。
可怜杜拾遗，事与朱阮论。吾师卜子夏，四海皆弟昆。

此诗以“潘子沽酒”说潘丙，以“郭生卖药”道郭遘，以“古生押牙（侠士之意）”言古耕道，并以“我穷交旧绝，三子独见存”“可怜杜拾遗，事与朱阮论。吾师卜子夏，四海皆弟昆”等诗句来描述这三人与自己在躬耕东坡时结下的像唐代杜拾遗（杜甫别号）跟朱、阮那样的相知相交情，以及如同孔子学生子夏所言“四海皆弟昆”般的友情。

后来，苏东坡在与鄂州（治所在今湖北武汉武昌）知州朱寿昌（1019—1083）的书信中这样介绍潘丙：（某与）“潘丙解元至熟，最有文行。”元丰五年（1082）二月二十二日苏东坡在武昌西山第二次题壁时，把潘丙的名字也写入其中，可见此时他们之间的关系已非同一般了。

从首次登门拜访感受到苏东坡既爽快待人，又心境压抑后，潘丙只要有空，就过江陪苏东坡谈心聊天，出门解闷。《正月二十日与潘郭二生出郊寻春忽去年是日同至女王城作诗乃和前韵》就记下了潘丙、郭遘陪苏东坡出东门郊外寻春的情形：

东风未肯入东门，走马还寻去岁村。
人似秋鸿来有信，事如春梦了无痕。
江城白酒三杯酽，野老苍颜一笑温。
已约年年为此会，故人不用赋招魂。

此诗说明，潘丙曾于元丰四年（1081）陪同苏东坡外出春游，元丰五年

（1082）正月二十日又一起“走马还寻去岁村”，然后还在此行中相约“年年为此会”。

元丰六年（1083）正月二十日，潘丙依约陪苏东坡“复出东门”。这次苏东坡的心情已经有了很大变化，他再以上一次东门之游诗韵作诗：

乱山环合水侵门，身在淮南尽处村。
五亩渐成终老计，九重新扫旧巢痕。
岂惟见惯沙鸥熟，已觉来多钓石温。
长与东风约今日，暗香先返玉梅魂。

从“东风未肯入东门”，到“长与东风约今日”“五亩渐成终老计，九重新扫旧巢痕”，直接见证潘丙等友人是如何帮助落难中的苏东坡逐渐打开抑郁心扉、缓解困顿境况的。

不仅如此，潘丙还陆陆续续地把自己的好友和亲属介绍给苏东坡。潘丙的两个兄弟先后成为跟苏轼互来互往的好朋友。

潘丙弟弟潘原“以买扑事被禁”后，苏东坡特致信鄂州知州朱寿昌，“望赐全庇”。潘原参加元丰四年（1081）乡试落选后，苏东坡专门陪他喝酒，并写《与潘三失解饮酒》宽慰：

千金敝帚人谁买，半额蛾眉世所妍。
顾我自为都眊矂，怜君欲斗小婵娟。
青云岂易量他日，黄菊犹应似去年。
醉里未知谁得丧，满江风月不论钱。

潘丙的哥哥潘鲠是元丰二年（1079）进士。元丰五年（1082）三月，时任蕲水（治所在今湖北浠水东）县令的潘鲠，听说苏东坡左臂肿痛，端不起饭碗，连忙把他接到蕲水，请当地名医庞安时（1042—1099）诊治。治好了臂疾后，又陪同游览蕲水风光。看到兰溪向西流去这一令人罕见的自然景观，病愈后心情愉悦的苏东坡，在蕲水清泉寺写下一首《浣溪沙》：

山下兰芽短浸溪，松间沙路净无泥，潇潇暮雨子规啼。

谁道人生无再少？门前流水尚能西，休将白发唱黄鸡！

中国的江河流向大多自西向东，此词既直白描写蕲水县兰溪“流水尚能西”的特异现象，又从中获得莫怨不再年轻、莫叹年华容易逝去的人生感悟。“谁道人生无再少？门前流水尚能西，休将白发唱黄鸡”这三句，一改初来时“拣尽寒枝不肯栖，寂寞沙洲冷”的凄凉抑郁和“早晚青山映黄发，相看万事一时休”的心灰意冷，充分反映了苏东坡的心绪好转，且表达出他对未来又燃起的新期待。

与忘年之交的“雪堂问答”

苏东坡不仅跟潘丙兄弟三人交好，跟他们的下一辈也有许多交往，还与潘丙的侄子潘大临成了忘年交。

潘大临，字邠老，二十岁中秀才。此时他一边作科考准备，一边在武昌樊口、黄州赤壁的大江里与弟弟潘大观一起举网捕鱼。后来潘大临还结识了苏轼门徒黄庭坚（1045—1105），成了江西诗派重要一员。其诗作“满城风雨近重阳”为古今传颂。

苏东坡比潘大临大二十来岁。共同的诗歌爱好填补了他们的年龄差距。潘大临也是苏东坡的“铁杆粉丝”，经常去找他讨教，天马行空地谈论共同感兴趣的话题。

元丰五年（1082）正月，在友人的帮助下，苏东坡于开垦后的东坡一侧盖起几间茅草屋，恰遇大雪纷飞。作为已经躬耕其间的“识字耕田夫”，苏东坡更深刻透彻地理解了“瑞雪兆丰年”的含义。于是突发奇想，在屋子四壁绘满雪花，并将此屋命名为“雪堂”。

对苏东坡的此举此名，众人齐声称赞。但平素就爱动脑筋的潘大临没有随声附和，而是反复琢磨苏东坡这样做的深意。一天中午他来到雪堂，见苏东坡正在偏房睡午觉，就用一物件触醒了苏东坡。苏东坡睡眼惺忪地礼让着，引他来到大堂。潘大临围绕雪堂话题及其深意，毫无顾忌地跟苏东坡进行切磋。送走潘大临，他觉得刚才两人之间的问答非常有趣，发人深省，就迅疾记录下来，写成《雪堂问潘邠老》（一名《雪堂记》）：

苏子得废圃于东坡之胁，筑而垣之，作堂焉，号其正曰雪堂。堂以大雪中为之，因绘雪于四壁之间，无容隙也。起居偃仰，环顾睥睨，无非雪者。苏子居之，真得其所居者也。

苏子隐几而昼瞑，栩栩然若有所适而方兴也。未觉，为物触而寤，其适未厌也，若有失焉。以掌抵目，以足就履，曳于堂下。客有至而问者曰："子世之散人耶，拘人耶？散人也而天机浅，拘人也而嗜欲深。今似系马而止也，有得乎而有失乎？"苏子心若省而口未尝言，徐思其应，揖而进之堂上。

客曰："嘻，是矣，子之欲为散人而未得者也。予今告子以散人之道。夫禹之行水，庖丁之投刀，避众碍而散其智者也。是故以至柔驰至刚，故石有时以泐。以至刚遇至柔，故未尝见全牛也。予能散也，物固不能缚，不能散也，物固不能释。子有惠矣，用之于内可也。今也如猬之在囊，而时动其脊胁，见于外者，不特一毛二毛而已。风不可抟，影不可捕，童子知之。名之于人，犹风之与影也，子独留之。故愚者视而惊，智者起而轧，吾固怪子为今日之晚也。子之遇我，幸矣，吾今邀子为藩外之游，可乎？"

苏子曰："予之于此，自以为藩外久矣，子又将安之乎？"

客曰："甚矣，子之难晓也。夫势利不足以为藩也，名誉不足以为藩也，阴阳不足以为藩也，人道不足以为藩也。所以藩予者，特智也尔。智存诸内，发而为言，而言有谓也，形而为行，则行有谓也。使子欲嘿不欲嘿，欲息不欲息，如醉者之恚言，如狂者之妄行，虽掩其口执其臂，犹且喑呜局蹙之不已，则藩之于人，抑又固矣。人之为患以有身，身之为患以有心。是圃之构堂，将以佚子之身也？是堂之绘雪，将以佚子之心也？身待堂而安，则形固不能释。心以雪而警，则神固不能凝。子之知既焚而烬矣，烬又复然，则是堂之作也，非徒无益，而又重子蔽蒙也。子见雪之白乎？则恍然而目眩。子见雪之寒乎？则竦然而毛起。五官之为害，惟目为甚。故圣人不为。雪乎，雪乎，吾见子知为目也。子其殆矣！"客又举杖而指诸壁，曰："此凹也，此凸也。方雪之杂下也，均矣。厉风过焉，则凹者留而凸者散，天岂私于凹而厌于凸哉，势使然也。势之所在，天且不能违，而况于人乎？子之居此，虽远人也，而圃有是堂，堂有是名，实碍人耳，不犹雪之在凹者乎？"

苏子曰："予之所为，适然而已，岂有心哉，殆也，奈何！"

客曰："子之适然也，适有雨，则将绘以雨乎？适有风，则将绘以风乎？雨不可绘也，观云气之汹涌，则使子有怒心。风不可绘也，见草木之披靡，则使子有惧意。睹是雪也，子之内亦不能无动矣。苟有动焉，丹青之有靡丽，水雪之有水石，一也。德有心，心有眼，物之所袭，岂有异哉？"

苏子曰："子之所言是也，敢不闻命。然未尽也，予不能默。此正如与人讼者，其理虽已屈，犹未能绝辞者也。子以为登春台与入雪堂，有以异乎？以雪观春，则雪为静。以台观堂，则堂为静。静则得，动则失。黄帝，古之神人也。游乎赤水之北，登乎昆仑之丘，南望而还，遗其玄珠焉。游以适意也，望以寓情也。意适于游，情寓于望，则意畅情出，而忘其本矣。虽有良贵，岂得而宝哉。是以不免有遗珠之失也。虽然，意不久留，情不再至，必复其初而已矣，是又惊其遗而索之也。余之此堂，追其远者近之，收其近者内之，求之眉睫之间，是有八荒之趣。人而有知也，升是堂者，将见其不溯而僾，不寒而栗，凄凛其肌肤，洗涤其烦郁，既无炙手之讥，又免饮冰之疾。彼其趦趄利害之途、猖狂忧患之域者，何异探汤执热之俟濯乎？子之所言者，上也。余之所言者，下也。我将能为子之所为，而子不能为我之为矣。譬之厌膏粱者，与之糟糠，则必有忿词。衣文绣者，被之皮弁，则必有愧色。子之于道，膏粱文绣之谓也，得其上者耳。我以子为师，子以我为资，犹人之于衣食，缺一不可。将其与子游，今日之事，姑置之以待后论。予且为子作歌以道之。"

歌曰：雪堂之前后兮，春草齐。雪堂之左右兮，斜径微。雪堂之上兮，有硕人之颀颀。考槃于此兮，芒鞋而葛衣。挹清泉兮，抱瓮而忘其机。负顷筐兮，行歌而采薇。吾不知五十九年之非而今日之是，又不知五十九年之是而今日之非。吾不知天地之大也，寒暑之变，悟昔日之癯而今日之肥。感子之言兮，始也抑吾之纵而鞭吾之口，终也释吾之缚而脱吾之羁。是堂之作也，吾非取雪之势，而取雪之意。吾非逃世之事，而逃世之机。吾不知雪之为可观赏，吾不知世之为可依违。性之便，意之适，不在于他，在于群息已动，大明既升，吾方辗转，一观晓隙之尘飞。子不弃兮，我其子归。

客忻然而笑，唯然而出，苏子随之。客顾而颔之曰："有若人哉。"

在“雪堂问答”中，到雪堂做客的潘大临，在学富五车的苏东坡面前深入分析雪堂命名的微言大义，讲出心中想法。对此，苏东坡在文中说“感子之言兮，始也抑吾之纵而鞭吾之口，终也释吾之缚而脱吾之羈”，大有如释重负、畅快淋漓之感。这些既说明潘大临观察分析苏东坡“雪堂命名”的深意，也说明他跟苏东坡知无不言、亲密无间的关系。

实事求是地分析，苏东坡的“雪堂”命名确有深意。此前，他就曾写了一首《次韵乐著作〈送酒〉》：

少年多病怯杯觞，老去方知此味长。
万斛羁愁都似雪，一壶春酒若为汤。

“万斛羁愁都似雪”是形容谪居之愁像漫天飞舞的雪花一样，其多无数、其寒无比。以雪喻愁，既高雅，又贴切，何况还能防止那些小人“抠字眼”“打小报告”。因此，命名“雪堂”是苏东坡在艺术化地表达此时的“羁愁”，也是他对“乌台诗案”深刻反思的曲意表达。因此，苏东坡在《雪堂问潘邠老》中坦陈：“是堂之作也，吾非取雪之势，而取雪之意。”

从此，苏东坡跟这位忘年交的交往就更密切、更随意了。潘大临常常请苏东坡到他家去做客。因苏东坡不喜欢喝烈酒，潘大临就即兴将自家酿的“逡巡酒”配制成苏东坡适宜饮用的酒水。元丰七年（1084）二月，苏东坡特别为自己命名的两样家常食物作序写诗，其中之一便是潘大临家的酒：

一杯连坐两髯棋，数片深红入座飞。
十分潋滟君休诉，且看桃花好面皮。
野饮花间百物无，杖头惟挂一葫芦。
已倾潘子错著水，更觅君家为甚酥。

其序将写这首诗的来龙去脉作了详细交代：“刘监仓（黄州主簿刘唐年）家煎米粉作饼子，余云‘为甚酥’？潘邠老家造逡巡酒，余饮之，云‘莫作醋，错著水来否’？后数日，余携家饮郊外，因作小诗，戏刘公求之。”

这首诗写于苏东坡离开黄州、武昌的一个多月前。从以“一杯连坐两髯棋，数片深红入座飞”夸赞潘大临家的酒，到以“且看桃花好面皮”描述刘唐年家的饼，再到为潘子、刘公两家食物分别谐趣命名“错著水”“为甚酥”，并作诗戏求，可以看到此时的苏轼，通过跟潘丙和潘大临等武昌、黄州友人的几年交往，已全然不是刚到黄州时整日闭门不出、时时苦闷压抑的那种状况了，他与周围的人完全打成了一片。

三、演绎诗酒人生

潘丙帮苏东坡打开郁闷心扉的另一个重要法宝，便是他家酒店赖以待客的“潘生酒”。在贬谪黄州、扁舟武昌期间，苏东坡还以酒为媒介，与潘丙等武昌、黄州友人一起，尽情演绎诗酒人生。

从“怯杯觞”到“日欲把盏为乐”

不愧是酿酒高手。潘丙带着自家店中酿的招牌酒到苏东坡借寓的定慧院拜访他时，这位几乎跑遍大宋国土、饮过无数美酒的大才子，第一次喝了后赞叹不已。苏东坡特在几个月后写的《答秦太虚书》中，洋洋得意地向弟子秦观（1049—1100）这样评介：“有潘生者，作酒店樊口。棹小舟，径至店下。村酒亦自醇酽。”自此以后一发不可收拾，每每想起这一口，他就想方设法过江，到武昌樊口江边的潘家酒店喝个痛快。

需要说明的是，苏东坡并不是从小就喜酒的。恰恰相反，他说自己“少年多病怯杯觞”。成年后，随着应酬的增多，特别是诗文书画创作的需要，酒量见长，有了“老去方知此味长”的感觉。他对友人说：“吾少年望见酒盏而醉，今亦能三蕉叶矣。”

作为干一行爱一行的典型代表，苏东坡从事文学艺术创作，成了大文豪；喝酒，他不仅会品酒、吟酒，还学会酿各种酒，研究与饮酒、酿酒相关的知识，并将其秘诀一一记下来，介绍给亲戚朋友，也流传后世。在《苏东坡全集》中，与酒相关的作品就有一百多篇，其中《东坡酒经》为北宋有名的记述酿酒技术文献。

贬谪戴罪来到黄州，苦闷困顿，加上有的是闲暇时光，苏东坡更离不开酒。然而此时的他拿不出多少钱买酒，自己酿酒又常常失手。他在《饮酒说》中记下这其中的烦恼忧愁：

予虽饮酒不多，然而日欲把盏为乐，殆不可一日无此君。为酿既少，官酤又恶而贵，遂不免闭户自酝。曲既不佳，手诀亦疏谬，不甜而败，则苦硬不可向口。慨然而叹，知穷人之所为无一成者。然甜酸甘苦，忽然过口，何足追计？取能醉人，则吾酒何以佳为？但客不喜尔，然客之喜怒，亦何与吾事哉！

潘丙同样知道“官酤又恶而贵”，也了解苏东坡自己酿酒常常出现“曲既不佳，手诀亦疏谬，不甜而败，则苦硬不可向口”的尴尬情况，于是时不时送一些酒到他家里。一些故旧新交知道苏东坡“日欲把盏为乐，殆不可一日无此君”的喜好和难处后，也纷纷给他送酒。

有时酒多了，苏东坡一时喝不完。潘大临就到黄州附近的巴河陶窑作坊，定制了一口雕花大瓮，送给苏东坡盛酒。苏东坡欣然接受，还将其戏称为“雪堂义樽”，以此樽之酒应急时之需。

以酒养性活出儒雅洒脱

来黄州解决了酒的问题后，元丰六年（1083）八月，苏东坡在临皋亭书《节饮食说》跟自己定规矩，并广而告之：

东坡居士自今已往，早晚饮食不过一爵一肉，有尊客，盛馔则三之，可损不可增。有召我者，预以此告之，若不从而过是，乃止。

细致分析这篇短文，便可发现苏东坡之所以要这样做，主要是由于在潘丙等友人的帮助下，因生活环境改善而出现的新问题，他不得不采取节制饮食饮酒举措。其节制方法实际上就是限量。平时早晚一杯酒、一样荤菜。来了贵客加三倍，只能少不能多。出去应酬，先告诉请客者自己的定量，不答应就不去。

从这篇短文还可以看到，苏东坡喜酒却并未沉迷于酒中。他清楚自己的酒量：三两到位、四两则醉、五两便糊涂。正是因为他有“我饮不尽器，半酣味尤长”的体会，所以终身坚持饮酒节制，以达到以酒养身、以酒养性的目的。他在《节饮食说》中就介绍了节制饮食的“三养”好处，并以诗意的语言描述了他这样做的好处：“一曰安分以养福，二曰宽胃以养气，三曰省费以养财。”

这样看来，苏东坡喝酒跟一般人相比就多出了一种心态、一种境界、一种文人儒雅洒脱。他也因此成为古往今来人们追崇敬仰的苏东坡。

在黄州和武昌，他又以其洒脱、乐观、豁达的个性和“奋厉有当世志”的积极人生追求，将酒的妙用发挥到了极致。除了以酒养身、以酒养性外，他还以酒交友、以酒解愁、以酒畅游、以酒载情，在贬谪磨难中尽情升华诗酒人生境界。

以酒解愁展现万古豪情

以酒交友、以酒解愁是苏轼刚到黄州后走出孤单压抑所倚重的重要手段。潘丙等樊口大江两岸友人跟苏轼相知相交，基本上是先被他的文坛盛名、官德人品所吸引，后在一起品饮佳酿中逐步敞开心胸，结下越来越深厚的友情。这也是苏东坡在黄州、武昌朋友越来越多，心胸越来越开阔的原因之一。

贬谪黄州、扁舟武昌后的苏东坡，从云端坠入谷底，确实迫切需要以酒解愁。他用“万斛羁愁都似雪”来形容胸中的苦闷抑郁恰如其分，惟妙惟肖。“一壶春酒若为汤”，虽然不可能完全“以汤化雪”，但胸中的“块垒”多多少少可以浇去一部分。他在《醉白堂记》中说出了以酒解愁的其中之妙：

> 方其寓形于一醉也，齐得丧，忘祸福，混贵贱，等贤愚，同乎万物，而与造物者游，非独自比于乐天而已。

杜甫、苏轼两人相同的方面，都是在人生最富有创造力的年华遭遇大灾大难，都在磨难中铸就辉煌。杜甫受困遭难于“安史之乱”，其写作成就也得益于“安史之乱”。因为“安史之乱”使“诗圣”被迫走入乱世，被迫将周身的感觉器官全部打开，真实细致地记录下颠沛流离的经历。正是凭着乱世中忧国忧民的大量诗作，杜甫成为中国历史上伟大的现实主义诗人。同样，苏东坡在黄州、惠州、儋州的坎坷磨难成就了他的人生功业。

苏、杜二人的不同点，是苏东坡的诗文中少了杜诗中的浓浓苦味，多了一些与命运抗争，在忧愁痛苦中的洒脱豪放之情。这从苏东坡在黄冈沙湖写的《定风波》中得到体现：

> 莫听穿林打叶声，何妨吟啸且徐行。竹杖芒鞋轻胜马，谁怕？一

蓑烟雨任平生。　　料峭春风吹酒醒，微冷，山头斜照却相迎。回首向来萧瑟处，归去，也无风雨也无晴。

此词的写作背景，原本是发生了“沙湖道中遇雨。雨具先去，同行皆狼狈”的微小不顺之事。“余独不觉”的苏东坡却以不顺之事起兴，将“狼狈”变成洒脱，展现出“谁怕？一蓑烟雨任平生”的豪迈气概。

不仅如此，“料峭春风吹酒醒”这句，恰好是苏东坡在贬谪黄州、扁舟武昌过程中，逐渐走出苦闷困顿心境的艺术化描述，也是他在这里开拓豪放派词风，并逐步走向成熟的深层次缘由。细究起来，武昌、黄州之酒，对他在这一时期所写诗文风格相异于杜甫所起的作用，功莫大焉。

以酒载情激发创作升华

苏东坡由被贬谪黄州之初的苦闷抑郁心境，逐渐走向豁达豪放的过程，恰恰与他走出定慧院，走出黄州城，到武昌等周边地方以酒畅游、以酒载情，开启诗酒人生是分不开的。回头再来看，苏东坡的《定风波·莫听穿林打叶声》正是其携酒到黄州城外的沙湖，以酒畅游后创作的。

以酒畅游，使苏东坡既能以更畅快的心情亲近和饱览黄州、武昌等地的风景名胜，为诗文和书法创作带来鲜活有趣、源源不断的素材，又能以酒兴激发诗兴书兴，创作出更加诗情画意的绝妙之作。在此情形下，苏东坡跟潘大临交往还写了一篇更为有名的作品。这个作品就是“雪堂问答”九个月后的元丰五年（1082）十月十五日，苏东坡夜游赤壁后写的《后赤壁赋》。当年七月十六日月夜泛舟赤壁写《赤壁赋》时，只有蜀中道士杨世昌一人陪同他，这次在他们两人之外多出了潘大临。

原来，写出震古烁今的《赤壁赋》后，苏东坡意犹未尽。上次夜游赤壁时，七月的长江正处于夏季汛期，水满浪急。进入十月份，季节更替带来江水、江景的巨大变化，增添了他重新夜游赤壁的兴致。

这天傍晚，从武昌樊口打渔归来的潘大临又来到雪堂，见到了苏东坡和杨世昌。三人经黄泥坂时天黑下来，一轮圆月挂在空中。苏东坡的雅兴一下子被冉冉升起的月亮勾出来了。他问杨世昌，这么难得的月圆之夜，想不想再夜游一次赤壁呀？杨世昌当即表示，好啊！

潘大临一听两人的对话，当即表达了一起去的想法。苏东坡点点头，但感叹：

有客无酒又无肴呀！潘大临连忙说：苏公真有口福。我下午刚捕了一条又大又肥的松江鲈鱼。苏东坡说：好，我回家去问问夫人，看“雪堂义樽”里还有没有急时备用的酒。

不一会，他们三人携带酒与鱼来到江边，开始了这次注定收获满满的夜游：

是岁十月之望，步自雪堂，将归于临皋。二客从予过黄泥之坂。霜露既降，木叶尽脱，人影在地，仰见明月，顾而乐之，行歌相答。

已而叹曰：“有客无酒，有酒无肴，月白风清，如此良夜何！”客曰：“今者薄暮，举网得鱼，巨口细鳞，状如松江之鲈。顾安所得酒乎？”归而谋诸妇。妇曰：“我有斗酒，藏之久矣，以待子不时之需。”于是携酒与鱼，复游于赤壁之下。江流有声，断岸千尺；山高月小，水落石出。曾日月之几何，而江山不可复识矣。予乃摄衣而上，履谗岩，披蒙茸，踞虎豹，登虬龙，攀栖鹘之危巢，俯冯夷之幽宫。盖二客不能从焉。划然长啸，草木震动，山鸣谷应，风起水涌。予亦悄然而悲，肃然而恐，凛乎其不可留也。反而登舟，放乎中流，听其所止而休焉。时夜将半，四顾寂寥。适有孤鹤，横江东来。翅如车轮，玄裳缟衣，戛然长鸣，掠予舟而西也。

须臾客去，予亦就睡。梦一道士，羽衣蹁跹，过临皋之下，揖予而言曰：“赤壁之游乐乎？”问其姓名，俯而不答。“呜呼！噫嘻！我知之矣。畴昔之夜，飞鸣而过我者，非子也邪？”道士顾笑，予亦惊寤。开户视之，不见其处。

前后《赤壁赋》是中国文学史上相得益彰的绝配双璧。深入解剖其中的创作奥秘，可见都离不开“酒”和“游”。苏东坡在黄州创作的巅峰之作“一词二赋一帖”，无一不是以酒载情之作。武昌和黄州一起为他营造的浓厚酒文化，潘丙、潘大临等一起为他提供的饮酪品酿条件和氛围，成了他在这里酝酿艺术精品的“催化剂”和“产床”。

武昌黄州之酒唤起“狂夫老更狂”

诗是文中精华，酒是物中佳酿。苏东坡在《跋草书后》写道：“仆醉后，乘兴辄作草书十数行，觉酒气拂拂，从十指间出也。”

谪居黄州时特意投奔其门下，后来与苏东坡并称北宋书法“苏黄米蔡”四大家之一的米芾（1051—1107），专门记下老师微醉后所写书法精品的奥妙：“苏公醉书，平日所书莫及，乃天下绝笔矣！遗与后人，万世之宝也！”“苏门四学士”之一的黄庭坚，对恩师的诗酒风流也作了形象直观的描述和品评：“东坡居士性喜酒。然不过四五合已烂醉，不辞谢而就卧，鼻鼾如雷。少焉苏醒，落笔如风雨。虽谑弄皆有诗味，真神仙中人。”

苏东坡创作“一词二赋一帖”后的第二年九月，写下《十拍子·暮秋》：

白酒新开九酝，黄花已过重阳。身外傥来都似梦，醉里无何即是乡。东坡日月长。　　玉粉旋烹茶乳，金虀新捣橙香。强染霜髭扶翠袖，莫道狂夫不解狂。狂夫老更狂。

在这首词中，苏东坡感念为他又新酿出美酒的潘丙、潘大临等朋友。是他们细致入微的关心帮助，使贬谪戴罪之地变成“东坡日月长”、自己愿意长相厮守的第二故乡；是他们使自己不仅没有沉沦，而且从当年“诗酒趁年华”中唤起“狂夫老更狂”的豪情。

诗言志，酒传情。千百年后，当大家陶醉在苏东坡写于黄州、武昌的精品佳作时，请不要忘了从他的诗酒风流中品味武昌樊口潘丙酒店的“潘生酒”和其侄子潘大临家酿的“逡巡酒”——“错著水”的缕缕清香。

四、品味樊口鳊鱼

细品樊口鳊鱼鲜嫩奥秘

说起武昌、黄州最负盛名的特色美食，很早就有“樊口鳊鱼武昌酒，黄州豆腐巴河藕”的民谣。当然，武昌酒包含樊口酒，樊口鳊鱼就是武昌鱼。

那么樊口鳊鱼为何能进入这一民谣，并位列其首呢？这是因为它不仅是这一带大江湖泊中鲜美的淡水鱼之一，而且其原产地就在武昌。《武昌县志》记载：“有鲂即鳊鱼，名缩项鳊，产樊口者甲天下。”不仅如此，此鱼跟一般的鱼相比，还有丰富的人文色彩，让古往今来的人从它身上能够品味出更多味道。

正因为如此，苏轼这位天下扬名的美食家，来到黄州后就对樊口鳊鱼情有独钟。《黄州府志》中就有他在“樊口江上钓鳊野饮”的专门记载。元丰三年(1080),苏辙护送哥哥家人来黄州时,曾在武昌车湖写下“收网得魴鲤”的诗句,描写的是他们兄弟俩在这里一边品尝刚收网出水的武昌鳊鱼和鲤鱼,一边饮酒话别的生动情景。

原来,潘丙第一次到黄州看望苏轼时,就邀请他过江去武昌樊口自家酒店做客,苏轼当即答应。于是第二天,潘丙就安排侄子潘大临、潘大观兄弟俩划来渔船,径自摇棹到江对面的武昌樊口,上岸就进了潘丙酒店。已有准备的潘丙很快端上来“潘生酒”和一大桌潘家酒店招牌菜,以及本地特产。

招待这位贵客,排在第一位的自然是当地最负盛名,也是自家店中最拿手的菜肴——清蒸武昌鱼。潘丙正要开口介绍一下这道名肴时,苏东坡对着他笑了笑后立马开口:且慢,让我尝尝鲜后你再作介绍。

苏东坡原本就是一个豪爽、开朗之人。十五年前他和弟弟苏辙落帆武昌樊口时就尝过这道远近闻名的特色佳肴,对其留下鲜嫩无比的美好印象。再说作为一个饱读诗书、广见博闻的大才子,对任何新奇独特事物都特别感兴趣,苏轼怎么忘记得了武昌樊口的这一特色佳肴呀。所以这道菜一端上来,他就流了口水,迫不及待地想尝尝。得知这一情况,潘丙叔侄连忙张罗客人尝鲜。得到苏轼的夸奖后,才提起酒杯敬酒。

饱尝了又鲜又美的清蒸樊口鳊鱼后,苏轼对年轻的潘大临说:我知道这鱼大有来头,有说不尽的话题。你也是一个被称为秀才的读书人,快来跟我讲讲。说得好我连喝三杯,说得不对罚你三杯。怎么样?

听到苏轼开了口,这又是一次表现自己的绝佳机会,潘大临也不怯场,边陪他饮酒,边娓娓道来。潘大临说,樊口鳊鱼是《诗经·陈风》“岂其食鱼,必河之魴”所描写魴鱼中的一种。因体型扁扁的、头小且颈子像缩进鱼身子里面一样,故俗称鳊鱼、缩项鳊。鳊鱼在长江中下游都有。之所以把这里出产的鳊鱼冠上“樊口”的名字,是因为它跟别处的鳊鱼相比,有许多特别之处。

苏轼听到这里,立即问有哪些特别之处。潘大临让他边吃鱼,边观察探究它的非同寻常之处。苏轼用筷子夹了一块鱼肉,放进嘴里细嚼慢咽。见此情形,潘大临问:听说苏公喜欢食鱼,又见多识广。您觉得这鱼品尝起来,跟别的鱼比有什么独特味道?苏轼想也不想,当即用两个字来回话:鲜嫩。潘大临接着问:那么它这么鲜嫩的奥秘在哪里?

听到这个问题,长年打渔的潘大观不待苏轼开口就接过了话题。他说关键是樊湖（今梁子湖流域）与长江的共同作用，才让世人能够品尝如此鲜嫩的美食。烟波浩渺的樊湖不仅水质清澈，而且湖底长满水草，特别适合武昌鱼繁殖生长。武昌鱼长大后扁扁的身子丰满肥嫩，大大的肚子里面脂肪也多。每到涨水季节，经过九十九里樊川长港，绕过九十九道弯，武昌鱼来到樊川出长江口的樊口水域，在一边照得见人的湖港清水里和一边带着黄泥巴汤的长江水中，吞清吐浑、吞浑吐清。经过七天七夜脱鳞换肚肠，身上的黑鳞变成了银色的白鳞，内腹壁也由黑变白。不仅如此，樊川跟长江汇合之处水急、漩涡多，能够在这里面游进游出的鳊鱼，个头就比较健硕，比其他地方的鳊鱼多半根刺，也就是有十三根半刺。如此多的因素汇聚在一起，所以这里出产的武昌鱼吃起来就格外鲜嫩，格外有味。这也是武昌鱼最正宗出产地在樊口的真正奥秘。

看到苏轼半信半疑的表情，最拿手做武昌鱼的潘丙，帮助苏轼用筷子翻开鱼肚子，果然此鱼内腹壁雪白雪白的。再退出鱼刺，苏轼仔细一数，十三根半刺不多不少。潘丙还让苏轼夹起一根鱼刺丢进水碗里，一下子冒出三朵油花。跟大多数鱼的刺丢进水里只冒一朵油花比起来，这里的武昌鱼油水确实比其他鱼多。

苏轼感叹道：樊口鳊鱼甲天下真是名副其实。经你们这么一介绍，我更形象直观地了解了樊口鳊鱼的绝妙之处。来，我依约喝三杯。

探究鱼名变化中的人文底蕴

喝完这奖励性的三杯酒，苏轼酒兴大发，话匣子大开：大家都知道樊口鳊鱼冠上“武昌鱼”名的历史。我记得这件事典出《三国志·吴书·孙皓传》：“武昌土地实危险而瘠确，非王都安国养民之处，船舶则沉漂，陵居则峻危。且童谣‘宁饮建业水，不食武昌鱼；宁还建业死，不止武昌居’。”

虽然潘大临早就耳闻苏东坡熟读史书，有着好记性，当面见证他一字不落地说出此典出处和原文，还是倍感惊奇和敬佩。接着潘大临不怕班门弄斧，说出自己对这段史实的见解：三国吴末帝孙皓（242—284），为实现吴国中兴，于吴甘露元年（265）九月从建业（现江苏南京）迁都武昌。吴左丞相陆凯（198—269）以此童谣来反对迁都武昌，但绝对不是一个有战略眼光的政治家所应该做的事。此举虽然害了吴国，却使武昌鱼扬名万世。就此说来，武昌樊口还得感谢陆凯的“童谣之功”呢！

苏轼对潘大临点了点头。早在青少年时期，在父母读史明理、学史明志的指点下，他就对历代兴亡有很深的研究。于是他借着酒兴，引导潘家叔侄分析刚才潘大临所说话题的深刻历史背景。

汉末纷争，孙权充分利用武昌“左控肥庐，右连江汉，扞御上流，西藩建康”的有利战略地位，以武昌为战略大本营，先后打赢了决定三分天下、三国鼎立的三场大战，即汉建安十三年（208）的赤壁之战、魏黄初三年（222）的夷陵之战、吴黄武七年（228）的石亭之战。在此基础上，孙权于黄龙元年（229）四月十三日在武昌称帝。

非常可惜的是，此后不到半年时间孙权就迁都建业。这其中有内外两方面原因。外部原因是魏、蜀、吴先后称帝以后，虽然三方还在你争我夺之中，但三足鼎立所形成的相对均衡稳定格局，谁也无法一下子打破；内部原因是孙吴崛起于江东，大部分文臣武将来自江东，迁都到长江下游的建业，就有了强大的向心力。加上长期战乱纷争，武昌所在的长江中游处在战争前沿地带，跟建业所处的江东相比所受威胁大多了，确实让人产生“实危险而瘠确，非王都安国养民之处”的感觉。

吴末帝孙皓决定回迁都城到武昌的两年前，刘蜀已被曹魏摧毁。迁都的这一年，曹魏又被司马家族取而代之，西晋正蓄势待发，准备由长江从西到东、自汉水从北向南，顺江而下攻打吴国。孙皓正是看到了这一点，打算通过迁都将吴国政治、军事中心由长江下游偏安的江东，转移到长江中游的抗晋前线武昌，以积极进取的状态迎敌。但孙皓的这一着好棋，落子才一年多就由于多种原因又退回去了。正是这一盘先进后退的“臭棋”，使十余年后的吴国遭遇灭顶之灾。晋军就是从长江上中游以一泻千里之势，仅用四个月时间便将国都在建业的吴国推下了历史舞台。

众人分析到这里，苏轼非常惋惜地对潘丙叔侄说：武昌樊口对陆凯“童谣之功”的这一声谢，是建立在三国孙吴国破家亡的惨痛历史教训之上的。但对武昌樊口来说是“祸兮福所倚”，鲜美的樊口鳊鱼被冠上了“武昌鱼”的美名。

潘丙叔侄顿时被苏东坡的总结说服，也从中更深刻地感悟到武昌鱼之名的深厚文化底蕴。

托物言情题赠《鳊鱼》诗

鱼鲜酒酣。潘家叔侄对首次到自家酒店做客的苏东坡自然不会错过索字讨诗的机会。潘大临刚拿出笔墨纸砚，苏轼自然察觉主人用意。对于这么盛情款待自己的潘家叔侄，他认为用再多的话语都无法表达此时此刻心中的感激心情。来黄州本已封笔的他，走向已铺好宣纸的桌子，围绕刚才酒桌上品尝的鲜美佳肴，挥笔写下《鳊鱼》：

晓日照江水，游鱼似玉瓶。谁言解缩项，贪饵每遭烹。
杜老当年意，临流忆孟生。吾今又悲子，辍筋涕纵横。

苏轼写于“晓日照江水，游鱼似玉瓶”之地的这一题赠诗，以食鲜美樊口鳊鱼，又怜惜其“贪饵每遭烹”之诗意，明显带着对“乌台诗案”反思的浓浓意味，因而诗末留下“吾今又悲子（指鳊鱼），辍筋涕纵横”诗句。这也是苏东坡此时复杂心境的艺术化呈现。

诗中的“杜老当年意”“临流忆孟生”，则一下子把他的学识和艺术格局充分体现出来了。作此诗时，他想起了唐代杜甫写的《解闷》：“复忆襄阳孟浩然，清诗句句尽堪传。即今耆旧无新语，漫钓槎头缩颈鳊。”由此，苏东坡又从杜诗中提到的唐代诗人孟浩然（689—740），自然想到这位孟生在《岘潭作》中的“石潭傍隈隩，沙岸晓夤缘。试垂竹竿钓，果得槎头鳊”诗句和他在《冬至后过吴、张二子檀溪别业》中的“鸟泊随阳雁，鱼藏缩项鳊。停杯问山简，何似习池边”诗句。

苏东坡题赠诗中郑重提及的三首诗，都从不同角度写到了鳊鱼。经过这一番妙笔生花，他将这一富有人文底蕴的鱼，在古今文人墨客心中笔下的地位尽情展现。

后来《鳊鱼》这首诗被辑入《四库全书·苏轼集》卷二十七，排在苏东坡贬谪黄州、扁舟武昌期间所写的《吊徐德占并引》稍前的位置。

武昌鱼连着国运

说到苏东坡在樊口大江垂钓野饮、赋诗书赠的鳊鱼——武昌鱼，就不能不提及中华人民共和国开国领袖毛泽东（1893—1976）。1956年他三次畅游长江，写下《水调歌头·游泳》：

才饮长沙水，又食武昌鱼。万里长江横渡，极目楚天舒。不管风吹浪打，胜似闲庭信步，今日得宽余。子在川上曰：逝者如斯夫！

风樯动，龟蛇静，起宏图。一桥飞架南北，天堑变通途。更立西江石壁，截断巫山云雨，高峡出平湖。神女应无恙，当惊世界殊。

人们常说国运连着家运。而从苏东坡在黄州期间无数次品尝过的这条融合自然与人文美味、带着历史变迁烙印的鱼身上，则可以这样说：武昌鱼连着国运。三国时吴末帝孙皓与陆凯之间发生的轶事，使鲜美但名字有些俗气的樊口鳊鱼，换成了文雅大气的“武昌鱼”，却同时换来国破家亡的历史悲剧。毛泽东“才饮长沙水，又食武昌鱼”的吟咏，带来人们更加热爱生活，为国家繁荣昌盛、为“当惊世界殊”而奋斗的蓬勃激情，也使武昌鱼声名远播。

1965年中国科学院水生生物研究所教授易伯鲁，从鲂类鱼中给武昌鱼确定了一个专属学名“团头鲂”，梁子湖（古樊湖）被确定为武昌鱼的故乡，古老的鄂州大地被确定为武昌鱼原产地。今天，武昌鱼原生种苗已游向全国，游出海外，葱烧武昌鱼这道湖北名菜也进入寻常百姓家的饭桌。

五、自幼“性喜临水”

命运眷顾喜临水的苏东坡

苏东坡跟樊口这么有缘，除了这里人文底蕴深厚外，还与他从小喜临水有关。

“我性喜临水”，这是苏东坡在颍州（现属安徽阜阳）写的《泛颍》诗中对自己居住生活偏好的表达。冥冥之中命运也非常眷顾喜临水的苏东坡。熙宁四年（1071）第一次请求外任的苏轼，赴杭州途经镇江时所写的《游金山寺》，就以“我家江水初发源，宦游直送江入海”，对此作了高度概括。

在明代地理学家徐霞客（1587—1641）通过实地踏勘得出金沙江是长江正源之前，人们皆认为苏轼家乡所在的岷江是“江水初发源”的地方。当然后来经过现代科学探测确定青海沱沱河为长江源头，也否定了徐霞客的结论。但按北宋人的共识，苏轼自豪地吟诵“我家江水初发源”并没有错。

更为巧合的是，这首诗所写的诗句“宦游直送江入海”，还真的将苏轼此前此后的命运勾连在一起，所贬之地和去世之地大多非江即海，一路相随。连同他在贬谪黄州、扁舟武昌时期写的《临江仙·夜饮东坡醒复醉》一起来看，就更神奇了：

夜饮东坡醒复醉，归来仿佛三更。家童鼻息已雷鸣。敲门都不应，倚杖听江声。　　长恨此身非我有，何时忘却营营。夜阑风静縠纹平。小舟从此逝，江海寄余生。

这两首诗词中所写的“宦游直送江入海”“小舟从此逝，江海寄余生”，不就是苏东坡人生命运和后来仕途的真实写照吗？

从喜临水的角度看，苏东坡格外眷顾武昌樊口就是一件非常自然的事了。

枕江抱湖依樊山与落帆樊口缘由

武昌樊口作为江南古镇，它北枕长江，南抱樊湖，一条清澈见底的“百里绿飘带”樊川长港，使大江大湖在樊山脚下相依相拥。这也是“我性喜临水”的苏轼，十五年前落帆武昌樊口在自然地理方面的重要缘由，也是他一见识就喜欢上这里，贬谪黄州后更加爱上这里的另一个重要原因。

刚到黄州时寓居的定慧院和后来栖居的临皋亭、南堂，苏轼不用出门，武昌诸山和樊口江景就能一览无余。在刚贬到黄州看什么都难入眼的情形下，他心里唯独在这一点上暗自欣慰。

按现代说法，远古人类起源于大海，水是生命之源。苏东坡因贬谪第五次离开汴京城时，他就像一条本身就喜水的“涸辙之鱼”，自然充满着对江湖河海的向往。到黄州第一眼便能看到浩阔大江和其所拥大湖，可想而知他当时的欣喜之情。因此他在《到黄州谢表》里说“黄州地连云梦，城依大江”，就隐隐地带了一丝欣慰色彩。他在《初到黄州》诗里对自己贬谪处境幽默了一把后，接着以“长江绕郭知鱼美”表露了他心中不如意中的如意。在《与上官彝》信里，他将这一难得的开心事告诉友人：“所居临大江，望武昌诸山咫尺，时复叶舟纵游其间。”

无数次扁舟往来于黄州赤壁与武昌樊口之间的大江后，苏东坡对樊口周边的独特水情江势有了更为深入的了解，除了日益增添对这座古镇的垂青眷顾外，他还对十五年前船夫选择在武昌樊口落帆歇息的缘由有了更透彻的了解。

樊湖水通过百里樊川长港由西南向东北，在黄州正对面的樊口浩浩荡荡汇入长江。樊口古镇和樊山正处在由长江与樊川长港所形成的江湖水系“丁字形”交汇节点上。南宋武昌县令薛季宣（1134—1173）所写的诗句“江水北来樊水东，樊山水曲大洄中”，就是这一地理格局的艺术写照。

这一格局所产生的巨大作用，在这段江面上的表现就是出现大洄、小洄现象。这是长江激流跟樊川长港流出的水对冲，又加上樊山顶托而形成的奇观。唐代诗人元结（719—772）避难隐居武昌时，对此很有研究，还分别写诗呈现这一独特胜景。

“樊水欲东流，大江又北来。樊山当其南，此中为大洄。洄中鱼好游，洄中多钓舟。漫欲作渔人，终焉无所求。”元结这首《大洄中漫歌》专门写樊口大洄，也就是当地人俗称的樊口湾。此诗告诉大家，此处水域之所以鱼多，是因为樊湖之鱼顺流而下，跟长江之鱼在樊口湾会合。另外鱼有冲激流水头的喜好。大洄本就是因激流对冲、顶托而形成的，洄越大，水越急，鱼越去冲、去集聚。因此这里的鱼不仅多，而且肥美鲜活。它也是“樊口鳊鱼甲天下”的深层次缘由。

“丛石横大江，人言是钓台。水石相冲激，此中为小洄。洄中浪不恶，复在武昌郭。来客去客船，皆向此中泊。”元结的《小洄中漫歌》还告诉大家，天下十大古钓鱼台之一的武昌钓台就在小洄附近。《黄州府志》所记载的苏东坡与潘丙叔侄在樊口大江“钓鳊野饮”，其具体地点应该包括这里。另外，之所以“来客去客船，皆向此中泊”，也是由于樊口附近大洄水急浪涌，行船泊船不易。偏偏小洄这里水势明显平缓一些，方便泊船、垂钓。

苏东坡贬谪黄州、扁舟武昌后的第四年，顺道来见他的北宋文学家张舜民（生卒年不详）在《画墁录》中记述此行曾“移舟离黄州，泊对岸樊溪口”。樊口江段小洄附近的水码头，就在樊溪口。

在武昌樊口，潘丙帮助苏东坡接待张舜民。为了让他进一步加深对樊口湾小洄附近很早就是“来客去客船，皆向此中泊”的水码头印象，潘丙讲了杨坚（541—604）夜泊樊口的故事。据《武昌县志》记载：“隋文帝（杨坚）未贵时，常舟行江中。夜泊中，梦无左手，及觉甚恶之。及登岸诣一草庵中，有一老僧道极高，俱以梦告之。僧起贺曰：无左手者独拳（暗喻单独掌权）也，当为天子。后帝兴建此庵为吉祥寺。”

张舜民因此写下《舣舟樊口过吉祥寺》诗：“江水秋风九日寒，故人尊酒暂相欢。如何塞北无穷雪，却坐樊口万杆竿。”诗中注明：“元丰癸亥秋季，赴官郴岭，舣舟樊口，与潘彦明、范亨父以小艇过吉祥寺，是日大风雨雪作。”“舣舟樊口”，意思是在樊口泊船。“过吉祥寺”，是说他们此行到过《武昌县志》所记载的、隋文帝杨坚后来在樊口所建的“吉祥寺”。

关于樊口江段的大洄、小洄，苏轼在陪弟弟从黄州扁舟到武昌西山时写下的“千摇万兀到樊口，一箭放溜先凫鹥”，以及苏辙后来回忆此事所吟“扁舟乱流入樊口”，正好是在此行船过江的形象演绎。这几句诗是说，从黄州过江到樊口，因大洄水流湍急，“扁舟乱流”时不“千摇万兀”划船荡桨，船就冲不过大江中流激水。那时靠人力划船过江，不管是江北到江南，还是江南到江北，都必须先将船往江上游划一段距离，再横向冲过长江中间，这样方能以最快捷的方式到达彼岸。否则想直线过江是不可能的，因为船还没有到江中间，就一定会被激流冲到江下游去了。

“千摇万兀到樊口”，说的就是从黄州过江，必须先经过樊口江段上游水急浪涌的大洄。《武昌县志》记载“大洄在樊口上一里”。苏轼在《记樊山》里也说“自余所居临皋亭下”到武昌樊山，须先“乱流而西”。“一箭放溜先凫鹥”，说的是船过江心大洄后，自然就会像比鸟儿飞得还快的箭一样顺流而下，很快来到小洄樊溪口。如此江情水势，使苏轼陪弟弟过江登临武昌西山时，特写下这两句形象生动的诗句，以此表达兄弟二人这段紧张刺激又惬意行程的特殊感受。

从这里面细想开来，十五年前船夫之所以选择落帆樊口歇息，跟这里大洄、小洄的水势江情有很大的关联。那时苏轼兄弟俩从长江下游溯江而上，在樊口小洄处落帆泊船，除了这里有美食、人文、水码头等原因外，还可能有船夫想在这里歇息休整一下，便于以更充沛的精力冲过樊口江段大洄激流。因此，苏轼兄弟俩十五年前落帆樊口，也见证了樊口湾小洄江畔“来客去客船，皆向此中泊”这一现象。

与水相伴而“兹游奇绝冠平生”

苏东坡劫后余生出海南岛时，在《六月二十日夜渡海》诗中以“九死南荒吾不恨，兹游奇绝冠平生”的百折不挠、自信满满口气，对自己贬谪儋州这段经历作概括。

再从苏东坡起起落落的人生仕宦历程看，这一大气豪迈概括实际上也可以包含他从贬谪黄州、扁舟武昌开始，最终到常州毗陵离世，这一路所走过的坎坷。这一大气豪迈概括还是他对自己后半生命运作出的形象而又豁达的总结。正如他在《游金山寺》所写的“有田不归如江水”那样，他在贬谪磨难中不是选择归隐沉沦，而是选择激流勇进。这正是苏东坡上述豁达豪迈概括总结的厚实基础与底气之所在。

一路伴随的大江、大海、大湖给予苏东坡宽阔无比的胸怀和淡泊明志的浩阔心境，以及“江山如此不归山，江神见怪惊我顽”的执着追求，是成就其一生功业的强大活力源泉。在其后半生坎坷磨难中，恰恰因为像黄州、武昌等地一样始终与水结伴，才让他有了超人的灵气、豪气和仙气，才得以一飞冲天，成为与众不同的旷达洒脱大文豪。正因为如此，苏东坡从儋州返回时，将几个与水相伴的贬谪磨难之地，视为人生功业“冠平生”的“奇绝”之地。

第三章

西山胜绝 “意适忘反”

忆从樊口载春酒，步上西山寻野梅。

——苏轼《武昌西山并叙》

买田吾已决，乳水况宜酒。所须修竹林，深处安井臼。相将踏胜绝，更裹三日糗。

——苏轼《游武昌寒溪西山寺》

一、向往武昌西山

苏轼十五年前落帆武昌樊口时留下了一个遗憾。当时因为急于返川归乡，所以他和苏辙只寻绎了古樊山之西、靠近樊口的区域，没有登临早已在书籍诗文里经常出现，被名流大德时常提及的古樊山之东、紧邻武昌县城的这片区域。离开樊口继续返川行程的苏东坡站在船上，远远地眺望着渐行渐远、越来越模糊的武昌西山，深深地为错失这次机会而遗憾。当然那时他也无法知道未来有没有缘分弥补这一缺憾。也许是苏轼注定跟武昌西山有缘，十五年后他被贬谪到跟武昌西山一江之隔的黄州。

初到黄州的关注与期待

武昌西山不高，主峰只有海拔 170 米。武昌西山不大，把一小群山头都加起来也只有 2.2 平方千米。正如唐代文学家刘禹锡（772—842）《陋室铭》所言：“山不在高，有仙则名；水不在深，有龙则灵。”武昌西山的名气，凭的是三天三夜说不完的人文历史和故事传说，凭的是“樊山当其南”、大江南又东的笑傲江湖气势和胜绝幽幽的风景名胜，还有那佛教传入中国开枝散叶之一脉——净土宗发祥的千年古刹和佛教南传译经“始于武昌、盛于建业”的丰富遗存。苏东坡游过武昌西山后，用“芝术在蓬莠”来形容这座耐人寻味的江南名山。以至于历朝历代的文人墨客过此必登临吟咏，赋诗留墨。

不容回避的贬谪戴罪心境、不熟悉的异域风物，使初到黄州的苏轼目之所及，都是陌生和不适。唯有曾经见过、梦过的武昌西山，看在眼里透着一份亲切和些许期待。他苦中作乐地寻思道，这一次肯定有机会弥补十五年前的遗憾。

刚开始寓居定慧院、处于杜门思衍之中的苏轼，认为眼前可能难有这一机会。然而作为一个闲人，虽闭门不出，但“所居临大江，望武昌诸山咫尺”，还是可以远远地看、细细地品武昌西山。于是他很快从中找到乐趣。门前大江和江对面武昌诸山在不同时间、不同天气时，有说不清、道不完的细微区别和变化。在给朋友上官彝（生卒年不详）的回信中，他用惊叹的语气描述了自己的发现：“风雨云月，阴晴蚤暮，状态万千，恨无一语略写其仿佛耳。”从中透出他对武昌西山的眷恋。

武昌来的蜀中故旧热情相邀

可能武昌西山也在冥冥之中惦记着这位游子。元丰三年（1080）四月十二日，也就是苏轼来到黄州后的第七十二天，一位蜀中故旧带着从武昌西山谋得的两样特产——酴醾花（别名悬钩子蔷薇、山蔷薇）和菩萨泉，过江来看望他。

这位友人姓杜，名沂，字道源。还在蜀中故乡时，其父杜君懿就十分关心苏轼兄弟两人的成长进步。二十五年前，他们第一次进汴京城赶考，杜君懿就专门赠送赫赫有名的诸葛笔为兄弟两人助考，“终试笔不败”，双双高中。说来也巧，这时杜沂的大儿子杜传，正好在江对岸的武昌县衙供职。得知苏轼被贬谪来到黄州，杜沂就与杜传一起专程过江，登门拜访。

一见到杜沂父子，苏轼百感交集。接下两样来自日思夜想之地——武昌西山的见面礼，他情难自禁，觉得自己应该做点什么来聊表谢意。虽然还没有亲自到靠近武昌城的西山区域，他向杜沂父子问了问所送酴醾花、菩萨泉的情况后，欣然提笔作《杜沂游武昌，以酴醾花、菩萨泉见饷二首》，回赠杜沂父子：

一

酴醾不争春，寂寞开最晚。青蛟走玉骨，羽盖蒙珠幰。
不妆艳已绝，无风香自远。凄凉吴宫阙，红粉埋故苑。
至今微月夜，笙箫来绝巘。余妍入此花，千载尚清婉。

怪君呼不归，定为花所挽。昨宵雷雨恶，花尽君应返。

二

君言西山顶，自古流白泉。上为千牛乳，下有万石铅。
不愧惠山味，但无陆子贤。愿君扬其名，庶托文字传。
寒泉比吉士，清浊在其源。不食我心恻，于泉非所患。
嗟我本何有，虚名空自缠。不见子柳子，余愚污溪山。

第一首诗以“幻语生波”。对诗中自注“有孙权故宫苑”的武昌西山所生长的独特高贵之花——酴醿，苏轼尽情赞美。“酴醿不争春，寂寞开最晚”“不妆艳已绝”“千载尚清婉”“怪君呼不归，定为花所挽”等诗句，既以花言地，饱含他对武昌西山的倾慕；又以花喻人，由衷感谢患难见真情的杜沂父子。因为他们父子是不惧怕牵连、带着明显官员身份最早来探访自己的蜀中故旧。

第二首诗以“议论见意”。苏轼用“茶圣”陆羽（733—804）命名的天下第二泉——惠山泉比喻菩萨泉。又以“寒泉”比喻身处逆境仍志向高洁的人。他向危难中仍看得起自己、关心自己的故友表达心迹：会像唐代大文学家柳宗元（773—819）那样，在贬谪中洁身自爱，愈挫愈奋。

杜沂从侧面了解到，苏轼因顾忌祸患，来黄州就基本封笔了，更别说亲自写诗并书写赠送，因而得到诗作墨宝，他非常感动。从交谈中，杜沂感觉到苏轼非常想走出黄州，到周边看看，也知道了他十五年前未登上西山寒溪区域的遗憾。

年轻的杜传看出了苏轼心中对外出黄州有所顾虑。他首先请苏轼不要有太多顾虑，说县令江綖非常仰慕苏轼，到武昌县衙管辖的地盘走走，肯定会受到欢迎。再说过江到武昌，一个来回要不了多长时间，比到黄州城外有的地方还近。接着他诚恳地请苏轼趁其父在武昌的机会，尽快过江去武昌西山弥补多年的缺憾。

这番话打动了苏轼。他本来就不是一个谨小慎微、胆小怕事之人。此时此刻“乌台诗案”几个月的煎熬，宋神宗“十六字责词”的禁锢，早就被他一股脑抛到云天之外。他决定第二天过江，一偿夙愿。

二、首游倾心结缘

武昌县令西山寒溪口迎接

告别苏轼时，杜传让父亲留下来跟故乡老友再多叙叙旧。自己急匆匆赶回武昌，要做的第一件事就是赶快向他的顶头上司——武昌县令江綖报告。因为对苏轼仰慕已久，江县令一听连连称好，当即就有关接待安排一一作了吩咐。

元丰三年（1080）四月十三日一大早，杜传和弟弟杜俣驾舟过江，去接苏轼和父亲。江綖来到武昌西山东麓的寒溪入江处，恭迎苏轼的到来。

尽管寒溪之名的由来，按三国时史筌纂修的《武昌记》记载，是因为“樊山东有小溪，夏时怀袖，但有寒气，故谓之寒溪”。但苏轼从一踏上武昌西山之地，便感觉到了武昌官员、民众的热情。县令江綖一路如数家珍地讲解答问，无微不至地关心照顾苏轼。

赋诗表达买田定居意愿

一天时间很快过去。苏轼对众人说：武昌西山果然名不虚传。短暂流连观光后，还是觉得古樊山这片区域比自己之前想象的还要好，比以前听说的还要美。不久，他就在给陈慥的信里流露出首游的美好感觉：“数日前，率然与道源过江，游寒溪西山，奇胜殆过于所闻。独以坐无狂先生，为深憾耳。”

站在武昌西山滨江峰顶的望江亭中，滚滚大江、江北黄州和樊山东边的武昌城、西边的樊口正好尽收眼底，一首《游武昌寒溪西山寺》一气呵成。从头到尾，每一句里都透着深情：

连山蟠武昌，翠木蔚樊口。我来已百日，欲济空搔首。
坐看鸥鸟没，梦逐麋鏖走。今朝横江来，一苇寄衰朽。
高谈破巨浪，飞屦轻重阜。去人曾几何，绝壁寒溪吼。
风泉两部乐，松竹三益友。徐行欣有得，芝术在蓬莠。
西上九曲亭，众山皆培塿。却看江北路，云水渺何有。
离离见吴宫，莽莽真楚薮。空传孙郎石，无复陶公柳。
尔来风流人，惟有漫浪叟。买田吾已决，乳水况宜酒。

所须修竹林，深处安井臼。相将踏胜绝，更裹三日粮。

苏轼开篇就写来黄州“已百日”，时时向往武昌西山，却因“欲济空搔首”而产生无奈又遗憾心情。他还言明，在不能马上登临的情形下，只能待在暂寓的定惠院“坐看鸥鸟没，梦逐麋麚走”。即使这样，他通过远眺细品，感受到“连山蟠武昌，翠木蔚樊口”的不凡气象。因此，当他和杜沂父子乘坐小舟，如“一苇寄衰朽”“横江”来到武昌，一路就有了“高谈破巨浪，飞屦轻重阜。去人曾几何，绝壁寒溪吼”的喜悦快意。第一次登临武昌西山，看到、听到、接触到的景物应接不暇，不仅有“徐行欣有得”的感觉，而且通过游览这座名山，更加深切地领悟到“芝术在蓬莠”的道理。观传说中的试剑、比剑“孙郎石”，自然让人联想到孙权在武昌建立的封王称帝不世伟业；从樊楚、楚鄂王城等遗迹中可以见证“莽莽真楚薮”这段历史；还有“无复陶公柳”的晋将军陶侃，“尔来风流人，惟有漫浪叟”的唐诗人元结等众多大德前贤逸迹；还有满山松风伴着梅竹，如乳泉水喷涌而出的绝佳风景和“众山皆培塿”的九曲亭等名胜。

眼看太阳就要落山，苏轼不舍而又想返程的矛盾心情被江县令察觉到。他劝苏东坡不要着急离开，今夜留下来，明天再慢慢看。

虽然苏轼此前曾以民间私访方式到过武昌樊口潘家酒店，但这次登临武昌西山带有明显官方色彩。以这样的方式第一次走出黄州，苏轼觉得不能因小失大，因眼前失长远，更不能给大江两岸关心自己的官场朋友添麻烦，他当即表示要马上回去。

接着苏轼握住江綖的手说：武昌西山这么多、这么好的人文历史和绝美胜景，不是我一下子品味消化得了的。下一次我要“更裹三日粮”“相将踏胜绝”，再来武昌西山好好游览几天。再说自己真的爱上了这里。刚才我在诗中不是表达了“买田吾已决，乳水况宜酒。所须修竹林，深处安井臼”的想法吗？

苏轼在诗中所表达的到武昌“买田”定居、“修竹林”“安井臼”想法，并不是一时心血来潮。自贬谪戴罪到黄州后，他不能不为自己的前途命运作长远考虑。何时能走出“乌台诗案”的阴影，这不是他自己能掌控的。麻城岐亭的狂先生陈慥此前曾来信，建议他在江南武昌买田养老。上午听到元结在武昌隐居垦耕的故事，加上十五年前落帆樊口就了解陶渊明（365—427）曾祖父陶侃在这里死于任上的轶事，更激发了他在武昌买田隐居养老的想法，所以当场写下“买田吾已决”等诗句。九年后在《书王定国所藏王晋卿〈烟江叠嶂图〉一首》中，他还回忆当时“径欲往买二顷田”的打算。因此一回到黄州，他便把这一决定写信告诉陈慥。

后来经过反复权衡，苏轼改变了立即在武昌买田的想法。因为黄州、武昌虽然只隔一江，但属于两个不同管辖区域。用苏轼写给陈慥信中的话是“居于别路”，用现在话解释是“分隔两省”。譬如今鄂州城区的行政隶属关系为湖北省鄂州市鄂城区，那时的武昌则为荆湖北路鄂州武昌县。与此相对应，苏轼的谪居地实为淮南西路黄州黄冈县。他在《武昌西山并叙》中所说的，“轼谪居黄冈，与武昌相望，常往来溪山间”，即为明证。只因历史上黄州更有名气，加上苏东坡贬官身份为黄州团练副使，所以人们大多只记住他谪居黄州。在这样的情况下，苏轼若未经皇帝恩准而过江“跨路”安家，传到朝中“好事君子”那里，非闯大祸不可。

苏轼把这一“更希为深虑之”顾虑，写在给陈慥的回信中：

> 示谕武昌一策，不劳营为，坐减半费，此真上策也。然某所虑，又恐好事君子，便加粉饰，云擅去安置所而居于别路，传闻京师，非细事也。虽复往来无常，然多言者何所不至。若大霈之后，恩旨稍宽，或可图此，更希为深虑之，仍且密之为上。

听苏轼说罢不能留宿武昌西山的缘由，江綖表示理解。临下山返程时，江县令请苏东坡留下纪念此行的墨宝。感念江綖的盛情接待，苏轼不再有“杜门思衍”的顾忌，龙飞凤舞地题下：“江綖、苏轼、杜沂、沂之子传、俣游。元丰三年四月十三日。”不久，江綖将苏东坡的题字刻在西山显眼处的岩壁上。

打开钟情适意武昌之门

回到黄州第二天，苏轼一早便到州府去见跟他同名不同姓，对他非常客气的知州陈轼，禀告自己扁舟渡江，去武昌登临游览西山的情况，对此行的先斩后奏表示歉意。

陈轼听后请苏轼不要风声鹤唳，过于提心吊胆，并认为他到周边走走，多接触了解一些风土民情是好事。陈知州的一席话，让苏轼心中的重重顾虑减轻不少。

杜沂父子的及时出现，以及他们热情恳切相邀，恰如乍暖还寒中布谷鸟春天催耕的声声呼唤，给了苏轼重新振作的力量，帮助他堂堂正正地迈开“走出黄州”的第一步。这一步成为苏东坡慢慢走出心魔、实现自我救赎的关键一步。从此一个本真可爱的苏东坡，又逐渐以浴火重生、蝶变升华之势，重新出现在世人面前。

当然这一步的意义还不止于此。正是因为这一步，打开了苏东坡钟情适意武昌之门，使他更加爱上了这里。同样是这一步，还为武昌这座古城日后能助苏轼成就《宋史》所评价的“浑涵光芒，雄视百代”伟业，做出也许微小却值得一书的贡献打开了大门。

对于杜沂这位故友，苏东坡极为敬重，千方百计跟他保持联系。

登临武昌西山后不久，他又一次过江，专门到杜传家回访杜沂父子。杜沂让儿子将一支已过世父亲所藏之宝——宣州上等诸葛笔，赠送给苏公。

史传诸葛一门早在东晋时代已在宣州（治所在今安徽宣城）制笔。诸葛笔“一枝酬十金，劲妙甲于当时”，几百年盛名不衰，深受历代书家推崇。据说大书法家王羲之（303—361）、柳公权（778—865）都曾亲手向诸葛氏写过《求笔帖》。唐宋时诸葛笔更是书法界排名前列的名笔。杜君懿善书且喜好藏笔。在宣州为官数年，用自己的俸禄买了不少诸葛笔收藏。

苏轼接过杜父遗留之宝，睹物思人，当年赠笔助考的一幕浮现眼前。他写下《书杜君懿藏诸葛笔》，对关爱自己的杜君懿满怀感念，对这位珍爱笔、善藏笔、会养笔的前辈表达了钦佩之情：

> 杜叔元君懿善书，学李建中法。为宣州通判。善待诸葛氏，如遇士人，以故为尽力，常得其善笔。余应举时，君懿以二笔遗余，终试笔不败。其后二十五年，余来黄州，君懿死久矣，而见其子沂，犹蓄其父在宣州所得笔也，良健可用。君懿胶笔法，每一百枝，用水银粉一钱，上皆以沸汤调研如稀糊。乃以研墨，胶笔永不蠹，且润软不燥也。非君懿善藏，亦不能如此持久也。

元丰四年（1081）夏，苏东坡跟杜沂两度相互通信，以“谪寄穷陋，首见故人，释然无复有流落之叹”，再一次流露出苏轼在黄州见到这位蜀中故交时的真实心境和感激之情。

苏东坡还常常跟杜沂的两个儿子杜传、杜俣交往。下面这封信就是见证之一："令子所示，专在意来日，相见即达之，但未必有益也。辄送十缗省为一奠田之用。难患流落中，深愧不能展毫末也。不罪！不罪！轼手启。"

元丰五年（1082）杜沂卒，苏东坡专门向其子发简哀慰。在苏东坡的内心深处，由衷感谢这位帮助其勇敢地走出黄州的蜀中故交。

"时复扁舟"武昌大江之上

也就是从首游武昌西山开始，苏东坡再也无所顾忌地往来于黄州、武昌之间，做梦也常常有扁舟渡江情景。杜沂去世这一年的正月十七日，他所作的《水龙吟·小舟横截春江》就是一例：

> 小舟横截春江，卧看翠壁红楼起。云间笑语，使君高会，佳人半醉。危柱哀弦，艳歌余响，绕云萦水。念故人老大，风流未减，独回首、烟波里。　　推枕惘然不见，但空江、月明千里。五湖闻道，扁舟归去，仍携西子。云梦南州，武昌东岸，昔游应记。料多情梦里，端来见我，也参差是。

苏东坡这首词写了一场"多情梦"，而梦的对象是曾在黄州任知州的闾丘孝终。其序云："闾丘大夫孝终公显尝守黄州，作栖霞楼，为郡中胜绝。元丰五年，余谪居黄。正月十七日，梦扁舟渡江，中流回望，楼中歌乐杂作。舟中人言：公显（闾丘孝终字）方会客也。觉而异之，乃作此词，盖越调《鼓笛慢》。公时已致仕在苏州。"

人们常说日有所思，夜有所梦。这首词虽然主旨是以梦怀念在黄州有政绩的闾丘孝终，但从"梦扁舟渡江""小舟横截春江""云梦南州，武昌东岸，昔游应记""料多情梦里"等语句中，还是透出了苏东坡内心深处无比喜爱武昌的旨趣。正因为这样的情结，苏东坡后来在京城观看好友王晋卿在贬谪地武当山所画的《烟江叠嶂图》时，如梦如幻的江景山势画面，使他马上联想到在黄州无数次观睹过的西山寒溪和武昌大江景况，当即在这幅名画上题诗《书王定国所藏王晋卿画〈烟江叠嶂图〉一首》，深情发出"君不见武昌樊口幽绝处，东坡先生留五年"的感叹。

《水龙吟·小舟横截春江》和《书王定国所藏王晋卿画〈烟江叠嶂图〉一首》这两篇吟诵武昌江山胜景的诗词，从一个侧面见证了苏轼对武昌的钟情适意、倾情赞美。

后来武昌西山成为苏东坡与友人谈史论今、吟诗作赋、寻幽觅趣的自由天地，还成为其接待外来亲朋好友的绝佳平台。他在武昌城和西山接待老朋友张舜民，就是其中非常有代表性的一次。

苏东坡的这次接待活动日期，就是前文提到的张舜民“舣舟樊口”，与潘彦明以小艇过吉祥寺那一次的元丰六年（1083）九月下旬。赴郴州酒税任途中路过黄州的张舜民，二十日在江北远眺武昌西山，隐约可见西山之巅的孙权即位郊天坛，便邀苏东坡同游武昌樊山。

二十四日，张舜民在苏轼的陪伴下过江来到武昌县衙，武昌县令李观、主簿吴亮等闻讯出城迎接，并陪同参观三国孙吴西都武昌宫城旧址，步出武昌城西门游寒溪、登西山，再来到西山寺，饮澄澈的菩萨泉。当晚张舜民在《画墁录》中对此行作了详细记载。

张舜民记载的这次行程，只是苏东坡在贬谪黄州期间陪同外地来看他的好友扁舟武昌中的一次。但从中能看出苏轼和他的朋友在武昌城，在寒溪西山，活动是多么丰富有趣，心情是放得多么开，所受到的招待是多么热情，武昌官民对他的尊敬是多么自然而又无处不在。

三、兄弟携手同游

苏辙五言古风诉衷曲

元丰三年（1080）六月初二，护送兄长家眷前来黄州的苏辙，在哥哥苏轼的陪伴之下，也来弥补十五年前的缺憾。武昌县令江綖闻讯，又携带酒肴前来奉陪。

苏辙乘兴以《黄州陪子瞻游武昌西山》为题，作五言古风一首，记述了他们兄弟俩在“乌台诗案”后，第二次相会时的特殊情感及其所思所虑，也记述了武昌人对这对患难兄弟的真诚欢迎和热情款待。

千里到齐安，三夜语不足。劝我勿重陈，起游西山麓。
西山隔江水，轻舟乱凫鹭。连峰多回溪，盛夏富草木。
杖策看万松，流汗升九曲。苍茫大江涌，浩荡众山蹙。

上方寄云端，中寺倚岩腹。清泉类牛乳，烦热须一掬。
县令知客来，行庖映修竹。黄鹅时新煮，白酒亦近熟。
山行得一饱，看尽千山绿。幽怀苦不遂，滞念每烦促。
归舟浪花暝，落日金盘浴。妻孥寄九江，此会难再卜。
君看孙讨虏，百战不摇目。犹怜江上台，高会饮千斛。
巾冠堕台下，坐使张公哭。异时君再来，携被山中宿。

在苏轼第五次离开汴京城、赴贬谪地黄州途中第一站陈州（治所在今河南周口淮阳），苏辙风尘仆仆地从南都（现河南商丘）赶来，看望刚刚从乌台大狱走出来的哥哥，一起商量两家人的行程。原来，苏轼湖州被拘后，“与妻子诀别，留书与弟辙，处置后事”。当时苏轼一家无依无靠，只能千里迢迢投奔苏辙。苏轼案子了结后，苏辙也因哥哥的牵连被贬到比黄州更远的筠州。苏轼以贬谪戴罪之身被押解黄州，一家老老少少随他翻山越岭肯定不便。而苏辙是以降职贬官的身份从水路赴任，不论是旅行条件，还是行走时间安排都好于哥哥。因此苏辙让大嫂和一家人跟自己一起走水路，从淮河入运河，溯江而上到九江。苏辙将妻儿放在那里稍候，护送兄嫂来黄州，也就是唐时的齐安。

经过近五个月的跋涉，“千里到齐安”的苏辙与哥哥再次见面，想要说的话“三夜语不足”。苏轼刚登临游览武昌西山不久，也知道弟弟同样向往武昌西山，于是劝苏辙“勿重陈”“起游西山麓”，既弥补十五年前落帆樊口时的遗憾，又换个环境接着坦露心迹，帮助弟弟排解贬谪郁闷心情。

兄弟俩通过“轻舟乱凫鹜”，来到“隔江水”的武昌西山。从“杖策看万松，流汗升九曲”，再到“上方寄云端，中寺倚岩腹”的西山古寺。“清泉类牛乳，烦热须一掬”后，他们一下子清凉了许多。县令知道他们到来后，展现了武昌人待客的热情。“县令知客来，行庖映修竹。黄鹅时新煮，白酒亦近熟。山行得一饱，看尽千山绿”。苏辙从中感受到武昌的山幽绝、泉醇美、人友好。

对哥哥在武昌受到的尊重，以及能常到这样的胜地吐吐气、换个心情，苏辙感到些许安慰。但兄弟俩的前路茫然，使他还是不免替哥哥担忧，因此而“幽怀苦不遂，滞念每烦促”。自己的“妻孥寄九江”，兄弟俩很快又要分别，跟哥哥的下次相会“难再卜”。这样的离别之情埋在心里，却无法说出口。

带着这样的心情回黄州，恰巧路过江边的武昌钓台。送行的江綖连忙跟这两位喜欢谈古论今的大才子作介绍。

武昌钓台作为天下十大钓鱼台之一，不仅在这里可垂钓鲜美的武昌鱼，还有大量文人墨客在此留下精美诗句和逸事佳话。南朝有谢朓（464—499）的“钓台临讲阅，樊山开广宴”，北朝有庾信（513—581）的“钓台斜趣，望赤壁而沾衣”。唐代诗人元结探访钓台写下“丛石横大江，人言是钓台”。李白（701—762）两度跟朋友游览武昌钓台，留下《送黄钟之鄱阳谒张使君序》等诗文。更让武昌钓台千古留名的，是《三国志·吴书·张昭传》记载的“钓台罢酒”逸事：

> （孙）权于武昌，临钓台，饮酒大醉。权使人以水洒群臣曰：“今日酣饮，惟醉堕台中，乃当止耳。”（张）昭正色不言，出外车中坐。权遣人呼昭还，谓曰：“为共作乐耳，公何为怒乎？”昭对曰：“昔纣为糟丘酒池长夜之饮，当时亦以为乐，不以为恶也。”权默然，有惭色，遂罢酒。

苏辙观钓台景观，想张昭（156—236）际遇，由此更为哥哥鸣不平，替哥哥未来担忧。面对“百战不摇目”的孙权露出得意忘形苗头，作为股肱大臣的张昭由于“犹怜江上台，高会饮千斛”，而无奈“巾冠堕台下”，坐哭罢酒。后又以“昔纣为糟丘酒池长夜之饮”的历史教训对孙权直谏，体现其耿耿忠心。虽然最后孙权纳谏，但张昭此举还是弄得孙吴上下不开心。在任用丞相的关键时刻，虽然“众议归（张）昭”“百寮复举昭”，但张昭两次分别被孙权以“职统者责重，非所以优之也”“领丞相事烦，而此公性刚，所言不从，怨咎将兴，非所以益之也”的理由弃选，落了个忠耿不讨好的下场。

哥哥苏轼从自求外任杭州到湖州被拘，其深层次缘由跟张昭相比不是有过之无不及吗？想到这里，苏辙心里如江上阵阵凉风袭来。这些所见所思，都被苏辙一一写进诗里。

不过苏辙在此诗最后还是以“异时君再来，携被山中宿”，表达了跟哥哥首游西山时相似的想法：欲“携被”住在山中，多花点时间深度交游武昌西山。

可惜此后苏辙的人生命运也像哥哥一样曲折坎坷，再也没有机会重上武昌西山。倒是因为哥哥还在黄州，武昌西山在他睡梦里、诗文中时常出现。比如两年后，因苏东坡牵头扩建九曲亭，凭着与哥哥的这次携手同游，苏辙饱含深情地写出短小精悍、闻名遐迩的《武昌九曲亭记》。

苏轼七言古风情深沉

每逢兄弟俩在一起纵游山水，便少不了你吟我赋、你唱我和。这次苏轼写了一首七言古风《与子由同游寒溪西山》：

散人出入无町畦，朝游湖北暮淮西。
高安酒官虽未上，两脚垂欲穿尘泥。
与君聚散若云雨，共惜此日相提携。
千摇万兀到樊口，一箭放溜先凫鹥。
层层草木暗西岭，浏浏霜雪鸣寒溪。
空山古寺亦何有，归路万顷青玻璃。
我今漂泊等鸿雁，江南江北无常栖。
幅巾不拟过城市，欲踏径路开新蹊。
却忧别后不忍到，见子行迹空余凄。
吾侪流落岂天意，自坐迂阔非人挤。
行逢山水辄羞叹，此去未免勤盐齑。
何当一遇李八百，相哀白发分刀圭。

"我今漂泊等鸿雁，江南江北无常栖"的苏轼，因"散人出入无町畦"的无奈所带来的闲暇时光，以及一江连两城所提供的独特便利地理条件，使他可以尽情享受"朝游湖北暮淮西"的乐趣。此前此后到武昌西山，他大多是高兴而来、满意而归，但唯独这一次心情复杂沉重。

弟弟因自己而受连累被贬，导致"高安酒官虽未上，两脚垂欲穿尘泥"，苏轼为此感到愧疚。最能窥见他这份心情的，是他从乌台大狱出来后用狱中绝命诗韵写的《十二月二十八日，蒙恩责授检校水部员外郎黄州团练副使，复用前韵二首》。诗中苏轼想向"乌台诗案"后关心自己的亲戚朋友讲的重中之重内容，是"此灾何必深追究"。但在诗里微妙地自注了一件令他叫屈难过之事，就是时在睢阳的"子由闻余下狱，乞以官爵赎余罪，贬筠州监酒"，令他既感动又十分愧疚。因此他在诗中吟出"堪笑睢阳老从事，为余投檄向江西"。

除此以外，弟弟想尽千方百计，克服千难万险，跋涉千山万水，精心照顾自己的家眷，把他们平安护送到黄州，得以劫后团聚，苏轼因此万分感激。兄弟俩未来之路依然迷茫，他虽替弟弟担忧，却因无法帮助其解脱而自责。今天兄弟俩虽然能在一起边游边交流，“却忧别后不忍到，见子行迹空余凄”。既然“与君聚散若云雨”，那就只好“共惜此日相提携”。此时此刻的苏轼真是百感交集。

登西山有多条路径可供选择。从黄州经过“千摇万兀到樊口，一箭放溜先凫鹥”后，可以先入武昌城，再从大西门出城上西山；也可从寒溪口上船，直接进山。苏轼因此在诗中自注“路有直入寒溪不过武昌者”。他把从中得到的启示用“欲踏径路开新蹊”写给弟弟，鼓励他勇敢地走下去。对即将抵达的贬谪之地要“行逢山水辄羞叹”，对新的监盐酒税职务要作“此去未免勤盐齑”的思想准备。

诗末，苏轼还特意提醒本就身体羸弱的弟弟注意身心健康，多修炼锻炼。传说筠州是道家仙人李脱的修炼处。一说因其年八百岁，而自号“李八百”。苏轼诗中的自注则认可另一说：“李八百宅在筠州，古老相传，能拄拐日行八百里。”就此他便写下“何当一遇李八百，相哀白发分刀圭”，意思是说不定你能因祸得福，在筠州这一仙山圣水之地延年益寿。诗中的每一个字，都体现其兄长如父的关爱情怀和殷切指点。

谪迁兄弟心路历程“活标本”

在兄弟俩扁舟武昌的头一天，他们曾一同游览黄州赤壁。苏辙当时写下《赤壁怀古》：“新破荆州得水军，鼓行夏口气如云。千艘已共长江崄，百胜安知赤壁焚。觜距方强要一斗，君臣已定势三分。古来伐国须观衅，意突成功所未闻。”这首诗议古论今，说史论人。他从曹操在赤壁之战失败的沉痛教训中，得出做任何事都要高瞻远瞩、深谋远虑的感悟，表达了自己在“乌台诗案”后的深刻反思。

这两位亦师亦友、旨趣相谐的兄弟还有一个非常难得的习惯，就是有了共同感兴趣的话题，不管是在一起还是不在一起，谁先作诗填词，另一人往往会写同题或同事诗词回应。反思“乌台诗案”，这是他们兄弟俩此时都无法回避的大事。不知道是什么原因，陪同弟弟同游黄州赤壁的苏轼，当时并没有写同题诗词回应。但在第二天陪弟弟游武昌西山所写的这首诗中，苏轼还是用“吾侪流落岂天意，自坐迂阔非人挤”诗句，作为对弟弟头一天所写诗的回应。这两句诗，因写于戴罪贬谪黄州后，所以就明显带着对“乌台诗案”闭门思过的色彩，既是自省，也是跟弟弟的互勉。

两年多后，苏东坡还是专门写了一首同题词回应弟弟，此词就是《念奴娇·赤壁怀古》。

兄弟俩围绕赤壁怀古的“同题诗词”同中有异。同的当然都是写赤壁大战题材和对“乌台诗案”的反思。不同的是，苏辙诗写于刚刚受贬之时，顺其自然地将失意心情带进诗中，因而侧重写这次大战失败方——曹军，怀古怀出了对“乌台诗案”的沉痛思考。

苏轼经过两年多的冷静思考才动笔写回应弟弟的同题词，词中揉进他对“乌台诗案”的思考及其带来的思想变化。为此他侧重写赤壁大战胜利一方，并突出其年轻有为主帅周瑜（175—210）。虽然“故国神游，多情应笑我，早生华发”，但他心里已逐渐走出“乌台诗案”阴影，怀古时能超然地站在更浩渺的历史长河之上，发出“大江东去，浪淘尽，千古风流人物”的绝响。

苏轼、苏辙兄弟这次在武昌西山分别写的五言、七言同事诗，连同两年前后分别在黄州赤壁写的“同题诗词”，凝聚了他们二人在危难低谷中胼手胝足、砥砺前行的兄弟情，也成为剖析两人“乌台诗案”后心路历程的难得样本。

四、探究樊山历史

深入浅出撰写《记樊山》

苏东坡对武昌西山的钟爱不在于去了多少次，而是体现在一登临接触就全身心地去探究品味。从写《游武昌寒溪西山寺》，到写《与子由同游寒溪西山》，其间他还根据自己的所见所闻，以及收集掌握的资料，专门作《记樊山》：

> 自余所居临皋亭下，乱流而西，泊于樊山，为樊口。或曰燔山，岁旱燔之，起龙至雨；或曰樊氏居之。不知孰是？其上为芦洲，孙仲谋汎江，遇大风，柁师请所之，仲谋欲往芦洲，其仆谷利以刀指柁师，使泊樊口。遂自樊口凿山通路归武昌。今犹谓之“吴王岘”。有洞穴，土紫色，可以磨镜。循山而南至寒溪寺，上有曲山。山顶即位坛，九曲亭，皆孙氏遗迹。西山寺泉水，白而甘，名菩萨泉。泉所出石，如人垂手也。山下有陶母庙，陶公治武昌，既病登舟，而死于樊口。寻绎故迹，使人凄然！仲谋猎于樊口，得一豹。见老母，曰：“何不逮其尾？”忽然不见。

今山中有圣母庙，予十五年前过之，见彼板仿佛有“得一豹”三字，今亡矣。

短短五十天内苏轼游历武昌西山所写的这三篇诗文，或记述，或评议，或钩幽，用不同的艺术表达方式，一一呈现他的初步探究成果。特别是《记樊山》这篇小记，字数不多却涉猎广泛，重点从两个方面记述与樊山相关联的武昌厚重历史：梳理考证樊山之名，樊山承载的武昌从唐尧到北宋之间四次立国历史及其相生相衍的人文典故和遗迹。

辨析樊山之名由来及流变

说起武昌樊山之名的由来，苏轼发现有多个说法，“不知孰是”。他偏偏是个爱打破砂锅问到底的人，一路走来，不管到哪，有不明白的事情，只要有可能他都要想方设法深入探究一番，往往有意外收获。因此他这个外乡人不吝惜精力，把跟武昌樊山相关的资料精心收集汇总，在《记樊山》中分别介绍评议。

关于樊山之名中的“樊”，主流说法跟远古唐尧时的方国——樊国相关。这是鄂州有史籍记载的第一次立国，也是武昌大地上包括樊山等一系列带着“樊”字名称的历史根源。苏轼在《记樊山》里首先记述的就是与此相关的说法：樊山因“樊氏居之”、以“樊”姓命名。这跟宋罗泌《路史·国名纪》中“帝尧时有樊仲文，今武昌有樊山”的记载相似。《记樊山》还记述了另一个说法：“岁旱燔之，起龙至雨”而“或曰燔山”，即由“燔”通假“樊”而得名。对于这一说法，东晋史学家干宝（？—351）在《搜神记》中，对古樊山也有“若天大旱，以火烧山，即致大雨。今往往有验”的相关记载。

那么武昌樊山跟西山到底是什么关系？西山之名究竟从何而来？这两个问题跟樊山之名的流变及西山所处方位相关。武昌西山一脉九曲，九峰六谷，古时统称樊山。苏轼此记也以“樊山”统领这群山落。

据史料记载，汉代灌婴（？—前176）筑鄂县城，三国时孙权在此基础上筑武昌城。因为古樊山位于鄂县城、武昌城之西，所以人们逐渐将樊山俗称为“西山”。后来樊山作为古名留在历史烟云里，被西山取而代之。西山之名在当地人眼里除了有古今之变，还有广义、狭义之分。广义西山即为整个樊山，狭义西山地处古樊山东部，由郎亭山等小山头组成。《记樊山》提到的曲山、吴王岘就在这片区域。《记樊山》记述的“陶母庙”“圣母庙”“孙权猎豹”则是古樊山之西、靠近樊口、被当地人称为雷山的那片区域。

苏东坡后来在《怀望西山》中写了“双峰何处白云悠”这一有意思的诗句。从实际情形并连同这首诗的诗名看，“双峰”指的就是武昌西山“西”“雷”二峰。这是因为，樊山虽然由一群小山落组成，但从江北黄州看上去则聚合成两大组团，就像由两座山峰组合而成。唐宋诗文里“樊山八字”中的“一捺”之峰为西山，“一撇”之峰为雷山，然后合起来又俗称为“西雷山”。

因此，十五年前苏轼兄弟俩落帆樊口时登临寻绎的是古樊山的“一撇”，十五年后他和苏辙弥补当年缺憾而游览的是古樊山的那“一捺”。苏轼这篇短文，记录了他在樊山这“一撇”“一捺”区域所探寻的遗迹轶事。

涉猎武昌厚重历史

雷山脚下、樊口西北边大江之中就是《记樊山》所说的“其（樊山）上为芦洲”。这一记述涉及鄂州历史上跟楚国、三国孙吴相关的两件轶事，还牵出鄂州古代后三次立国历史。

鄂州历史上的第二次立国，是鄂国发展到古樊国之地。根据考古和历史文献记载，古鄂国起源也很久远。殷商末年鄂侯在朝中为大臣，与西伯姬昌、九侯并列为三公，地位显赫。春秋中后期，古鄂国由黄河流域的山西乡宁，逐渐迁移到汉水流域的河南南阳、湖北随州，史称“西鄂”。后来又迁移至长江中游的古樊国区域，并迅速发展壮大，史称“东鄂”。鄂侯驭方得以公开与周王室分庭抗礼，一直打到东都成周，即今洛阳东白马寺一带。周厉王举全国之力讨伐，古鄂国被灭。楚国趁机发展到消亡后的东鄂之地。但就像古樊国一样，古鄂国也将其人文基因留存在鄂王、鄂王城、鄂邑、鄂渚、鄂县、鄂城、鄂州等一个个名字之中。湖北简称“鄂”由此而来。

楚君熊渠“至于鄂”立王，就是鄂州历史上的第三次立国。《史记·楚世家》记载：“当周夷王之时，王室微，诸侯或不朝，相伐。熊渠甚得江汉间民和，乃兴兵伐庸、杨粤，至于鄂。熊渠曰；‘我蛮夷也，不与中国之号谥。’乃立其长子康为句亶王，中子红为鄂王，少子执疵为越章王，皆在江上楚蛮之地。”《史记》的这段记载明确告诉人们，楚君熊渠抓住古鄂国被灭机会，占领东鄂故地，在此立三个儿子为王，其中子熊红（又名挚红）为鄂王，修筑鄂王城。此城遗址尚存，现为国家级文物保护单位。苏轼对楚国这段封王筑城、被称为“樊楚”的历史早就烂熟于心。因此他在《游武昌寒溪西山寺》诗中，以“莽莽真楚薮”

来确认武昌为楚国的真正渊薮之一。

不仅如此，这里还发生了许多跟楚国有关联并产生历史影响的事件。其中与芦洲密切相关的一件轶事，便是春秋末年伍子胥（前559—前484）从楚国逃亡吴国过程中，在《记樊山》提到的芦洲上，与一个渔父共同上演的凄美悲壮故事。这个故事还是芦洲之名的源头。

原来长江有激流回旋的地方，附近江中必生沙洲，武昌樊口江段就是如此。而且跟“三十年河东、三十年河西”说法差不多，随着江水流势和河床地势的运动变化，樊口大洄附近的沙洲，有时靠近江南武昌，有时靠近江北黄州。其沙洲名称也随着历史的发展变化而更改。《史记·伍子胥列传》记载了芦洲上发生的这则故事。汉赵晔（约25—125）所撰的《吴越春秋》，记述更为详细：

> （伍）子胥入船，渔父知其意也，乃渡之千寻之津。子胥既渡，渔父乃视之有其饥色，乃谓曰：“子俟我此树下，为子取饷。”渔父去后，子胥疑之，乃潜身于深苇之中。有顷，父来，持麦饭、鲍鱼羹、盎浆，求之树下，不见，因歌而呼之，曰：“芦中人，芦中人，岂非穷士乎？”如是至再，子胥乃出芦中而应。渔父曰：“吾见子有饥色，为子取饷，子何嫌哉？”子胥曰：“性命属天，今属丈人，岂敢有嫌哉？”二人饮食毕，欲去，胥乃解百金之剑以与渔者：“此吾前君之剑，上有七星北斗，价直百金，以此相答。”渔父曰：“吾闻楚王之命：得伍胥者，赐粟五万石，爵执圭。岂图取百金之剑乎？”遂辞不受，谓子胥曰：“子急去，勿留！且为楚所得。”子胥曰：“请丈人姓字。”渔父曰：“今日凶凶，两贼相逢，吾所谓渡楚贼也。两贼相得，得形于默，何用姓字为？子为芦中人，吾为渔丈人。富贵莫相忘也。”子胥曰：“诺。”既去，诫渔父曰：“掩子之盎浆，无令其露。”渔父诺。子胥行数步，顾视渔者，已覆船自沉于江水之中矣。

此后，人们为了纪念这位舍生取义的渔父，在鄂邑古城江边立有“解剑亭”，亦称“渔父亭”。将伍子胥藏身之洲命名为芦洲。武昌沙洲江边的一个村庄，至今仍叫芦洲村。

《记樊山》还记述了与芦洲相关的第二件轶事——三国时期孙权在樊口、芦洲江段“汛江”试航。这件事和此记里写的“樊口猎豹”“吴王岘”“曲山”“即位坛”“九曲亭”一起，都牵涉到鄂州古代的第四次立国历史，即三国孙吴建都武昌、在这里封王称帝。

赤壁大战后孙权逐步控制长江中下游。到了魏黄初元年（220），曹丕（187—226）在许昌称帝。不久刘备在成都称帝。魏黄初二年（221），孙权将东吴的政治军事中心转移到此时的鄂县，取“以武而昌”之意，将这里改名为武昌。

孙权的下属纷纷劝其建都称帝，于是就编了许多传说，大造劝进舆论。《记樊山》叙述的孙权“樊口猎豹”就是其中之一。“豹尾”是古代天子属车上的饰物，悬于最后一车，借指天子属车，即豹尾车。“竖豹尾”就是暗喻孙权可当天子。与孙权“樊口猎豹”一起疯传的传说，还有武昌江中有黄龙，蟠在石矶上“积日方去”；城东虎头山上有“凤凰云集”。因此，武昌成为孙吴文臣武将心目中的“龙蟠凤集”祥瑞之地。

然而孙权冷眼看曹、刘，觉得孙吴羽翼尚未丰满。他一边筑武昌城备战，一边向曹魏讨封吴王。在此背景下，发生了《记樊山》所记载的孙权“汎江”试航之事。北魏郦道元（？—527）在《水经注》里对此作了详细记述：“樊口之北有湾。昔孙权装大船，名曰长安，亦曰大舶，载直之三千人。与群臣泛舟江津，属值风起，权欲西取芦洲。谷利不从，乃拔刀急上，令取樊口。”

孙权于樊口、芦洲“汎江”试航，实际上是其秣兵厉马的具体表现。《记樊山》写的吴王岘，就来自于孙权大江试航后“遂自樊口凿山通路归武昌”这一史实。后人为纪念此事，特将孙权开山辟路之小山头谓之“吴王岘”，并在他和随行将士的歇息之地建“九曲亭”。

此后八年经过养精蓄锐，陆续打赢夷陵之战、石亭之战等关键战役后，孙权才于吴黄龙元年（229）四月十三日，在《记樊山》提到的武昌西山曲山顶上设即位坛，上演了告天称帝大戏。

非常有意思的是，其告天文因孙权死后谥吴太祖大皇帝，被称为《吴大帝告天文》。也就是说，跟汉刘彻、清玄烨是后人为赞扬其功业而被称为汉武大帝、康熙大帝不同，孙权是死后即被史书记入的吴大帝。地理总志《太平寰宇记》记载：“吴大帝城，在州东百八十里。魏黄初三年，吴主置。城有五门，各以所向为名。西角一门谓之流津，北临大江。”也就是说，北宋以前历史地理学家都认可孙权所筑武昌城为“吴大帝城”，这也说明史学界早就认可孙权为“吴大帝”这一历史名号。

孙权登武昌西山即位坛宣读《吴大帝告天文》的那天，正是苏轼贬谪来到黄州后首登武昌西山的这一天，两件事情相隔整整八百五十一年。这可以看成是苏轼跟武昌西山曲岭、跟孙权武昌称帝因缘际会的历史巧合。

作为三国时期孙吴的西都、帝都多年，在武昌西山留下的遗址和传说故事不胜枚举。苏轼《游武昌寒溪西山寺》诗中的“高谈破巨浪”“离离见吴宫”“空传孙郎石”“西上九曲亭”，《记樊山》提到的吴王岘、曲山、即位坛等，被他概括为“皆孙氏遗迹”。

从苏轼探究武昌西山的三篇诗文中，不难发现鄂州古代因四次立国而形成的两度历史辉煌。第一度辉煌为春秋战国时期的樊楚鄂邑，标志着鄂州古代从云梦泽东南端的荒蛮江畔，逐步发展成为长江中游称雄一方的诸侯国国都重邑。第二度辉煌为三国吴都，标志着古武昌逐步成为鼎立一方、影响长江流域乃至全国的王城帝都。

苏轼留下《记樊山》等诗文，既为人们更清晰简明、形象直观地了解鄂州历史提供了便利，又为广泛宣传扩散武昌的厚重历史影响做出了贡献。

见证古武昌冶剑铸镜

除此以外，《记樊山》还记载：“（樊山）有洞穴，土紫色，可以磨镜。”这就涉及鄂州悠久的冶剑铸镜历史。吴都武昌曾是中国古代四大铜镜制作中心之一，鄂州市也是目前全国少有的复制古铜镜基地之一。不仅如此，武昌冶剑铸镜历史还引出苏东坡喜得神奇宝剑后以“铜剑换耕牛”的故事。

在写《记樊山》的同一月，苏轼在《武昌铜剑歌并叙》记述了这把神奇宝剑的获得过程：

> 供奉官郑文，尝官于武昌。江岸裂，出古铜剑，文得之以遗余。冶铸精巧，非锻治所成者。

拨开历史云烟就会发现，供奉官郑文能在武昌江边裂岸处拾得“冶铸精巧，非锻治所成”的古铜剑，并不是什么稀罕事。因为早在殷商时期，在鄂州古代所辖的铜绿山等地就已开始“大兴炉冶”。因而这里自古至今一直是长江流域乃至全国的金属开采冶炼、铸造加工重镇。南朝齐梁时期陶弘景（456—536）写的《古今刀剑录》，就记载了三国时期武昌铸剑制刀辉煌历史：

吴王孙权，以黄武五年（226），采武昌铜铁，作千口剑，万口刀，各长三尺九寸。刀头方，皆是南铜越炭作之，文曰大吴，小篆书。

非常有意思的是，现代鄂州文物工作者在西山周边挖掘出土的三国时期刀剑和铜镜，就分别跟《古今刀剑录》记载相符，跟苏轼《记樊山》《武昌铜剑歌并叙》所述内容相印证。因此武昌西山上孙权“试剑石”“洗剑池”和孙权、刘备的“比剑石”传说，就不是完全无由头的事了。

得到这样珍贵难得的古铜剑，苏轼自然非常喜爱珍惜。但本是报国上沙场之器的宝剑，到了贬谪戴罪的苏轼手里，却让他联想颇多。惊喜之余，他在《武昌铜剑歌并叙》中写道：

雨余江清风卷沙，雷公蹑云捕黄蛇。
蛇行空中如枉矢，电光煜煜烧蛇尾。
或投以块铿有声，雷飞上天蛇入水。
水上青山如削铁，神物欲出山自裂。
细看两胁生碧花，犹是西江老蛟血。
苏子得之何所为，蒯缑弹铗咏新诗。
君不见凌烟功臣长九尺，腰间玉具高拄颐。

清代汪师韩曾以“文之奇伟怪谲，固由才思天成。然无根之谈，作者弗尚。故世谓杜诗韩笔，无一字无来历也”，对《武昌铜剑歌并叙》进行评价。

这首诗前十句，苏轼先后引用唐代戴孚《广异记》雷公所追寻的漓江黄蛇变铜剑、《史记·天官书》“枉矢，类大流星，蛇行而仓黑”和东晋旌阳（现安徽宣城市旌德县）令许逊洪州（现江西南昌）斩蛟血三个传说故事，既极力渲染这把宝剑的贵重、郑文获得的神奇和自己得到的不易，又为后面所写四句诗作铺垫和反衬。该诗结句“君不见凌烟功臣长九尺，腰间玉具高拄颐”，字面上是说“凌烟功臣”不是自己所羡慕的，实则是在贬谪戴罪、闭门思衍的特殊环境下，苏轼以剑喻人，表达他此时的报国无门。因此诗中发出“苏子得之何所为”的疑问。

一年以后苏东坡因生计艰难，不得不忍痛割爱，将古铜剑换了一头黑水牛，作为躬耕东坡之用。元丰七年（1084）正月，苏轼在给苏辙亲家、光州（治所在今河南潢川）知州曹演甫所写的《次韵曹九章见赠》诗里，提及当时百般无奈的情形：

蘧瑗知非我所师，流年已似手中蓍。
正平独肯从文举，中散何曾靳孝尼。
卖剑买牛真欲老，得钱沽酒更无疑。
鸡豚异日为同社，应有千篇唱和诗。

此事真的就像要验证苏轼在《武昌铜剑歌并叙》里的疑问似的。他在《次韵曹九章见赠》诗中以“真欲老”来表达“卖剑买牛”的无奈自责之情。这把宝贵古铜剑通过换牛垦耕而“得钱沽酒”，帮助苏轼一家从寒饿窘境中走了出来。这一不得已之举，倒是没有枉费武昌供奉官郑文的一番深情厚意。

五、武昌西山“三贤”

从无数大德名流中推出“三贤”

武昌西山这座不高不大的山，历史上曾吸引来无数大德名流同游，多么有魅力，多么不同凡响！为了凸显这一亮点，明嘉靖初年，武昌西山立起一座“三贤亭”，从历史上游历武昌西山的众多大德名流中，推出对此山影响最突出的三位前贤：晋陶侃、唐元结、宋苏轼。

苏东坡一生之中曾两度游历武昌。在他眼里，陶侃、元结等前贤在武昌西山留下的逸迹佳话，是自己能从中寻觅滋养的人文富矿。正是因为如此，才引来他“时复扁舟”前往，乐此不疲；流连于武昌西山峰岚松泉间，便“意适忘反（通‘返’）”；离开武昌多年，还时时铭记“忆从樊口载春酒，步上西山寻野梅”。

最终，作为武昌西山“三贤”中的后来者，不论是其人生功业在历史上的地位，还是在武昌西山留下的影响，苏轼都因善于从前贤身上汲取丰富营养而后来居上。

陶侃轶事的影响明暗交织

“空有孙郎石，无复陶公柳。”苏轼来黄州后首游武昌西山便写入《游武昌寒溪西山寺》的两句诗，既呼应了孙权试剑石、比剑石，也点出了东晋大将军陶侃的“武昌官柳”故事。《记樊山》就记述了当年落帆歇息时，他对陶公鞠躬尽瘁、死于樊口表达的“凄然”之意。

陶侃镇守武昌时的所作所为对苏轼的影响，可以说是明暗交织，耐人寻味。

陶侃，字士行，一作士衡。本为鄱阳郡枭阳县（今江西都昌）人，后徙居庐江郡寻阳县（今江西九江西），东晋开国元勋。他先于晋永嘉五年（311）任武昌太守。后于东晋咸和五年（330）都督荆、江、雍、梁、交、广、益、宁八州诸军事，被封长沙郡公，镇守武昌，管辖东晋大半国土和最精锐军队，在这里度过了人生最辉煌，也是最后的五年。

两次镇守武昌，陶侃留下非常多的佳话。苏东坡对其中的“武昌官柳”“禹寸陶分”“文殊灵泉”三件逸事印象最深。

“武昌官柳”又称陶公柳和侃柳。《武昌县志》记载了这样一个故事：“陶侃为武昌太守，尝课诸营种柳。都尉夏施盗官柳植于己门。侃见后，驻车问曰：‘此是武昌西门前官柳，何因盗来此种？’施惶怖谢罪。”

此事过后，“武昌官柳”之名逐渐传开，不仅带来古城鄂州人沿袭至今的在水旁、路边、屋周围栽植柳树习俗，历代文人墨客还不断赋予其丰富内涵。梁元帝萧绎（508—555）来到这里，写下“柳条恒扫岸，花气尽薰舟”的佳句。唐代进士、翰林学士钱起（722—780）见柳忆人，抒发“晚泊武昌岸，津亭疏柳风。数株曾手植，好事忆陶公”的感情。唐代山水诗人孟浩然游览三国孙吴故都后，演绎出“行看武昌柳，仿佛映楼台”的联想。出守黄州的杜牧，留下“吴王宫殿柳含翠，苏小宅房花正开”的幽思。

首次到武昌西山，苏轼就详细地了解了“武昌官柳”故事，写下“无复陶公柳”诗句。离开武昌几年后，他还在《武昌西山并叙》的开篇发出“春江渌涨葡萄醅，武昌官柳知谁栽”的感叹。这声感叹既包括他对陶侃在武昌治军纪律严明的褒奖，也包括他对陶侃为官一地、造福一方的仰慕。

由此可以想见，刚到黄州、扁舟过江的苏轼，虽然是“不得签书公文”的被贬戴罪之人，但也会从前贤陶侃身上汲取积极向上力量。这从他诗句里特意强化的“无复”二字中得到体现。

东晋咸和五年（330），陶侃自巴陵（现湖南岳阳）还镇武昌。时干戈稍息，其手下将领以为天下从此太平，就纵酒聚赌。陶侃发现后，命人将酒器赌具掷入江中。为了解决官兵思想问题，陶侃还以《淮南子》中记述的“大圣大责尺璧，而重寸之阴”训诫属下：“大禹圣者，乃惜寸阴，至于众人，当惜分阴。”

后来清代文人郑板桥（1693—1765），化古人之名言轶事，为苏州网师园濯缨水阁题下对联：“曾三颜四，禹寸陶分。”“禹寸陶分”成语中的“禹”，指夏朝大禹，“陶”指的就是陶侃。这副对联以简练的语句概括了极为深邃的内容，激励人们珍惜时光、积极进取。

陶侃这种只争朝夕、居安思危的精神，对正陷于贬谪戴罪之困的苏轼产生了很大的激励作用。苏轼后来在自己仕途最后一站——定州（现属河北保定）就借鉴了陶侃的做法，“定州整军”只争朝夕、严肃军纪，就是受陶侃“武昌整军”的影响。

“文殊灵泉”说的是陶侃与武昌西山寺菩萨泉相关的故事传说，对苏东坡后来感悟净土宗理义，进而帮助他从苦闷困境中解脱出来受益颇多。为了成文需要，将另在后文叙述。

苏轼一生都非常追慕的晋代归隐田园诗人陶渊明（365—427），是陶侃的曾孙。来到武昌，每每接触到陶侃的逸迹佳话，他便会不由自主地想起陶渊明，越发激起对二人的敬仰追思之情。

陶渊明，陶潜字，又字元亮，私谥“靖节”，浔阳柴桑（今江西九江）人，东晋末至南朝宋初诗人、辞赋家。曾任江州祭酒、建威参军、镇军参军等职。最后出任彭泽县（现属江西九江）县令八十多天便弃职而去，从此成为中国第一位田园诗人，被称为“古今隐逸诗人之宗”。

陶渊明“不为五斗米折腰”的气节，正好跟苏东坡“震霆凛霜我不迁”的正直气概合拍。《宋史》对苏东坡有“忠规谠论，挺挺大节，群臣无出其右”的评价。另外，苏东坡贬谪戴罪黄州的闲人、散人、“幽人”身份，跟陶渊明辞官归隐生活相似。在武昌了解陶侃的逸事佳话后，苏东坡与陶渊明的情感距离更近了，所以从黄州开始，一直到惠州、儋州，他以步韵、次韵、从韵等方式创作了大量的“和陶诗”。他曾写道：“吾前后和诗凡一百有九，至其得意，自谓不甚愧渊明。”

苏东坡用和陶渊明诗歌之韵这种独特形式创作“和陶诗”，将喜怒哀乐、甜酸苦辣尽情宣泄，畅意表达，这不仅扩大了他的创作空间，并由此开创了中国诗坛独树一帜的诗体。因此史学界认为，真正意义上的“和陶诗”自苏轼始。这也算是陶侃在武昌西山所留逸事对苏轼的另一种深层次影响。

元结隐耕对东坡躬耕的启示

在《游武昌寒溪西山寺》诗里，苏轼接着“无复陶公柳”后写的是“尔来风流人，惟有漫郎叟”。这位“风流人”，就是曾避难隐居武昌西山多年的唐代前贤元结。他在武昌西山留下的逸迹轶事，对苏东坡所产生的影响或当即有反应，或打上深远印记。

元结，字次山，原籍河南（今洛阳属地），后迁鲁山（现属河南平顶山）。安禄山（703—757）反，元结曾率族人避难于时属武昌县的大冶猗玗洞。唐乾元二年（759），参与抗击史思明（703—761）叛军，立有战功。唐宝应元年（762），元结以老母多病为由辞职归养武昌樊上，在此著书自娱，躬耕自食，始号猗玗子，继称浪士，亦称漫郎，更称聱叟。后拜道州刺史，免徭役，收流亡。进授容管经略使，身谕蛮豪，绥定诸州，民乐其教，立碑颂德。元结死后，唐代书法家颜真卿（709—784）亲自为其撰文，并手书墓志铭。

细论起来，元结跟苏东坡确实有说不清的缘分。元结诗文刻意求古，意气超拔，风格雄伟刚峻，和当时文风不同。时人把他与陈子昂（661—702）、韩愈（768—824）并提。有人把他看作韩柳古文运动的先驱。苏东坡则因继承唐古文运动衣钵，成为北宋古文运动完结者而名列“唐宋八大家”。

“漫家郎亭下，复在樊水边。去郭五六里，扁舟到门前。”从元结这首《樊上漫作》可知，他所隐居的武昌樊上，就在樊水出江口之上。这里实际上是西山西麓与雷山东麓相接，而自然形成的一个狭长小山谷。从长江上远远望去，其两边山脉恰如一个“八”字，此处就恰好在“樊山八字”正中。它临钓台，眺大江，山竹夹呼，松桂飘香。

已黜官的原武昌县令孟士源，因意气相投而与元结过从甚密。他以元结隐退之意，将这里命名为“退谷”，作《退谷铭》。退谷之中有一恬静小湖，因位于西山抔樽石下乃得名“抔湖”。元结作《抔湖铭并序》，非常具体地介绍了这里的优美环境。

抔湖之上即可见一块高宽各约两米的岸石突兀而立，如同天外飞来的一只硕大石蛙蹲伏其上，故俗名“蛙蹲石”。元结常与孟士源在此休憩小饮。因见此石形状特异，便在石上凿窟以藏酒。孟士源亦钟爱此石，为之取名为“抔樽石”。元结又在石巅筑亭，并作《抔樽铭》：

郎亭西郭有窊石，石临樊水，漫叟构石颠以为亭。石有窊颠者，因修之以藏酒。士源爱之，命为抔樽，乃为士源作《抔樽铭》。铭曰：

窊颠之石，在吾亭上。天全其器，实有殊状。如窦而底，似倾几攲。非曲非方，不准不规。孟公高贤，命曰抔樽。漫叟作铭，当欲何言？时俗浇狡，日益伪薄。谁能抔饮，共守淳朴？

根据这篇铭文，此石还被称作“窳樽石”。宋嘉祐年间，任武昌县令的邓圣求曾作《次元次山窳樽铭》，刻之于武昌西山郎亭山崖上。后来苏东坡离开黄州、武昌两年多后，跟邓圣求一同在朝中玉堂夜值时，将此事详细记入当时所写的《武昌西山并叙》中：“石臼抔饮无樽罍。尔来古意谁复嗣，公有妙语留山隈。”因玉堂唱和引发的朝野争相次韵盛事，武昌西山“抔樽石”名扬天下。这也是元结隐居武昌西山，对苏东坡留下影响的具体见证。

苏轼首游武昌西山对元结芳泽遗韵的当即反应，则是在《游武昌寒溪西山寺》诗里表示“买田吾已决，乳水况宜酒。所须修竹林，深处安井臼”。而元结隐居武昌退谷对苏轼所产生的深远影响，还体现在其躬耕东坡，自号东坡居士中。

原来，元结隐居武昌正值“安史之乱”平定不久。战争使人们流离失所，大片良田沃地荒芜，元结便积极主张开垦荒地。为了使垦荒合法化，他替老百姓向时任武昌县令请命。元结的《故城东》对此作了形象化的描述：“漫惜故城东，良田野草生。说身县大夫，大夫劝我耕。耕者我为先，耕者相次焉。谁爱故城东，今为近郭田。”

唐以前有段时间，黄州曾为西阳州。唐宋时老百姓依旧习称黄州城为“西阳城”。元结不仅躬耕武昌“故城东”，还带动这里的乡亲把垦荒范围扩展到江北。元结为此专门写了《西阳城》：“江北有大洲，洲上宜力耕。此中宜五谷，不及西阳城。城畔有野桑，城中多古荒。衣食可力求，此外何所望？”

在武昌“故城东”和黄州“西阳城”的垦荒劳动中，元结同当地农夫建立了亲密友好、相互信赖的关系。他在《樊上漫作》中还说“四邻皆渔父”。在《大洄漫歌》中诚挚地表示：“漫欲作渔人，终焉无所求。”他跟当地田夫渔父关系和谐，思想情感得到升华，所以他打算“且欲学耕钓，于斯求老焉”。对此，元结在《漫歌八曲·将牛何处去》中作了更形象生动的描述：

将牛何处去？耕彼西阳城。叔闲修农具，至者伴我耕。

将牛何处去？耕彼故城东。相伴有田父，相欢为牧童。

历史名人中首先对元结乱世后隐居垦耕武昌“故城东”给予高度好评的就是苏东坡。他第一次登临武昌西山，就在《游武昌寒溪西山寺》中作出“尔来风流人，惟有漫郎叟”的评价。

苏轼对元结评价这么高，实际上是他的有感而发。面对“不得签书公事”，自己将何去何从？对于即将到来的一大家人，自己俸禄锐减、又无积银，该如何保障家人衣食无忧？这是他从黄州过江时揣在心中无法排解的两大难题。元结隐居武昌西山退谷之所作所为，不是正好替他给出了参考答案吗？当时苏轼在《游武昌寒溪西山寺》诗中所说的“买田吾已决”，完全有可能是在陈慥建议、元结启发两方面影响下作出的初步决定。后来在黄州官员和好友帮助下，如同元结“耕彼故城东”那样，他躬耕黄州古城东坡。此后自号东坡居士，也许既有白居易在忠州（治所在现重庆忠县）“东坡桃李种新成”的深刻烙印，又有元结在武昌“耕彼故城东”的明显影响。

不仅如此，受元结隐耕影响，苏轼还开始了新的人生阶段。他人生阶段的第一个分水岭，是以二十一岁出川进京赶考为标志。在此他告别其人生第一个阶段，也就是学习成长、为人生功业打基础的阶段。他人生阶段的第二个分水岭，以自号东坡居士、创作“一词二赋一帖”为标志。在此他一边告别考取功名、踌躇满志、风雨前行的第二个阶段，一边走向饱经磨难、日臻成熟、成就人生辉煌功业的第三个阶段。

元结在武昌留下的人文轶事对苏东坡这一次人生大转折产生了跨时空影响，所以他由衷地把“尔来风流人，惟有漫郎叟”诗句，送给这位大德前贤。

第四章

车湖往来　家国萦怀

车湖风雨交，松竹相披靡。系舟枯木根，会面两王子。

——苏辙《将还江州子瞻送至刘郎洑王生家饮别》

闻说官军取乞闾，将军旗鼓捷如神。
故知无定河边柳，得共中原雪絮春。

——苏轼《闻捷》

人到中年跌入仕途谷底，苏轼来到“无一人旧识”的黄州，能经常到江对岸的武昌车湖刘郎洑见到蜀中故旧，闻川西乡音，畅叙乡情、友情、亲情和爱国忧国之情，这对抑郁困顿中的他而言，具有十分特殊的意义。

一、蜀中乡亲探访

“长而髯者”来访引出两段往事

说起第一个从武昌过江来看望苏轼的蜀中乡亲，并不是杜沂父子，而是他刚到黄州的二月下旬，一个未曾谋面、当时流寓武昌车湖刘郎洑、渡江前来叩门探访的“长而髯者”。

这位“长而髯者”，名叫王齐万，字子辩。一听他满口蜀中乡音，苏轼就倍感亲切，连忙延请其寓舍交谈。得知他是家乡眉山附近的嘉州犍为人，父亲是王蒙正，苏轼就立即想起他们两家之间的两段往事。

第一段往事，是苏轼伯父苏涣在外为官时得到犍为老乡王蒙正的格外关照。后来初仕凤翔，他才弄清楚此事的详情。

苏涣是苏东坡在《写范舍人启》中描述的那个进士及第、骑高头大马荣归故里、后来被父母当作他们兄弟俩学习榜样的二伯。宋天圣二年（1024）苏涣高中榜魁后，在凤翔府宝鸡县任主簿，不久转任凤州（治所在今陕西宝鸡凤县）司法。这时的凤州知州是王蒙正。因为邻近州县的老乡关系，王蒙正对苏涣颇为器重，州中大小事务皆交给他处理。

王蒙正曾上书朝中友人，推荐苏涣可大用。但苏涣见王蒙正自恃与当朝章献明肃太后的姻亲关系胡作非为，并不愿意跟他走得太近，以防沾惹是非。因此，苏涣从送信的邸吏那里将王蒙正推荐自己的文书与私信收回密藏起来。后来王蒙正事败，士大夫皆以此赞美苏涣多识有志。苏辙作《伯父墓表》时特地把这件事写入其中。

另一段往事则发生在二十一年前的嘉祐四年（1059）。

这一年守母孝期满后，苏轼兄弟俩随父亲苏洵沿岷江出川，第二次进汴京城。经过嘉州犍为时，他们父子三人自然而然想到关心过苏涣的王蒙正。看到江畔王蒙正家曾经赫赫有名、气势磅礴的“王氏书楼”已面目全非，苏洵作为过来人，向兄弟俩讲了王蒙正从起家到家道中落的尘封往事。

王蒙正的起家，是他想方设法攀上皇亲国戚的结果。这其中起关键作用的竟是两个女人。一个是富有乌鸦变凤凰传奇色彩、后来成为皇太后的小女子刘娥（969—1033），另一个是王蒙正的大女儿。

刘娥出生于益州华阳县（今成都双流）。原本不到十六岁就嫁给以锻银为业的成都人龚美，在开封城内击鼗卖艺。据南宋李焘（1115—1184）《续资治通鉴长编》记载，还是韩王的赵元侃见到才貌双全的刘娥后，任性横刀夺爱。龚美审时度势，便以表哥的名义，将刘娥送入韩王府。赵元侃以太子身份继位为宋真宗后，于大中祥符五年（1012）十二月丁亥，将四十四岁的刘娥封为章献明肃皇后。天禧四年（1020）真宗因病重不能理朝而下诏：此后由皇太子赵祯在资善堂听政，皇后贤明从旁辅助。乾兴元年（1022）二月甲寅真宗驾崩前遗诏：“太子赵祯即位，皇后刘氏为皇太后，军国重事，权取处分。”刘氏为章献明肃太后，垂帘听政十多年。历史学家将其与汉之太后吕雉（前241—前180），唐之太后、武周开国君主武则天并称，誉其“有吕、武之才，无吕、武之恶”。

俗话说“一日夫妻百日恩”，大富大贵后的刘娥并没有忘记关照前夫龚美。但为了避嫌，刘皇后征得宋真宗的许可，将龚美视为兄长，改名刘美。“章献明肃皇后刘娥之兄”这一光环使刘美时来运转，娶了吴越忠懿王钱俶（929—

988）之女、北宋文学家钱惟演（977—1034）之妹为后妻。这一举动使刘美如招蜂引蝶般引来一个人的惦记。

此人便是王蒙正。他决定在刘美身上下一盘大棋。刘美领嘉州（今属四川乐山）知州后，机会就从遥远的京城来到了王蒙正身边。得知其长子刘从德正好到了谈婚论嫁的年龄，这好像给王蒙正预留了机会。他有三男二女，长子王齐雄，次子王齐愈，幼子王齐万。王蒙正盘算，如果把大女儿嫁给刘从德，就可顺理成章地成为当朝刘皇后的侄媳，他们家也能就此成为皇亲国戚。于是他想方设法接近刘美，将漂亮的大女儿嫁给了刘美长子刘从德。

成书于南宋庆元元年（1195）、杂记宋代朝野史实的《挥麈后录》，记述了此事的另一个版本："蜀人王氏（指王蒙正）女，姿色冠世，入京备选。章献（刘娥）一见，以为妖艳太甚，恐不利少主（宋仁宗），乃以其嫁其侄从德。"也就是说，王蒙正当初布的局可能更大，是想直接将其女嫁给皇上。

但无论是何版本，王蒙正的父亲对其趋炎附势的投机行为表示反对。事成后王蒙正以婚书告家庙，其父却大声痛哭："吾世为民，未尝有通婚戚里者，今而后必破吾家矣。"

王蒙正老父一语成谶。其家道中落就在这场投机婚礼热热闹闹、欢天喜地的举行中埋下了祸根。天圣元年（1023）王蒙正担任嘉州犍为县驻泊防遏边界公事。史载其"恃章献太后亲，多占田嘉州"。但在这样的情况下，王蒙正竟迎来一场由哀事反转成好事的悲喜剧。天圣九年（1031），他的女婿刘从德病逝，这对王蒙正等亲戚六眷来说本来是莫大的哀事，但由于皇太后刘娥出生卑微，亲人地位都很低，她就借侄子去世便于封赏之机，将娘家姻戚、门人及僮隶数十人分别封号、升职、为官。王蒙正因是刘从德的岳父而晋升两级，其大女儿被封为遂国夫人，其孙子也获得官职。

北宋明道二年（1033），六十五岁的刘娥去世，宋仁宗赵祯亲政。失去刘太后这个"保护伞"的王蒙正父子却没有因此收敛，这样厄运便一步一步地到来。首先是王蒙正长子王齐雄因杀人罪于景祐元年（1034）六月被革职除名。接着是景祐三年（1036）以虞部员外郎知蕲州（治所在今湖北蕲春）的王蒙正，为了打击报复蕲水县令、太常博士林宗言，上奏章欲将其置于死地。朝廷派殿中侍御史萧定基到蕲水县，现场抓住其贿赂行为和打击报复证据，诏贬王蒙正为洪州（今江西南昌）别驾。此时王蒙正还与其父婢女霍氏有染，欲独霸王家祖业。因证据确凿，景祐四年（1037）二月壬子宋仁宗下诏："洪州别驾王蒙正除名，谪放广南（现由云南文山所辖）编管，永不录用。”

王蒙正父子相继犯罪的被究，使过去给犍为王家换来荣华富贵的大女儿也受到牵连。宋仁宗下诏：“（遂国夫人）自今不得入大内，及王家子孙不得与皇族为婚姻。”这样，罩在王家头上的皇亲国戚光环便在一夜之间消失，更加快了名扬一方的犍为王氏家道中落。

有感而发写下《犍为王氏书楼》

听了父亲的介绍，苏轼兄弟俩对早就破落生尘的犍为王氏书楼背后故事有了全面透彻的了解，同时生发诸多感悟。苏轼就此写下《犍为王氏书楼》诗：

树林幽翠满山谷，楼观突兀起江滨。
云是昔人藏书处，磊落万卷今生尘。
江边日出红雾散，绮窗画阁青氛氲。
山猿悲啸谷泉响，野鸟嘐戛岩花春。
借问主人今何在，被甲远戍长苦辛。
先登搏战事斩级，区区何者为三坟。
书生古亦有战阵，葛巾羽扇挥三军。
古人不见悲世俗，回首苍山空白云。

这首诗“借问主人今何在，被甲远戍长苦辛”的自问自答，是说“树林幽翠满山谷，楼观突兀起江滨”的犍为王氏书楼，其主人因“被甲远戍”到广南而导致“磊落万卷今生尘”。由此发出感慨：楼主筑楼原本是为藏伏羲、神农、黄帝“三坟”之书，想做个有学问的书生贤人，不料后来却成为“先登搏战事斩级”的戴罪之人。读书人其实有自己的战场，可以像诸葛亮（181—234）那样“葛巾羽扇挥三军”。只是这位趋炎附势的王氏楼主反其道而行之，因胡作非为而陷入“古人不见悲世俗”的境地，其非分所得自然就连同此楼一起“回首苍山空白云”了。

苏轼所吟的“书生古亦有战阵，葛巾羽扇挥三军”诗句，还流露出这位初出茅庐、蓄势待发的青年才俊，追求成为诸葛亮那样的智慧英杰之勃勃雄心。但苏轼在写《犍为王氏书楼》时不可能想到，此后将与犍为这座书楼的后人在武昌结下不解之缘。

蜀中乡党沦落大江两岸再结缘

“同是天涯沦落人，相逢何必曾相识。”唐代诗人白居易《琵琶行》中的情景，此时仿佛定格在黄州大江边上的定慧院客舍里。定格之中的两位主人公虽然此前从未谋面，却倾心交谈甚欢。其中一位是贬谪戴罪黄州的西蜀落魄才子苏轼，另一位是家道中落、流寓武昌的蜀中乡党王齐万。谈开后，他们就此重新接上了两家人的交情，也了解了彼此的变故。

原来，王蒙正被发配到广南编管、家中又失去皇亲国戚光环护佑后，王齐万家的情况江河日下。这时被革职除名的大哥王齐雄自然在西蜀犍为家乡难以见人。他与弟弟王齐愈、王齐万无奈决定，散尽田产，带着藏书，全家人乘船顺江东下，远离故土。这正应验了王蒙正父亲生前“今而后必破吾家矣”之所料。

王齐雄因两个儿子还有寄禄官职，便寄居武昌城里。王齐万跟二哥王齐愈则来到武昌车湖刘郎洑。这是因为王蒙正在蕲州任知州时，对所辖蕲水县江对面的武昌车湖刘郎洑非常喜爱。

由于有父辈情缘，又经受过颠沛流离之苦，因此得知苏轼被贬到黄州后，已年过花甲的王齐愈便第一时间安排王齐万过江探访，并为日后他们兄弟俩能与家乡这位受人尊敬的大才子相互走动打前站。

促膝谈心间时间过得好快，不知不觉中天快要黑了。由于寒食节临近，王齐万不得不回车湖，临别时真诚地邀请苏轼到自家做客。苏轼欣然应允。

四年多后，即将离开黄州的苏东坡对王齐万第一次扁舟过江探访他的情形仍历历在目。他把这份珍贵回忆记录下来，送给武昌车湖刘郎洑的王家兄弟：

> 仆以元丰三年二月一日至黄州，时家在南都，独与儿子（苏）迈来郡中，无一人旧识者。时时策杖至江上，望云涛渺然，亦不知有文甫（王齐愈字）兄弟在江南也。居十余日，有长而髯者，惠然见过，乃文甫之弟子辨（王齐万字）。留语半日，云：“迫寒食，且归车湖。”仆送之江上，微风细雨，叶舟横江而去。仆登夏澳尾高丘以望之，仿佛见舟及武昌，乃还。

透过这篇短文可以见知，王齐万的来访，对刚刚贬谪到黄州的苏轼来说无异于一场及时雨。两位同是蜀中故旧后人、同时流落长江中游江畔的乡党，“惠然见过”“留语半日”后所产生的特殊情感在短文最后的送行细节中委婉呈现。

二、车湖之刘郎洑

为王齐万来访连夜赋诗

返回定慧院，苏轼心绪难平。他这个人有个非常好的习惯，每每遇到动心之事，或当即记下来，或马上作诗撰文。这一次更不能例外。于是他当夜写下《王齐万秀才寓居武昌县刘郎洑，正与伍洲相对，伍子胥奔吴所从渡江也》：

君家稻田冠西蜀，捣玉扬珠三万斛。
塞江流柿起书楼，碧瓦朱栏照山谷。
倾家取乐不论命，散尽黄金如转烛。
惟余旧书一百车，方舟载入荆江曲。
江上青山亦何有，伍洲遥望刘郎薮。
明朝寒食当过君，请杀耕牛压私酒。
与君饮酒细论文，酒酣访古江之渍。
仲谋公瑾不须吊，一酹波神英烈君。

先来看这首诗长长的诗题。

它是典型的苏东坡风格——以事为题或以叙为题。诗题所写二十九字，反映了当时他还没有完全从与王齐万的促膝对谈中平复心绪，便一口气写下王齐万介绍的流寓之地人文地理情况，并直接以此为题。

秀才原本与《礼记》所称“秀士”相近，是一种泛称。及至汉晋南北朝，秀才变成荐举人才的科目之一。唐初科举考试科目繁多，秀才只是其中一科，不久即废。宋代各府向朝廷贡举人才应礼部会试，沿用唐代后期之法，先进行选拔考试，凡应试以争取举荐的，都被称为秀才。另外宋代为了表示对读书人的尊敬，常常以秀才称呼他们。苏轼诗题中称王齐万为秀才，便是对这位新交朋友的尊称。

对于武昌刘郎洑，从王齐万之口和自己以前掌握的知识中，苏轼有了大致了解。刘郎洑一名刘郎薮，位于武昌车湖。据《舆地纪胜》卷八十一载：“刘郎洑，在武昌东江上，旧名流浪，后讹为刘郎。”后来的《大明一统志》有“旧传孙权迎蜀主刘备于此”的记载，认为刘郎洑的名字来自于三国孙刘结盟历史，“刘郎”即指刘备。

从刘郎洑的位置和赤壁大战相关史料看，《大明一统志》的这一记载不无可能。因为车湖刘郎洑就在刘备兵马当时驻扎的鄂县樊口与孙吴水军驻泊的柴桑（今江西九江）之间。按《资治通鉴》记载，孙权作出孙刘联手抗曹决定后，派周瑜从柴桑统领孙吴大军溯江西进，刘备闻讯后即驾舟从樊口顺江而下，赶来与周瑜相见。刘备、周瑜二人相会于车湖刘郎洑是完全有可能的事。

另外，《舆地纪胜》对于车湖刘郎洑下游附近的散花洲也有记载：“散花洲，在（武昌）县东西塞山下。”孙刘联军赤壁大捷后，孙权在一个江洲上以散花的方式迎接周瑜所率凯旋之师，其地因名散花洲。此事可间接证明，赤壁大战时孙吴大军的后方大本营，有可能就设在刘郎洑附近的散花洲一带，这也为孙权、刘备在刘郎洑相会提供了可能。

对于诗题所言的“与伍洲相对”，苏轼在诗中还以“伍洲遥望刘郎薮”回应。伍洲位于蕲水县西四十里的兰溪大江中，正好在武昌车湖刘郎洑之北。世传伍子胥叛楚适吴时过此，便有了“伍洲”这个名字。这一说法虽跟古鄂邑芦洲所传伍子胥弃楚奔吴一事关联交叉，但只要仔细分析这段大江的地理情况和此事的具体细节，不难找出这两种说法的契合点。因为芦洲地处江之上游，靠近武昌樊口大江南岸，也是伍子胥弃楚必经之地。伍洲则地处江之下游，更靠近长江北岸。经伍洲过江，是伍子胥奔吴途中甩掉楚国追兵的最佳选择。况且两洲相隔不太远，中间正是鄂邑古城，即后来的武昌县城。《舆地纪胜》明确记载：“（伍子胥）解剑亭，在武昌。子胥渡处也。”把以上三方面史料串联起来分析，可能的情况是，渔父先把伍子胥藏在芦洲，觅得食物后一起在鄂邑江边上船，顺流而下经伍洲过江。

苏轼在诗题里即认为与刘郎洑相对的伍洲是“伍子胥奔吴所从渡江也”。他在诗中的“杭州伍子胥庙封英烈王”自注，讲的是伍子胥“所从渡江”后的最终结局。这涉及历史上吴国、楚国、越国之间的厮杀大戏。

伍子胥辅佐吴王打败楚国，报仇雪恨后，又助夫差（约前528—前473）败越。越请和，夫差听信伯嚭（？—前473）谗言，决定和议。伍子胥见吴王听不进谏言，自刎而死，留下“以观越寇之入灭吴”遗言。吴王闻之大怒，把伍子胥尸体装在皮囊中，浮之江中。吴人怜之，称其为“波神”，并专门为其立庙祭祀。北宋大中祥符年间真宗下诏:“杭州吴山庙神,实主洪涛,其赐忠清,封英烈王。”

再来品味苏轼这首诗。

该诗首先回顾了犍为王齐万家因为“君家稻田冠西蜀,捣玉扬珠三万斛”的富有,才有了“塞江流柿起书楼,碧瓦朱栏照山谷”的辉煌。但苏轼所吟诗句,实际上含有对王蒙正傍上皇亲国戚、占田“冠西蜀”之讽。接着他用王蒙正“倾家取乐不论命”之因,细究辉煌一时的犍为王氏家族“散尽黄金如转烛”之果。“惟余旧书一百车,方舟载入荆江曲”诗句,记述王齐万弟兄三人散尽家产,用大船方舟满载家藏古籍书画顺江东下,最终分别在武昌城、车湖刘郎洑定居的经过。恰恰是这一能够说明犍为王家“树倒枝未朽”的举动,深深触动了苏轼的心扉。

再从短短半天的交谈中,他觉得王齐万虽然家道中落、历经磨难,但并非平庸之辈,应是一个知书明理、可以深交之人。“明朝寒食当过君,请杀耕牛压私酒”,既交代了王齐万匆忙赶回家的原因,也表达了苏轼欲尽快过江深交的念头。诗中还对未来跟这两位王家兄弟的交往进行了展望。他们皆为蜀中读书之人,完全可以在一起“与君饮酒细论文”,一起“酒酣访古江之渍”。

苏轼最后以武昌车湖刘郎洑涉及的历史地理掌故起兴,吟出“仲谋公瑾不须吊,一酹波神英烈君”来收束全诗,以此透出该诗主旨。此时他和王家兄弟同为异乡落难人,对在这里上演“以武而昌”大戏的仲谋、公瑾自然“不须吊”了。但对落难中誓报杀父大仇,以死谏被称为“波神”的“英烈君”伍子胥,则必须通过“一酹”来聊以祭奠。诗中想要表达的意思是,尽管“同是天涯沦落人”,但还是要像伍子胥那样忍辱负重,以站高望远的家国情怀立于天地之间。通过结句,便可洞悉苏东坡在人生仕途起伏中非同常人的志向追求。

流寓武昌的王氏兄弟

有关武昌车湖刘郎洑王氏兄弟与皇亲国戚的关联,还可从苏轼于元丰五年(1082)所作《黼砚铭并叙》来见证:

龙尾黼砚,章圣皇帝(宋真宗)所尝御也。乾兴升遐,以赐外戚刘氏,而(刘)永年以遗其舅王齐愈,臣轼得之,以遗臣宗孟。且铭之曰:黟、歙之珍,匪斯石也。黼形而縠理,金声而玉色也。云蒸露湛,祥符之泽也。二臣更宝之，见者必作也。

苏东坡原有一方珍贵的砚台。此砚并非一般寻常之物，而是来自宫廷。从上面所刻“祥符之泽”“乾兴升遐”铭文，便可知此砚是宋真宗于大中祥符年间用过的。真宗乾兴元年（1022）驾崩升遐前，赏赐给外戚刘氏后裔。刘从德有一子，名叫刘永年，是王蒙正大女儿的独生子。刘永年从小就尽享皇家恩泽。后来他将皇太后刘娥所赐砚台转送给王齐愈。

苏东坡跟王家兄弟交往之情日益加深后，王齐愈便将这一带有皇家恩泽的宝贵砚台送给了苏东坡。元丰五年（1082），苏轼将此砚赠给好友蒲宗孟时作《黼砚铭并叙》。

从这段记载，可以确证王齐愈是刘永年的舅舅，犍为王氏家族跟刘娥一脉有姻亲关系。仅从王齐愈把御用之砚赠送给苏东坡这一点上看，就能充分说明王齐愈兄弟俩是值得苏轼深交的大度重情之人。

王齐愈，字文甫，一字文父，善诗词，《全宋词》中有他的作品八首。其小传云：“齐愈字文甫，嘉州犍为人，居武昌。”而王齐万在《苏诗总案》中有记载。王齐雄的名字，在苏东坡的诗文里隐晦地出现过一次，就是他畅游武昌西山时所写《西山戏题武昌王居士》诗题中的那位“武昌王居士”。

苏东坡笔下的这位“武昌王居士”是谁？有学者认为是武昌车湖王齐愈兄弟。中国苏轼研究学会理事王琳祥依据史料，认为此人应是王齐愈大哥王齐雄。由于王齐雄犯事除名后已无寄禄官职，所以苏轼称其为“武昌王居士”。究其原因，或因王齐雄寄居武昌城时痛改前非，虔心学佛；或因他也是从官场下来之人。居士既是对在家学佛之人的泛称，唐宋时期文人雅士或从官场上退下的人，也常以居士自称。如李白自称“青莲居士”、白居易自号“香山居士”、欧阳修自称“六一居士”、苏轼自号“东坡居士”。

苏东坡的笔下没有见到直接以“居士”称呼王齐愈、王齐万的资料，且苏轼不以“武昌王齐愈”或“武昌王齐万”来行文记事。因为此时王齐雄在武昌城寓居，所以苏轼在“戏题”时，这个特地冠上“武昌”的王居士，极有可能是王齐雄。

关于王齐雄可能与两个儿子寓居在武昌城的说法，还可以从苏东坡诗文中有关其子王天麟、王天常的具体记载中得到佐证。苏轼大约在元丰三年（1080）三月上中旬跟“武昌寄居王殿直天麟见过”，还一起进行了“拯救鄂黄溺婴”

的大善之举。当时苏轼与鄂州知州朱寿昌的书信中明确记载王天麟在“武昌寄居”，这也间接证明王天麟和父亲没有跟王齐愈兄弟一起住在车湖刘郎洑。

除此之外，元丰四年（1081）七月苏东坡在黄州接到好友李琮打听王齐雄父子的来信，随后他在《答李琮书》中详细介绍李琮“承问及王天常奉职所言边事”。这说明三点：一是李琮认为苏轼来黄州后跟王齐雄父子相互有交往。二是在此前后苏轼受李琮所托，曾专门跟王天常交谈过“边事”。三是苏轼贬谪之地与王天常栖居之地相隔不远，得以迅疾回复李琮。结合一年前苏轼在给朱寿昌信中所言的王天麟“武昌寄居”分析，王天常此时有可能与其父兄就住在武昌城。

另外，苏东坡在给朱寿昌、李琮的两封信中分别称呼王天麟“殿直”、王天常“奉职”。这不仅可以确证他们兄弟俩因犍为王氏跟刘太后的关系而获此官职，还说明当时被罢官的是王齐雄与王蒙正，兄弟二人的官职则未受影响。王齐雄就有可能因两个儿子的寄禄官身份，一同寓居武昌城。

“江南蜀士”的倾情关照

蜀中有名的犍为王氏书楼后人、跟父辈有缘的乡党，以及同是流寓大江中游的落难人，这些因素使他们跟苏东坡交往起来更加亲密，并加倍珍惜这样难得的交往机会。苏轼也从一些细节中，感受到两人的关心与照顾。

元丰四年（1081），苏轼在《东坡八首》中一一感谢大力帮助他躬耕东坡的朋友们，其中之二就是专门写王家两兄弟的：

> 荒田虽浪莽，高庳各有适。下隰种粳稌，东原莳枣栗。
> 江南有蜀士，桑果已许乞。好竹不难栽，但恐鞭横逸。
> 仍须卜佳处，规以安我室。家僮烧枯草，走报暗井出。
> 一饱未敢期，瓢饮已可必。

“江南有蜀士”指的就是王齐万兄弟。“桑果已许乞。好竹不难栽，但恐鞭横逸”，则是感谢他们指导植物耕种的事。

在贬谪黄州的近五年时间里，王齐万兄弟这样关心照顾苏东坡的事不胜枚举，苏轼记在心头，暖在心中。

三、浓浓桑梓情怀

兄弟饮别选择在车湖刘郎洑

元丰三年（1080）六月九日，苏辙因赴筠州监酒务的日期逼近，不得不离开黄州。苏轼特将其送到武昌车湖刘郎洑，一来让弟弟结识王齐愈兄弟，二来顺便在王家跟弟弟饮酒作别。这也说明，此时苏东坡跟王齐愈兄弟的关系已经热络起来。

眼见武昌车湖刘郎洑，苏辙认为此地足以作为兄长买田定居养老之处。临别赋诗，其期许中带着羡慕的心情在《将还江州，子瞻相送至刘郎洑王生家饮别》中表露无遗：

相从恨不多，送我三十里。车湖风雨交，松竹相披靡。
系舟枯木根，会面两王子。嘉眉虽异邦，鸡犬固犹尔。
相逢勿空过，一醉不须起。风涛未可涉，隔竹见奔驶。
渡江买羔豚，收网得鲂鲤。朝畦甘瓠熟，冬盎香醪美。
乌菱不论价，白藕如泥耳。谁言百日活，仰给一湖水。
夺官正无赖，生事应且尔。卜居请连屋，扣户容屣履。
人生定何为，食足真已矣。愆尤未见雪，世俗多相鄙。
买田信良计，蔬食期没齿。手持一竿竹，分子长湖尾。

苏辙这首诗以“车湖风雨交，松竹相披靡”来交代这次饮别的地点、气候和环境。他在诗中自注：“晋车武子故居，其水曰车湖。”这是说武昌车湖因东晋车武子（333—401）避居而得名。

车武子是车胤的字，南平郡江安县西辛里（今湖北荆州公安县曾埠头乡）人。他自幼聪颖好学，因家境贫寒而常无油点灯，夏天夜里便用白色丝袋盛装数十只萤火虫，作照明之物，以便夜以继日读书，因此学识与日俱增。及至年长，入朝拜吏部尚书。车胤为官刚正不阿，不屈权贵。会稽王司马道子（364—403）示意众大臣联名上疏，要求孝武帝（352—396）给予自己“假黄钺，加殊礼”，而车胤拒绝署名。疏奏至皇宫，孝武帝大怒众臣，“而甚嘉胤”。司马道子之子司马元显（382—402）因此而迫害车胤。车胤先是被逼避居于武昌燕矶嘉藕湖畔，后又被逼自杀，葬在这里。《晋书》赞“车胤忠壮”。武昌人为纪念车胤而将环绕其墓的嘉藕湖改名车湖，其避居之地也以车湖命名。王齐愈来到这里寄居时，曾作七言绝句《车武子宅》，表达仰慕之情：“儒生骨朽名犹在，高冢相望已乱真。只认夜深萤聚处，便应泉下读书人。”

关于车湖的地理位置和车胤轶事，以及苏东坡跟武昌车湖王氏兄弟的交情，《舆地纪胜·寿昌军》专门作了记载：“车湖，在武昌东三十里。苏轼在黄州，王文甫居湖上，往来殆百数。车武子故居及墓在其上。”

苏轼第一次来到武昌车湖刘郎洑，就对车胤其人很感兴趣。他专门到车武子墓祭拜。望着墓前以车胤之姓命名的车湖和车胤故宅门前的大江，吟出“湖上秋风聚萤苑，门前春浪散花洲”。后来南宋人王应麟以“如囊萤，如映雪，家虽贫，学不辍”，将车胤和苏东坡父亲苏洵的读书励志故事同时编进《三字经》。这也是苏轼跟武昌车湖的又一份特殊情缘。

再来品读苏辙在车湖刘郎洑写的饮别诗。其开头表达的心情与游武昌西山所写诗差不多。风雨交加中，“相从恨不多”的他跟着哥哥顺流而下三十里，来到武昌车湖刘郎洑。因即将告别哥哥，还不知何日能再相见而闷闷不已。

“系舟枯木根，会面两王子”后，苏辙心情不知不觉便好了起来。由于“嘉（州）眉（州）虽异邦，鸡犬固犹尔”的特殊乡情，更因为看到王家人“隔竹见奔驶”的忙前忙后，使他大为感动。后来他把两位故乡老大哥“渡江买羔豚，收网得鲂鲤。朝畦甘瓠熟，冬盎香醪美。乌菱不论价，白藕如泥耳。谁言百日活，仰给一湖水”那一幕幕热情接待他与苏轼的感人情景，一一写进了诗里。

经过一番忙碌，一顿特别丰盛的美食端上桌来。席间两位故乡老大哥一再热情相劝：“相逢勿空过，一醉不须起。”此情此景让苏轼兄弟不由自主地有了“不是故乡胜故乡，不是亲人胜亲人”的感觉。

在武昌西山，苏轼曾写诗表示“买田吾已决”。此时苏辙因自己也处于“夺官正无赖，生事应且尔”“愆尤未见雪，世俗多相鄙”的窘境，看着同是流落异乡的王氏兄弟如此热情招待他们兄弟俩，便感觉哥哥在武昌买田“卜居请连屋，扣户容屣履”的打算，信为“良计”。他还感慨“人生定何为，食足真已矣”，愿哥哥能像武昌车湖王家兄弟这样，过着“蔬食期没齿”“手持一竿竹，分子长湖尾”的悠闲适意日子，多么好啊！当然他也希望哥哥能早点实现这一梦想。

落难中更加珍惜亲情友情乡情

那么苏轼缘何选择在武昌车湖刘郎洑跟弟弟饮别呢？这是因为，中国农耕文明影响下的生产生活方式，在人际之间形成的以血缘、地缘、人缘为基础的亲情、乡情、友情，越是磨难困顿，人们越是深情向往，倍加珍惜。

苏轼因“乌台诗案”掉入人生谷底，来到黄州举目无亲，自然对亲情、友情、乡情的渴望与日俱增。

刚来到黄州，苏轼闭门不出又“无一人见识”，在临皋亭里却天天可观望、可亲近长江。后来“时复扁舟”武昌大江时，苏轼常常触摸、饮啜蜀中流来的岷山雪水。于是他就把浓浓的思念故乡、眷恋亲情、感怀友情之心，倾注在家乡流来的江水上，写下《南乡子》：

晚景落琼杯，照眼云山翠作堆。认得岷峨春雪浪，初来，万顷蒲萄涨渌醅。　　春雨暗阳台，乱洒歌楼湿粉腮。一阵东风来卷地，吹回，落照江天一半开。

在这首词中，苏轼用“认得岷峨春雪浪，初来，万顷蒲萄涨渌醅”，寄托眷眷思乡之情。在他写的《临皋闲题》里，有更加细微的描述：

临皋亭下八十数步，便是大江，其半是峨眉雪水，吾饮食沐浴皆取焉，何必归乡哉！江山风月，本无常主，闲者便是主人。

由于身处贬谪戴罪之中，本来满腹藏着思乡情的苏轼，此时却只能向友人说“何必归乡哉”。这实际上是自慰之语。但从他对所见“大江，其半是峨眉雪水，吾饮食沐浴皆取焉”的描述中，思念赞美故乡之情跃然纸上。故乡之水也给了他“江山风月，本无常主，闲者便是主人”的感悟。后来他反复吟咏这一话题：

晚照余乔木，前村起夕烟。棋声虚阁上，酒味早霜前。
远谪何须恨，来游不偶然。风光类吾土，乃是蜀江边。

这首《晚游城西开善院，泛舟暮归二首》其一的后四句，实际上是想说明，武昌、黄州因同在大江边，同流蜀江水而“风光类吾土”，凭此即可抚慰平复自己的贬谪戴罪心灵和思念故乡之情。他还在《满江红·寄鄂州朱使君寿昌》里写了差不多的词句：“江汉西来，高楼下、蒲萄深碧。犹自带，岷峨雪浪，锦江春色。”接着在好友朱寿昌面前直抒胸臆地表明“我为剑外思归客”。

正是因为落难中对亲情、友情、乡情的更加眷恋，苏东坡才不断通过吟诵家乡流来的岷山雪水寻求慰藉。而在见识武昌车湖刘郎洑的两位故乡老大哥后，苏轼则对深藏其间的浓浓乡情、友情，有了更具体直接、更富有温情的感受。这也是苏轼精心选择在车湖刘郎洑与王齐愈、王齐万一起，跟谪迁筠州的弟弟饮别的一个深层次原因。因为这里正是一处能够在异乡见到故乡人、听闻蜀中话、品尝家乡菜的好地方，也是能够亲身感受、充分交流亲情乡情友情的好地方。

后来，武昌车湖刘郎洑成了苏东坡贬谪黄州、扁舟武昌期间，接待前来看望、投奔他的蜀中乡亲故旧的首选之地。

凝聚桑梓情的“元修菜”落地蔓延

随着另一位蜀中好友携带一包家乡菜籽的到来，进一步印证了苏轼在贬谪戴罪的日子里更加珍视友情乡情的一面。这位亲密好友就是元丰五年（1082）重阳节来投奔他的巢谷。苏轼第一时间把这位故乡朋友带到武昌车湖刘郎洑，引荐给王氏兄弟。

身处异乡又结识这么好的家乡新朋友，王齐愈、王齐万当然非常高兴，盛情款待自不在话下。苏东坡回黄州时还特地把巢谷留下来，让他跟王氏兄弟再叙旧几天。不巧，黄州牢城失火，殃及周边。苏轼连忙派人送信到武昌车湖：“近日牢城失火，烧荡十九，雪堂亦危，潘家皆奔避，堂中飞焰已燎檐矣。幸而先生两瓢无恙。”信中说的潘家，就是潘丙三代人在黄州的家。

巢谷接信后立即赶回黄州。看到苏东坡一家人平安，雪堂也无大碍，心才放下来。这时他拿出随身所带的、四川到处可见可种的小巢菜籽给苏东坡。

苏东坡接过菜籽大喜过望，当即撰《元修菜》诗和叙，表达欣喜、玩味之情。其叙这样描述有关小巢菜的过往趣事和种之于东坡的喜悦心情：“菜之美者，有吾乡之巢，故人巢元修嗜之，余亦嗜之。元修云：使孔北海见，当复云吾家菜耶？因谓之元修菜。余去乡十有五年，思而不可得。元修适自蜀来，见余于黄，乃作是诗，使归致其子，而种之东坡之下云。”其诗曰：

彼美君家菜，铺田绿茸茸。豆荚圆且小，槐芽细而丰。
种之秋雨余，擢秀繁霜中。欲花而未萼，一一如青虫。
是时青裙女，采撷何匆匆。烝之复湘之，香色蔚其馕。
点酒下盐豉，缕橙芼姜葱。那知鸡与豚，但恐放箸空。
春尽苗叶老，耕翻烟雨丛。润随甘泽化，暖作青泥融。
始终不我负，力与粪壤同。我老忘家舍，楚音变儿童。
此物独妩媚，终年系余胸。君归致其子，囊盛勿函封。
张骞移苜蓿，适用如葵菘。马援载薏苡，罗生等蒿蓬。
悬知东坡下，塉卤化千钟。长使齐安人，指此说两翁。

“元修菜”是苏东坡谐趣命名的一种植物，学名小巢菜，因生长地不同又有柱尖、摇车、翘摇车、翘摇、野蚕豆、漂摇草、雀野豆、野碗豆、雀野碗豆、白翘摇、苕籽、白花苕菜、小野麻豌等称呼。它本来是一种肥田草，“种之秋雨余”后在冬闲田里生长，春来生命力非常旺盛，能茂密地覆盖田野。一般农家便在耕种早稻时，连草带土“耕翻烟雨丛”。“润随甘泽化，暖作青泥融”后“力与粪壤同”，是很好的有机肥料。还有农家把此草弄去喂猪养牛。偏偏此草春来“欲花而未萼”时，其芽尖鲜嫩可口。“是时青裙女，采撷何匆匆”，人们把它弄回家“烝之复湘之，香色蔚其馕”，便成了色香味俱佳的可口菜肴。苏东坡还回忆起当年食用此菜时“点酒下盐豉，缕橙芼姜葱。那知鸡与豚，但恐放箸空”的有趣情景。

因苏轼跟巢谷同有食小巢菜的爱好，加上此菜冠有巢谷的姓，于是他干脆以巢谷的字，将此菜昵称为“元修菜”。从中既可以看出苏东坡的生活情趣，更能看到融入其中的桑梓情。因此他在诗叙里说：“余去乡十有五年，思而不可得”；在诗中深情地表白：“我老忘家舍，楚音变儿童。此物独妩媚，终年系余胸。”

这首诗最为意味深长的，便是结句“长使齐安人，指此说两翁”。剖析这两句，就能从中品味出两翁——苏轼、巢谷赋予“元修菜”的特殊情感和丰富含义。

第一个层面透出的意思，是苏东坡来黄州时，在这个贬谪地以及车湖刘郎洑等周边区域，可能并没有发现有此菜种植。

第二个层面，是苏轼得到巢谷带来的寓含浓浓乡情友情的家乡植物，很快在东坡种植，也使贬谪地黄州从此有了这种植物的种植食用。同时他还联想到“悬知东坡下，埆卤化千钟”，也就是以种植此菜来改良东坡土壤。

第三个层面是苏东坡想在这里推广种植此菜。苏东坡到黄州后，先后将蜀中道士杨世昌教给他的救治时疫药方和在武昌见识的“秧马”到处推广。他接到巢谷送来的“元修菜”，自然而然地产生“长使齐安人”种植食用它的想法。诗中还郑重其事地用“张骞移苜蓿，适用如葵菘。马援载薏苡，罗生等蒿蓬”诗句，提到西汉通西域的张骞（？—前 114）、请缨东征西讨的东汉开国功臣马援（前 14—49），从异域引来植物种植的典故，艺术化地表达自己想在黄州、武昌引种的想法。事实上包括车湖刘郎洑在内的大江两岸，至今在冬季的农田里还大量生长着这种被称为“苕籽”“红花草籽”的植物。除了可以肥田，此植物在二十世纪五六十年代被人们大量食用，因此成了不少人心中的“救命草籽”。

第四个层面是苏东坡给人们留下有关武昌、黄州引种“苕籽”“红花草籽”——“元修菜”可能来源的一个依据。“指此说两翁”说的就是这个意思。

不仅如此，“长使齐安人，指此说两翁”也暗含范仲淹（989—1052）《岳阳楼记》所推崇的“不以物喜，不以己忧”“先天下之忧而忧，后天下之乐而乐”思想。从贬谪窘境中仍引种推广寓含乡情友情的“元修菜”这件小事上，更能看出苏东坡的品格和高尚人生追求。

由此说来，今日鄂州、黄州人真的应该感谢苏东坡这位落难美食家。或许正是因为他贬谪黄州、扁舟武昌，才得以把此菜带到了这里，并广泛传种开来。

“相过殆百数”的内在动力

落难中的苏东坡，能在他乡与武昌车湖刘郎洑王氏兄弟结下如此深厚的乡情、友情，这使人不由自主地想到《神童诗·四喜》中的诗句：“久旱逢甘雨，他乡遇故知。洞房花烛夜，金榜题名时。”

中国人有故土难离的情感，又有“父母在，不远游”的古训，加上那时交通十分闭塞，外出远游、赶考也好，客居流落他乡也罢，若能在他乡遇到故知，听到魂牵梦绕的乡音，确实非常难得。另外，“他乡遇故知”还是亲情、乡情、友情三者之间非常好的契合点。

这些成其为“人生一大乐事”的种种表现，在苏东坡跟武昌车湖刘郎洑王齐愈兄弟的交往中得到充分体现。当初“独与儿子迈来郡中（指黄州）”的苏轼，突然见到满口乡音、“长而髯”的王齐万，顿时流露出“惠然”之情。自此以后，每到武昌车湖刘郎洑，或是在其他地方跟王氏兄弟交往，便会激起苏轼对亲情、乡情、友情的渴望与加倍珍惜。

他乡遇上这么好的故知，苏轼还有什么样的心结融化不开，还有什么样的困顿心情释放不了？

四、携友游乐人生

苏东坡与车湖刘郎洑王家兄弟相交于彼此落难时。他们在你来我往中着意营造轻松、惬意、温情的氛围，通过“酒酣访古江之渍”“与君饮酒细论文”等雅趣横生的活动，游乐人生。

“酒酣访古江之渍”的多姿多彩

苏辙在《武昌九曲亭记》里曾记下哥哥小时候的一大爱好：“昔余少年，从子瞻游。有山可登，有水可浮，子瞻未始不褰裳先之。”“至其翩然独往，逍遥泉石之上，撷林卉，拾涧实，酌水而饮之，见者以为仙也。”来到黄州不久，在友人帮助和自己的努力下，苏东坡喜爱纵游山水的心又慢慢被激活了。

王齐万到黄州探访后，武昌车湖刘郎洑成为苏东坡的一个好去处，王氏兄弟则成了他意趣相投的新“驴友”。只要有可能，他就去武昌车湖刘郎洑走走，或者随王家兄弟和在武昌、黄州结识的好友出去游游。

元丰五年（1082）二月，蕲水县令李婴来黄州看望苏东坡。苏东坡觉得在黄州接待李县令差点意思，就泛舟过江。为郑重其事，他还特地告知王齐愈和潘丙，请他们跟武昌县主簿吴亮一起，陪同来宾畅游武昌西山。

一行人来到九曲废亭旁，大家就如何重修扩建该亭纷纷建言献策。三个月后他们就做成了这件后世留名的好事。

苏东坡还为此行第二次在武昌西山题壁：“苏轼、李婴、吴亮、赵安节、王齐愈、潘丙，元丰五年二月二十二日游。”

同年七月，苏东坡又与朋友畅游武昌西山。这次他请来王齐雄同游。在其所写的《西山戏题武昌王居士并引》中，首先对此行相关情况作了风趣的描述：

予往在武昌，西山九曲亭上有题一句云：玄鸿横号黄槲岘。九曲亭即吴王岘山，一山皆槲叶，其旁即元结陂湖也，荷花极盛。因为对云：皓鹤下浴红荷湖。坐客皆笑，同请赋此诗。

根据诗引描述的这次出游情形看，来到刚刚扩建修复的九曲亭，苏东坡为了让同行友人游中有乐，实际上做了两件密切关联，难中有趣的吟对、赋诗雅事。

其起因是武昌西山九曲亭上有一楹联上句“玄鸿横号黄槲岘”，因其特殊答对要求，一直没有人吟对出被人认可的下联。原来，该联下句除了要满足楹联答对的一般规定，还必须过三道难关。

第一道关，必须按上联所用“吃语”来吟对。上联为吃语联，七字中间“鸿横号黄槲”五字为同一声母，首尾二字“玄”“岘”是另外一个相同声母。因为联中只用了两个声母，所以读起来诘屈聱牙，被称为“吃语”。

第二道关，必须同吟上联所描述的武昌西山景物。上联既写有武昌西山常常可见的鸿雁，还吟了九曲亭所在的吴王岘满山生长的槲树之叶。

第三道关，联中每字必须跟上联“玄（颜色）鸿（飞禽）横（方位）号（行为）黄（颜色）槲（植物）岘（物体）”的特定含义相对应。

凡此种种，没有高超的语言技巧、诗词楹联写作基础、丰富的人文地理知识，是对不出规范贴切的下联的。因此见到这一上联，一行人先是面面相觑，后又不约而同地盯着苏东坡。

偏偏苏东坡是个勇于挑战的人。他想起元结在武昌西山写的《抔湖铭并序》中有“抔湖东抵抔樽，西侵退谷，北汇樊水，南涯郎亭。有菱有荷，有菰有蒲”的描述，便吟出下联“皓鹤下浴红荷湖”，不仅前后五字“皓鹤”“红荷湖”与所对上联中间五字声母完全相同，而且联字特定含义与上联一一对应，所吟景物出自武昌西山九曲亭旁的抔湖。大家当即捧腹大笑，被苏东坡的惊人吟对水平所折服。

为了让大家进一步开怀同乐，苏东坡欣然接受一行人“同请赋此诗”的愿望，沿用“口吃难言”的戏谑方式，口占一诗。

江干高居坚关扃，犍耕躬稼角挂经。
篙竿系舸菰茭隔，笳鼓过军鸡狗惊。

解襟顾影各箕踞，击剑赓歌几举觥。
荆笄供脍愧搅聒，乾锅更戛甘瓜羹。

吃语诗又称结巴诗、拗口诗，或雅称同声诗、双声诗、同纽诗，多采用双声叠韵之法，虽然吟诵时拗碍口舌，但品味起来趣味横生，妙不可言。

《外纪》评述苏东坡这首由吟对吃语楹联而接着写的吃语诗时云："古之口吃难言者，如周昌、韩非子、邓艾之徒，皆载史传。东坡此诗，亦缘是善谑耳。"这是说苏轼还从历代名贤身上获得灵感，由此既形成独特的"善谑"笑例，又从诗中透出自己于坎坷窘境中"犍耕躬稼"黄州古城东坡、"击剑赓歌"武昌大江两岸的情趣与追求。

杨钟羲（1865—1940）《雪桥诗话》初集卷九评曰："苏子瞻口吃诗，纯用双声，佶屈可笑。若于稳顺声势中，忽羼以二字，使齿舌击触，囝涩得平，迟其声以媚之，此律诗妙境也。"《冷斋诗话》《漫叟诗话》均认为，苏轼此诗可能是诗坛最早的七言口吃诗。

另外值得一提的是，当时随行友人"同请赋此诗"，苏轼却将这一风趣幽默、别具一格的口吃诗单独"戏题"给王齐雄。从现存史料分析，苏轼此举毫不奇怪。一是苏轼初见王齐万就尊称他为"长而髯者"，说明他敬老爱贤。游武昌西山的一行人中，王齐雄有可能是年龄最长者，何况他还来自西蜀故乡。二是王齐雄虽然因犯事除名，但从苏东坡笔下记述其子王天麟面对溺婴的慷慨勇为、王天常对"边事"的真知灼见来看，他对王齐雄应有实事求是的评价。

以上出游，只是苏东坡谪居黄州期间无数次携友游乐中，与王氏兄弟有关联的两次活动，但其间有吟诗答对，有题壁作记，有故友新交汇聚，有雅事乐事相随。这些活动帮助苏东坡调适了心绪，也为其实现命运突破注入了精神力量。

"与君饮酒细论文"的丰富有趣

再来好好品味苏东坡与王氏兄弟交往时，在"与君饮酒细论文"方面的轶事，便可进一步洞见苏东坡携友游乐人生的情趣。

首先是读书、评字、品画。

苏东坡到武昌车湖刘郎洑，跟王齐万兄弟交往，不限于吃吃喝喝、玩玩乐乐，更多的是与品味书香墨韵、切磋诗词歌赋相关的活动。

武昌车湖最吸引苏东坡的，无疑是王氏兄弟落难时为保留家中文脉声誉，历经艰辛，泛江运至刘郎洑的宝贵藏书。苏东坡一生酷爱读书抄书，尽管被贬黄州，但他仍然坚持每天读书，一有时间就抄经典书籍。一部《汉书》就抄了三遍。因此苏东坡每次来到车湖刘郎洑，必在王齐愈兄弟收藏有大量古旧图书的“达轩”读书、写字、作画，临走时总不忘借一些想看的书籍带回黄州。

一次，苏东坡在“达轩”与王齐愈兄弟边读书，边点评唐末五代文章、字画，并作记：

> 唐末五代文章卑陋，字画随之。杨公凝式笔为雄，往往与颜、柳相上下，甚可怪也。今世多称李建中、宋宣献。此二人书，仆所不晓。宋寒而李俗，殆是浪得名。惟近日蔡君谟，天资既高，而学亦至，当为本朝第一。

其次是品砚、赏墨、评花。

元丰三年（1080）十二月四川僧人清悟来黄州看望苏东坡，并与他一同过江游车湖。欢饮之际，王文甫谈到自己曾用五千钱买得两块端砚与一张陈归圣的篆书。苏轼以为不值，开玩笑说：这样吧，依陈归圣篆书例，我每天写一两张纸，只典三百文，如何？王文甫爽快地答应了。清悟和尚在一旁大笑起来。苏东坡说：好，咱们立下字状。于是戏以《书赠王文甫》记曰：

> 王文甫好典买古书画诸物。今日自言典两端砚及陈归圣篆字，用钱五千。余请攀归圣例，每日持一两纸，只典三百文。文甫言：“甚善。”川僧清悟在旁知状。

清悟和尚曾遇一异人，专制上等墨，渐有声誉。此次由西蜀到黄州，馈赠苏轼、王齐愈各十丸。苏东坡为彰显其德，特在“达轩”作《书清悟墨》一篇相赠：

> 川僧清悟，遇异人传墨法，新有名。江淮间人，未甚贵之。予与王文甫各得十丸。用海东罗文麦光纸，作此大字数纸，坚韧异常，可传五六百年，意使清悟托此以不朽也。

元丰五年（1082）三月十一日，苏东坡跟王家兄弟在“达轩”交谈各自了解的花卉异同知识及相关看法，最后形成共识。苏东坡在此基础上作《四花相似说》：

茶蘼花似通草花，桃花似腊花，海棠花似绢花，罂粟花似纸花。三月十一日，会王文甫家，众议评花如此。

其三是嬉憩中关心后辈。

有一次饭后，王齐愈之子王禹锡（按族人排行，又名王十六）趁苏东坡酒酣高兴，缠着他为自己留墨宝。苏东坡乘兴书赠王十六短文二则：

一

王十六秀才禹锡，好蓄余书，相从三年，得两牛腰。既入太学，重不可致，乃留文甫许分遣，然缄锁牢甚。文甫云：“相与有瓜葛，那得尔耶？”

二

十六及第，当以凤咮字大砚与之，请文甫收此为据。十六及第，当以石绿、天貌为仆作利市也。

原来王禹锡特别喜欢苏东坡的书法作品。每当苏轼游车湖，他总是缠着恳请苏轼挥毫，以至两三年期间收集其书法作品竟达两大捆。苏东坡写的第一则短文说的就是这件事。第二则短文像协议式收据。大意是如果王禹锡进士及第，苏东坡将赠他凤咮字石砚，王齐愈当以石绿、天猊佳墨回赠。

两则短文皆极富幽默感，表明苏东坡与王齐愈家人的情谊深厚，也说明苏东坡喜欢读书人，关心王家后辈成长，对王禹锡寄予厚望。据宋《王直方诗话》记述，苏东坡曾教授王禹锡作诗。一日，王禹锡作《贺知县喜雨》：“打叶雨拳随手处，吹凉风口逐人来。”苏东坡见其暗自得意，便批评说：“十六郎作诗怎能如此不入规矩？”王禹锡不好意思，回答道：“盖是醉中所作。”过了几天，王禹锡又将近作敬呈苏东坡指教。苏东坡读完后笑曰：“尔复醉耶？”

另外，苏东坡还把心爱的“麝香张遇墨”送给王禹锡，鼓励其好好读书练字。在《书张遇潘谷墨（寄王禹锡）》一文中，苏东坡亲切地嘱咐王禹锡：

麝香张遇墨两丸，或自内廷得之以见遗，藏之久矣。今以奉寄。制作精至，非常墨所能仿佛，请珍之！请珍之！又大小八丸，此潘谷与一贵人造者。谷既死，不可复得，宜宝秘也。

其四是填词、赋诗、撰联。

王齐愈兄弟跟苏东坡在武昌车湖刘郎洑“达轩”经常唱和诗词，可惜存世不多，但留下的回文唱和诗词非常有趣。元丰三年（1080）十一月，苏东坡就填了《菩萨蛮·回文四时闺怨》，寄给好友李常：

一

翠鬟斜幔云垂耳。耳垂云幔斜鬟翠。春晚睡昏昏。昏昏睡晚春。细花梨雪坠。坠雪梨花细。颦浅念谁人。人谁念浅颦。

二

柳庭风静人眠昼。昼眠人静风庭柳。香汗薄衫凉。凉衫薄汗香。手红冰碗藕。藕碗冰红手。郎笑藕丝长。长丝藕笑郎。

三

井桐双照新妆冷。冷妆新照双桐井。羞对井花愁。愁花井对羞。影孤怜夜永。永夜怜孤影。楼上不宜秋。秋宜不上楼。

四

雪花飞暖融香颊。颊香融暖飞花雪。欺雪任单衣。衣单任雪欺。别时梅子结。结子梅时别。归不恨开迟。迟开恨不归。

回文诗词始见于北宋，是运用词序回环往复来写诗的一种特殊艺术形式，趣味性非常强，并能显示作者学识水平和写诗填词能力。苏东坡这四首《菩萨蛮》回文词一句一回，即同句反复。如词的一、二句，三、四句，五、六句，七、八句，字词完全相同，但顺序完全相反，却细致入微地刻画了春夏秋冬四个季节闺中女子的不同情态。

不久，苏东坡来到车湖，向王齐愈兄弟吟诵这四首回文词。后来王齐愈一口气作《菩萨蛮》回文词七首，回赠苏东坡：

一

暑烦人困初时午。午时初困人烦暑。新诗得酒因。因酒得诗新。
缕金歌眉举。举眉歌金缕。人妒月圆频。频圆月妒人。

二

老人愁叹惊年早。早年惊叹愁人老。霜点鬓苍苍。苍苍鬓点霜。
酒杯停欲久。久欲停杯酒。杯酒唤眉开。开眉唤酒杯。

三

酒中愁说人留久。久留人说愁中酒。归梦要迟迟。迟迟要梦归。
旧衣香染袖。袖染香衣旧。封短托飞鸿。鸿飞托短封。

四

远香风递莲湖满。满湖莲递风香远。光鉴试新妆。妆新试鉴光。
棹穿花处好。好处花穿棹。明月咏歌清。清歌咏月明。

五

兽喷香缕飞长昼。昼长飞缕香喷兽。迎日喜葵倾。倾葵喜日迎。
卷帘双舞燕。燕舞双帘卷。清簟枕钗横。横钗枕簟清。

六

吼雷催雨飞沙走。走沙飞雨催雷吼。波涨泻倾河。河倾泻涨波。
幌纱凉气爽。爽气凉纱幌。幽梦觉仙游。游仙觉梦幽。

七

玉肌香衬冰丝縠。縠丝冰衬香肌玉。纤指拂眉尖。尖眉拂指纤。
巧裁罗袜小。小袜罗裁巧。移步看尘飞。飞尘看步移。

这七首回文词说明王齐愈的学识和词作皆不凡。仅以第一首《菩萨蛮·暑烦人困初时午》为例，此词惟妙惟肖地描写了文人夏日午时、月夜之趣。这不就是炎夏酷暑时，几个蜀中故旧在武昌车湖刘郎洑交往的写照吗？再仔细分析王齐愈创作的这些词，明显受到苏轼的影响。

宋张邦基（约1131年前后在世）《墨庄漫录》还记录了苏东坡在“达轩”的有趣瞬间。一天，苏东坡饶有兴趣到访武昌车湖刘郎洑，恰逢除夕将近，王氏兄弟正在“达轩”忙着写春联。突见苏东坡翩然而至，王齐愈立马开口，请他亲书一副对联。苏东坡不假思索，提笔就写：“门大要容千驷入，堂深不觉百男欢。”

这一瞬间，生动有趣地反映了苏东坡跟王氏兄弟之间自然随意的亲密关系，也显现出他们心灵的默契、情趣的高雅。

五、喜竹品竹画竹

平生与竹有缘

在武昌车湖刘郎洑告别时，苏辙除了感受到王氏兄弟的招待盛情周到、美食丰盈可口外，还有一个开心的发现，就是这里到处有竹子。他在诗中以“松竹相披靡”“隔竹见奔驶”“手持一竿竹”，一一展露这方面的发现。他为哥哥从今以后能经常来到这一有湖、有江、有人文、有修竹的地方走动感到开心。因为他从小就知道哥哥格外喜爱竹子。这与他们家乡自古以来就产竹有关。

苏东坡的故乡老宅就掩映在一片修竹茂林间，他给友人介绍老宅时非常得意地说“门前万竿竹”。苏东坡的祖父苏序特别喜爱竹子，还向家人传递“养蚕数竿新竹，但愿直似儿孙”的理念。他的母亲就是在竹下，给他们兄弟俩讲述汉朝范滂“有竹之节气”故事的。从此做竹子般“有节君子”的种子就在苏东坡的幼小心灵里种下了，他还因爱竹而与喜竹之人结缘。在茂密竹林环绕的青神县，人们的衣食住行都与竹子密不可分，也是苏东坡邂逅妻子王弗的地方。

从小看大，说的是一个人小时候的喜好会影响终生。正因为如此，竹子在苏东坡心里有非常特殊的地位。他在《于潜僧绿筠轩》诗中直言：

> 宁可食无肉，不可居无竹。无肉令人瘦，无竹令人俗。
> 人瘦尚可肥，士俗不可医。旁人笑此言，似高还似痴。
> 若对此君仍大嚼，世间那有扬州鹤？

真是跟竹子有缘。苏东坡的第一个贬谪地黄州竹子也多。在他之前，被贬到黄州的北宋诗文革新运动先驱王禹偁，利用黄州多竹造了一座竹楼，并写下《黄冈竹楼记》，说了很多竹楼的妙处。苏东坡对黄州的最初印象，便是他在《初到黄州》中写下的“好竹连山觉笋香”。

武昌也是个盛产竹子的地方。我国现存最早的一部竹类专著《竹谱》，就是南朝刘宋时期武昌人戴凯之撰写的。由此可见家乡多竹，对戴凯之成为今日鄂州历史上本土学者著述有影响力的人有直接因果关系。也因此，苏轼来黄州后第一次登临武昌西山就对其竹林松涛留下深刻印象，写下“风泉两部乐，松竹三益友”诗句。

画墨竹哀思怀念表兄文同

苏东坡这么喜竹，自然就酷爱品竹、画竹、写竹，也自然少不了与之相关的故事。

第一次来到武昌车湖刘郎洑，停船上岸，苏轼抬头就看见一大片竹子。饭后，他望着窗外茂林修竹沉思良久。接着他起身研墨铺纸，画了一幅墨竹图。原来，王氏兄弟栖居之屋周围的竹子，使苏轼不由自主地想起了他与表兄文同的悲喜往事。

文同（1018—1079），字与可，自号笑笑先生、笑笑居士，人称石室先生，四川梓州永泰（今四川盐亭东北面）人，著名画家、诗人。曾在湖州（今浙江吴兴）为官，世人称文湖州，开创了墨竹画法的“文湖州竹派”。

提及苏东坡跟表兄文同的特殊画竹情缘，还得从他初学画竹技艺说起。苏东坡从小就常向这位极擅画竹的表兄学习观竹、画竹，曾写了一篇《文与可画筼筜谷偃竹记》，介绍了表兄教的画竹之法，以及他们因画竹所发生的“成竹在胸”“失笑喷饭”趣事：

> 竹之始生，一寸之萌耳，而节叶具焉。自蜩腹蛇蚹以至于剑拔十寻者，生而有之也。今画者乃节节而为之，叶叶而累之，岂复有竹乎？故画竹必先得成竹于胸中，执笔熟视，乃见其所欲画者，急起从之，振笔直遂，以追其所见，如兔起鹘落，少纵则逝矣。与可之教予如此。

苏轼描述的第一件趣事，就是“成竹在胸”成语的出处，讲了表兄文同如何将其画竹心得精髓教给自己的。

> 筼筜谷在洋州，与可尝令予作洋州三十咏，《筼筜谷》其一也。予诗云：“汉川修竹贱如蓬，斤斧何曾赦箨龙。料得清贫馋太守，渭滨千亩在胸中。”与可是日与其妻游谷中，烧笋晚食，发函得诗，失笑喷饭满案。

第二件趣事说的是有一天，文同与妻子在洋州（治所在今陕西洋县）筼筜谷中赏竹，烧笋晚食。忽然衙役送来苏轼的回信。拆开一看，原来是苏轼写给他的一首诗。读到“料得清贫馋太守,渭滨千亩在胸中”后,文同夫妻不觉大笑,喷饭满桌。这便是“失笑喷饭”成语的来源。

来到车湖刘郎洑，看到家乡流来的江水，见到蜀中故旧，吃到家乡的菜肴，再环视王齐愈兄弟房屋周围的竹林，跟乡情、友情、亲情密切关联的人和事顿时浮上苏轼心头。特别是“乌台诗案”前后自己在湖州、陈州发生的跟文同相关的一幕幕悲事，又直接叩击着苏轼依然痛楚的心扉。

原来，“乌台诗案”发生的这年初，文同在陈州逝世。不久，苏轼接到改知湖州的诰命。在这个文同开创墨竹画法“文湖州竹派”之地，每每见到表兄留下的逸迹，苏轼悲从中来。他在《文与可画筼筜谷偃竹记》里这样写道：“是岁七月七日,予在湖州曝书画,见此竹,废卷而哭失声。昔曹孟德祭桥公文,有‘车过’‘腹痛’之语。而予亦载与可畴昔戏笑之言者，以见与可于予亲厚无间如此也。”

更为不幸的是，这次“废卷而哭”的二十一天后，苏轼就在湖州被拘。离开乌台大狱，押解黄州到达的第一站便是表兄去世之地陈州。此时文同灵柩还未运回蜀中老家安葬。苏轼在抚摸文同棺椁的那一刻，悲痛情绪彻底爆发。

后来他写《书文与可墨竹并序》纪念文同：“亡友文与可有四绝，诗一，楚词二,草书三,画四。与可尝云:世无知我者,惟子瞻一见,识吾妙处。既没七年,睹其遗迹，而作是诗：笔与子皆逝，诗今谁为新。空遗运斤质，却吊断弦人。”

苏轼曾在给朱寿昌的信中说：“与可船（载其灵柩）旦夕到此，为之泫然。”苏轼睹物思人，所画的墨竹实际上是他在两个蜀中乡党面前，对表兄文同哀思怀念的深情流露。

车湖大醉作墨竹词

元丰五年（1082）七月六日，苏东坡又一次过江至王齐愈家，饮其自酿的白酒。大醉后作墨竹词《定风波·雨洗娟娟嫩叶光》：

雨洗娟娟嫩叶光，风吹细细绿筠香。秀色乱侵书帙晚。帘卷，清阴微过酒尊凉。　　人画竹身肥拥肿。何用？先生落笔胜萧郎。记得小轩岑寂夜。廊下，月和疏影上东墙。

苏东坡此词是集杜甫《严郑公宅同咏竹得香字》、白居易《画竹歌》所写墨竹诗句而填写的。杜诗为“绿竹半含箨，新梢才出墙。色浸书帙晚，阴过酒樽凉。雨洗娟娟净，风吹细细香。但令无剪伐，会见拂云长”。苏东坡词前半阕即集杜甫以上诗句而成。白诗之中有“人画竹身肥拥肿，萧画茎瘦节节疏”。苏词后半阕前两句，即以白居易上述诗句演绎而成。

这首词不仅充分显露了苏东坡的学识渊博，精于画墨竹、写墨竹诗词，而且也是苏东坡在武昌车湖刘郎洑跟蜀中两位乡党交往后情绪平复的表现。

六、逆境未忘忧国

内忧外患中扁舟武昌

从赵匡胤“陈桥兵变”开启的宋朝，到苏轼贬谪黄州、扁舟武昌时，已历经六代皇帝、一百二十多年“偃武尚文”之沧桑变迁。一方面呈现旷古少有的繁荣兴旺之势：中国文学艺术史上的杰出文人在北宋灿若星辰；被称为“中国古代科学技术史上里程碑”的《梦溪笔谈》，写于北宋；推动世界文明史、经济发展史突破性飞跃的活字印刷术、纸币，发明在北宋。另一方面，北辽、西夏虎视眈眈，西南地区叛乱不已。宋朝长期实行“将不带兵、兵不见将”的军事体制和“内忧为本、外忧为末”的“攘外先安内”国策，直接导致了宋真宗对辽的“澶渊之盟”和宋仁宗对西夏的“庆历和约”。宋朝被迫每年向辽输送银十万两、绢二十万匹，向西夏输送银七万两、绢十五万匹、茶三万斤。后来辽又以西夏反叛要挟宋，每年增加银十万两、绢十万匹，更加导致北宋朝廷不堪重负、民不聊生。对此屈辱之举，大宋宫廷上下还美其名曰“岁赐”。此时的华夏疆域，事实上形成北宋、辽、西夏鼎立纷争，西南少数民族叛乱纷扰的局面。

正是在北宋外患内忧日益加剧，逐步加速滑向分崩离析边缘之际，宋神宗力主推行王安石变法，其本意是“民不加赋而国用足矣”，以此期求富国强兵、朝廷中兴。因好的变法指向遇上心怀歹意的小人执行，王安石变法便变异变味，其变法主将王安石后来竟被迫退居金陵养老，苏轼由于耿直劝谏而受辱被贬。

尽管跌入人生低谷，但苏东坡对事关国家安危之事，仍一如既往地关心关注。这在武昌车湖刘郎洑这个江湖偏远之地，就得到充分见证。

不以祸福“易其忧国之心”

贬谪黄州、扁舟武昌后不久，苏东坡的好友、滕州（现属山东枣庄）知州赵晦之来信关心他，劝他“处忧患，不戚戚”。对好友的关心抚慰之意他心存感激，但对其劝退避隐之语他不能苟同。

苏东坡写了不少以史论人、以史明志的诗文。《晁错论》就是其中最有代表性的一篇。此文开宗明义，一针见血地指出了当时北宋存在的最大隐忧，就是表面“治平”掩盖下的“不测之忧”。苏东坡在文中旗帜鲜明地表示，若为仁人君子、豪杰之士，面对大宋如此局面，理当挺身而出，“犯大难”“成大功”。他还在文中反复表达自己的人生价值取向：“古之立大事者，不惟有超世之才，亦必有坚忍不拔之志。”“己欲求其名，安所逃其患？”“世之君子，欲求非常之功，则无务为自全之计。”

《晁错论》的开篇观点和论证“自全”与“自祸”之间的辩证关系，好像就是为日后他回答好友赵晦之劝退避隐所作的准备。苏东坡是个直抒胸臆、从不隐瞒自己观点的人。他在《与赵晦之》信中毫不客气地说：“示喻，处患难不戚戚，只是愚人无心肝尔，与鹿豕木石何异！”“某谪居已久，安土忘怀，一如本是黄州人，元不出仕而已。”

苏东坡在信中所说的“元不出仕而已”，跟他与潘大临雪堂对话中表露的“非逃世之事，而逃世之机”意思差不多，是他始终坚持“处江湖之远则忧其君”理念的反映。苏东坡曾以“有田不归如江水”诗句明志，表示即使有条件归隐，也要激流勇进。苏辙在《亡兄子瞻端明墓志铭》中说从十岁起，“公（指苏轼）亦奋厉有当世志”。

苏东坡在跟另一位好友滕达道的信中直接说“虽废弃，未忘与国家虑也”“粗有益于世，瞑目无憾也”。在《王定国诗集叙》中，他说：“流落饥寒，终身不用，而一饭未尝忘君。”他在《与李公择书》信中虽尚有顾忌，写了“看讫，便火之。不知者，以为诟病也”，但在信中仍坚定地表示：

> 吾侪虽老且穷，而道理贯心肝，忠义填骨髓。直须谈笑于死生之际。若见仆困穷便相于邑，则与不学道者不大相远矣。兄造道深，中心不尔，出于相好之笃而已。然朋友之义，专务规谏，辄以狂言广兄之意尔。兄虽怀坎壈于时，遇事有可尊主泽民者，便忘躯为之，福祸得丧，付与

造物。

这封信，可视为苏东坡贬谪黄州、扁舟武昌时仍坚持崇高气节的宣言。他认为，“道理贯心肝，忠义填骨髓。直须谈笑于死生之际”，不能因穷途末路而更改。只要遇到“可尊主泽民”之事，便会不顾“福祸得丧”而“忘躯为之”。

对苏东坡的这一可贵品质，陆游在《跋东坡帖》里赞叹不已：“公不以一身祸福，易其忧国之心。千载之下，生气凛然。”《宋史・苏轼传》也给予其高度评价：“自为举子至出入侍从，必以爱君为本，忠规谠论，挺挺大节，群臣无出其右。至于祸患之来，节义足以固其有守，皆志与气所为也。”

“疾风知劲草，板荡识诚臣。”苏东坡去世二十六年后，北宋江山已分崩离析。“南渡临安”的宋高宗赵构（1107—1187），因苏东坡的杰出表现，“遂崇赠太师”，追谥“文忠”。

与王天常探讨夷战计策

由此再来看苏东坡在武昌车湖刘郎洑的所作所为，实际上他已把赵晦之“处忧患，不戚戚”的劝慰抛到云天之外。苏东坡跟王氏兄弟叔侄在武昌车湖探讨困扰大宋的周边军事，在刘郎洑“江头路”为前方传来的捷报而欢庆，同时还因败亡讯息传来而忧愁。

苏东坡一生坚持知行合一，心里所想的必付诸行动。他在武昌车湖刘郎洑表现出的深沉忠君忧国之情，首先体现在他与王天常的交往中。

自宋熙宁六年（1073）以来，四川泸州一带少数民族叛乱频繁，烽火难熄。苏轼刚到黄州不久，便听说泸州知州乔叙平定“乞地之乱”，结果叛乱未灭、官军却全军覆没的消息，为此他忧心如焚。跟王家兄弟说起此事时，苏东坡长叹不已。

王齐愈也被苏轼忧国忧君的情怀所打动。他想起哥哥王齐雄、侄儿王天常曾参加过西南对夷之战，“夷人信畏之”，就把王天常叫来跟苏东坡相叙。

王天常言及西南夷战，苏轼便认为王齐愈所言不虚，从此跟王天常多次相会，交谈见解。从王天常口中，苏东坡了解了不少西南夷战的情况和这位青年才俊的一些真知灼见。

此时正好苏东坡的挚友、宁国军（现属安徽宣城）推军李琮来信，向他打探相关情况，苏东坡迅疾将王天常介绍的西南夷战实情和见解，写入《答李琮书》：

承问及王天常奉职所言边事。天常父齐雄，结发与西南夷战，夷人信畏之。天常幼随其父入夷中，近岁王中正入蜀，亦令天常招抚近界诸夷，夷人以其齐雄子，亦信用其言。向尝与轼言泸州事，所以致甫望乞弟作过如此者，皆有条理可听。

苏东坡还在此信里，提出自己的对策建议。他认为解决“乞弟之乱”，不能一味强攻。“今欲讨乞弟，必先有以怀结近界诸夷，得其心腹而后可”，即充分利用西南蛮夷之间的矛盾，分化瓦解，剿抚并用，借力打力，方能事半功倍，“可以一举而荡灭也”。

在《答李琮书》信尾苏东坡坦露心迹：“此非公职事，然孜孜寻访如此，以见忠臣体国知无不为之义也。轼其可以罪废不当言而止乎？虽然，亦不可使不知我者见以为诟病也。”其一片丹心，昭然坦荡！

抗击西夏胜败带来的乐与忧

元丰四年（1081）十月下旬，苏东坡被王齐愈、王齐万接到武昌车湖刘郎洑小憩。二十二日于座上接到陈季常的书信，报鄜延路经略安抚副使种谔（1027—1083），于八月率兵九万三千人出绥德城，九月围米脂。西夏人来救，大破之，斩首五千级。十月四日克米脂入银川，破杀西夏敌军六万余人，获马五千匹。

读了种谔领兵深入西夏的喜报，众人高兴万分，开怀畅饮。苏东坡作《闻捷》诗庆贺：

闻说官军取乞闾，将军旗鼓捷如神。
故知无定河边柳，得共中原雪絮春。

回到黄州，苏东坡的心情还难以平复，又作《闻洮西捷报》：“汉家将军一丈佛，诏赐天池八尺龙。露布朝驰玉关塞，捷书夜到甘泉宫。似闻指挥筑上郡，已觉谈笑无西戎。放臣不见天颜喜，但惊草木回春容。”进一步表达喜悦感怀之情。

但时运不济，此番本是一次击溃西夏的绝世良机，北宋朝廷却以“两喜两悲”结局。

元丰四年（1081）西夏发生内乱，好大喜功的北宋朝廷“偏激小人”，悍然派不懂军事的宦官李宪率兵杀向西夏。一开始遭遇西夏伏兵，后来宋军乘胜追击，重重包围西夏军于灵州城（今宁夏灵武西南）。当年九月，眼看胜券在握，宋军偏没有防到西夏暗出精兵，被截了粮道；西夏军决黄河堤，放水灌了宋军大营。好端端的必胜战局顷刻逆转，宋军大败。此为“第一喜”反转后的“第一悲”。

接下来十月的对战中种谔虽扳回一局，但种谔的顶头上司王中正，偏偏又是一个不谙军事的宦官。朝廷还派来一个激进有余、谋略欠缺的徐禧（1035—1082）到前线临场决断。元丰五年（1082）九月，西夏三十万大军如狼似虎扑来。徐禧不听从种谔等资深将领主动出城迎战的建议，反搬出兵书，严令宋军“不鼓不成列”。结果被西夏军铁桶般围进永乐城（遗址在现陕西米脂县西北六十里的马湖峪）“银州砦”。西夏军严格切断水源，“银州砦”成了宋军不战自乱、窒息而亡的死城。十月份城破，徐禧等将领被俘斩首。这就是“第二喜”反转后发生的“第二悲”——震惊大宋的“永洛兵败”。

消息传来，苏东坡痛心疾首。徐禧，字德占，几个月前来到武昌车湖江对面蕲水，与苏东坡有一面之缘。苏轼得知“永洛兵败”的噩耗，写了《吊徐德占并引》说：“余初不识德占，但闻其初为吕惠卿所荐，以处士用。元丰五年三月，偶以事至蕲水。德占闻余在传舍，惠然见访，与之语，有过人者。是岁十月，闻其遇祸，作诗吊之。”

美人种松柏，欲使低映门。栽培虽易长，流恶病其根。
哀哉岁寒姿，肮脏谁与论。竟为明所误，不免刀斧痕。
一遭儿女污，始觉山林尊。从来觅栋梁，未省傍篱藩。
南山隔秦岭，千树龙蛇奔。大厦若畏倾，万牛何足言。
不然老岩壑，合抱枝生孙。死者不可悔，吾将遗后昆。

这首诗除了对“永洛兵败”牺牲将士表达哀悼之情外，苏东坡主要替大宋朝廷反思“流恶病其根”“竟为明所误，不免刀斧痕”等深刻教训。徐禧为国尽忠，“死者不可悔”，但要让后来人引以为鉴，不能重蹈覆辙。

不仅如此，苏东坡还从“永洛兵败”中思考军事对策。虽然“不得签书公事”，无法直接上奏，最后他以《代滕甫论西夏书》的方式，向朝廷提出己见：

> 臣窃观自古用兵者，莫如曹操。其破灭袁氏，最有巧思。请试为陛下论之。袁绍以十倍之众，大败于官渡，仅以身免。而操敛兵不追者，何也？所以缓绍而乱其国也。绍归国益骄，忠贤就戮，嫡庶并争，不及八年，而袁氏无遗种矣。向使操急之，绍既未可以一举荡灭，若惧而修政，用田丰而立袁谭，则成败未可知也。其后北征乌丸，讨袁尚、袁熙，尚、熙走辽东，或劝操遂平之。操曰：“彼素畏尚等，吾今急之则合，缓之则自相图。其势然也。”遂引兵还。曰：“吾方使公孙康斩送其首。”已而果然。若操者，可谓巧于灭国矣。灭国，大事也，不可以速。譬如小儿之毁齿，以渐摇撼之，则齿脱而小儿不知。若不以渐，一拔而得齿，则毁齿可以杀儿。故臣愿陛下之取西夏，如曹操之取袁氏也。

苏东坡这篇军事建议书，条分缕析地对西夏内部变局进行了客观冷静的研判，以汉末“曹操破袁”的成功历史案例，提出缓兵以因势利导，促敌内乱外争，待其势衰再致命一击。在此基础上，他还细致入微地提出了具体的战略战术对策。

文末，苏东坡掏心剖胆地向皇上表白：“虽谪守在外，不当妄言。然自念旧臣，譬之老马，虽筋力已衰，不堪致远，而经涉险阻，粗识道路，惟陛下哀愍其愚而怜其意，不胜幸甚。”其为国为君分忧之情，唯有用“一片冰心在玉壶”来形容，方才贴切。

由“老成忧国”到“老于兵事”

通过《代滕甫论西夏书》和此前写的《答李琮书》，不仅可以看到苏东坡“老成忧国”的拳拳之心，而且能够看到他不光是一介舞文弄墨的儒生，还具有谈兵论剑的军事才干。这也跟他的父亲苏洵“颇好言兵”“好为谋策”的影响分不开。

宋仁宗嘉祐三年（1058），二十三岁的苏轼服母丧，在眉山家中作《论蓄兵赋民书》。初仕凤翔时，他跟陈糙“马上论用兵及古今成败”。熙宁十年（1077），他在徐州知州任上写了一篇有独特见解、在大宋颇有影响的《代张方平谏用兵书》：

臣闻好兵犹好色也。伤生之事非一，而好色者必死；贼民之事非一，而好兵者必亡。此理之必然者也。夫惟圣人之兵，皆出于不得已。故其胜也，享安全之福；其不胜也，必无意外之患。后世用兵，皆得已而不已，故其胜也，则变迟而祸大；其不胜也；则变速而祸小。是以圣人不计胜负之功，而深戒用兵之祸。何者？兴师十万，日费千金，内外骚动，殆于道路者七十万家。内则府库空虚，外则百姓穷匮。饥寒逼迫，其后必有盗贼之忧，死伤愁怨，其终必致水旱之报。上则将相拥众有跋扈之心，下则士众久役有溃叛之志。变故百出，皆由用兵。

这是苏轼从政治家角度，别出心裁谈兵论军事的杰作，也是他“老成忧国”的集中体现。在《唐宋八大家钞》卷六中，清乾隆时代评点《史记》的专家高嵣对此文评价甚高：“古来谏用兵者，只说不胜之害，此偏只陈战胜之祸，非徒谏用兵，乃谏好兵也。危言笃论，真老成忧国之心。”

后来苏东坡到抗辽前线定州（现属河北保定），虽然明知“白首归无期”，但他仍只争朝夕，多次上书，整军备战。

据《宋史·苏轼传》记载，面对“军政坏驰，诸卫卒骄惰不教，军校蚕食其廪赐，前守不敢谁何”，苏东坡“取贪污者配隶远恶，缮修营房，禁止饮博，军中衣食稍足，乃部勒战法”。很快“众皆畏伏”。另外，鉴于“契丹久和，边兵不可用，惟沿边弓箭社与寇为邻，以战射自卫，犹号精锐”，苏东坡立即向朝廷上书，组织“弓箭社”以增强边境抗敌有生力量。对苏东坡短短半年时间内的治军效果，《宋史》给予充分肯定。

这其中的整治“军校蚕食”，就有“武昌官柳”轶事中陶侃责罚属下盗柳之余韵；“禁止饮博”与只争朝夕整军备战，与陶侃在武昌演绎的“禹寸陶分”典故中的举措如出一辙。

从西南夷战之计策建议，到抗击西夏之战略战术，再到定州整军之明显成效，处处可见苏东坡在黄州、武昌获得的相关滋养。苏东坡相继提出的“边事”建议和实施的军事举措，展现了他“老成忧国”的优良品质和“老于兵事”的军事才干。

这些也是元祐七年（1092）苏轼任兵部尚书的重要缘由。很可惜此职他只任了不到一年。后世史学家、军事家不无遗憾地表示，若大宋皇帝慧眼识珠，能充分发挥苏东坡的军事才干，说不定中国历史上就会多出一位羽扇纶巾、文武双全的儒帅，即将分崩离析的北宋王朝说不定能转危为安。

七、车湖何其荣幸

武昌车湖刘郎洑在历史的长河中，十分荣幸地成为苏东坡贬谪落难时的温馨驿站，非常难得地见证了苏东坡逆境中升华蝶变、大难中成就人生伟大功业的历程。

发生在武昌车湖刘郎洑的苏轼故事和传说佳话，告诉人们一个深刻道理：恬静的小湖泊，只要连通大江大河，便有了蓬勃生机与无穷活力；丰茂的矮丘岗，只要奋力向前方崇山峻岭连绵伸展，便有了无限可能的厚重与高阔。

偏处大江南岸一隅，看起来并不起眼的武昌车湖刘郎洑，却以这份生机活力与厚重高阔，为苏东坡成就伟业作出了微薄贡献，受到古往今来研究“苏学”的雅士文人的关注。

第五章

释怀净土 悟道葛仙

子瞻迁于齐安，庐于江上。齐安无名山，而江之南武昌诸山，陂陁蔓延，涧谷深密，中有浮图精舍，西曰西山，东曰寒溪。

——苏辙《武昌九曲亭记》

武昌山下蜀江东，重向仙舟见葛洪。
又得案前亲礼拜，大罗天诀玉函封。

——刘禹锡《赴和州于武昌县喜再遇毛仙翁十八兄因成一绝》

在黄州蛰伏蝶变过程中，苏轼前半生所经受的儒教、佛教、道教（统称“儒释道”）浸润，对其产生了直接影响。作为历史人文底蕴厚重，在江南佛、道有重要地位的古城武昌，深深地吸引着苏轼，使他“时复扁舟”前往。

一、儒释道之浸润

“成大器必先磨”与“时复扁舟”

在儒、释、道三教浸润中，对苏轼给予巨大影响的，首推儒教。

苏轼刚懂事时，父亲苏洵就鼓励他熟记《孟子·告子下》中的“天将降大任于是人也，必先苦其心志，劳其筋骨，饿其体肤，空乏其身”“然后知生于忧患，而死于安乐也”，要求他按照儒家修身齐家治国平天下的理念，勤奋而不懒惰，立大志而严要求。

苏轼将孟子（前 372—前 289）的格言和父亲的话牢记在心里，落实到读书学习中。他二十一岁就能一举成名，与此有很大关联。后来初仕凤翔，一位严厉而又慈祥的上司，用严格要求、谆谆教诲，使他对孟子这些格言有了更为深刻的理解。

来到凤翔府任签书判官的苏轼，春风得意，做什么事情都感到顺风顺水。因其在“贤良方正能直言极谏科”应试时，制试成绩入大宋有史以来最高等级，人们便称他为“苏贤良”。对这一称呼，他口里应着，脸上笑着，心里坦然接受。

偏偏这时换了一个“面目严冷，语言确讱，好面折人”的知府陈公弼（1014—1077）。按说这位来自结发妻子王弗家乡的前辈和顶头上司，应该对苏轼厚爱有加，但实际情况似乎刚好相反。一次有个小吏当着陈公弼的面喊苏轼“苏贤良”，这位严厉的知府即刻抹下脸，对小吏进行处罚，打了四十大板。对此，苏轼感到十分尴尬，觉得有必要与这位丝毫不给自己情面的上司好好沟通一下。正好一个机会来了，陈公弼在家中后园新建了一座“凌虚台”，让他作记。苏轼当仁不让，很快写出《凌虚台记》。

拿到这篇由物及人，主旨谈“兴成废毁”，稍带有讥讽之语的《凌虚台记》，陈公弼不仅只字未动便命人刻碑立记，还单独与苏轼细谈写记心得。谈着谈着，就谈到了孟子。苏轼说自己从小就喜欢“天将降大任于是人也，必先苦其心志，劳其筋骨，饿其体肤，空乏其身”这句格言。

陈公弼突然发问：你认为这一格言的精髓在哪？不等苏轼开口，他自问自答，就是“成大器必先磨”。看见苏轼还在直着眼看他，陈公弼接着说：我知道你对我的严格要求有想法。但明白我为什么要这样对待你吗？就在“成大器必先磨”中。苏轼恍然大悟。

陈公弼死后，苏东坡于元丰四年（1081）在黄州作长篇《陈公弼传》。传末特别说明“平生不为行状墓碑，而独为此文”，以此表达对这位严厉师长的感激怀念。

从自求外任杭州到湖州被拘入狱，再到贬谪黄州、扁舟武昌，苏轼对陈公弼送他的“成大器必先磨”六字箴言有了更切身的体会。落实谪居之屋后，他写下《迁居临皋亭》：

> 我生天地间，一蚁寄大磨。区区欲右行，不救风轮左。
> 虽云走仁义，未免违寒饿。剑米有危炊，针毡无稳坐。
> 岂无佳山水，借眼风雨过。归田不待老，勇决凡几个。
> 幸兹废弃余，疲马解鞍驮。全家占江驿，绝境天为破。

饥贫相乘除，未见可吊贺。澹然无忧乐，苦语不成些。

在人生第一次人生大灾、大难、大转折面前，虽然孟子格言已烂熟于心，虽然陈公弼送他的“六字箴言”已深入骨髓，虽然从小就是个乐天派，但毕竟现实是残酷的。在“我生天地间，一蚁寄大磨”面前，苏轼从人上人到“幸兹废弃余，疲马解鞍驮”的落魄境况；从衣食无忧到“虽云走仁义，未免违寒饿”“全家占江驿，绝境天为破”“剑米有危炊，针毡无稳坐”的生活窘境；从踌躇满志到“饥贫相乘除，未见可吊贺”“澹然无忧乐，苦语不成些”的苦闷抑郁。这些样样得去面对，心里没有一点矛盾痛苦是不现实的。曾经一度想学屈原投江自证清白，则是切合当时苏轼思想实际的。

苏轼最终没有投江自尽，也没有怨天尤人、沉沦颓废。来到黄州后，他一方面按照宋神宗责词要求去杜门思衍、默自观省，另一方面则通过寻求多种宣泄、解脱、顿悟之道，把“成大器必先磨”落实到生活中。“时复扁舟”武昌，就是苏东坡换个环境调适心绪，流连历代名贤芳泽遗韵感悟人生的重要门道之一。

另外，从小就接触的佛、道浸润，对苏东坡修身淬炼所起到的作用也日益凸显出来。更何况他的家乡眉山跟中国佛、道流传有那么深的渊源，他和他的家人跟佛、道那么有缘。

眉山、武昌共同见证佛道对苏轼的影响

眉山和武昌对佛教、道教在长江流域的传播都做出了重要贡献。苏东坡在贬谪黄州、扁舟武昌时，对武昌在江南佛、道重要地位的大量史实有了更充分的了解和深入的探究。而家乡有缘左右手分别牵着佛、道两座名山，便是眉山在长江流域佛、道传播中有重要影响的佐证。

逶迤南下的岷江，潺潺流过古老而又富有多样文化底蕴的眉山。这座“千年诗书城”一头连着上游的道教名山——青城山。此山享有“青城天下幽”的美誉，是中国道教发源地、四大道教名山之一。另一头连着下游的佛教名山——峨眉山。此山素有“峨眉天下秀”之美誉，是中国四大佛教名山之一，还是被尊称为“华严三圣”“十大愿王”的普贤菩萨道场。

苏东坡的家乡缘何能同时牵手佛、道两座名山？这与中华文明的演进密切相关。华夏文明之所以连绵五千年不绝，历经无数风雨而历久弥新，其中一个

重要原因是其具有强大的包容并蓄、海纳百川、吐故纳新特点。在汉朝的两百多年里——从汉武帝（前 156—前 87）到汉哀帝（前 25—前 1），再到汉顺帝（115—144），儒、释、道相继勃起，并通过相互碰撞融合逐渐成为华夏民族文化与信仰的三大主流思想。

不仅如此，眉山所处的地理位置和经济人文条件，使其跟佛、道结缘的时间比较早。经“丝绸之路”“茶马古道”传入的佛教，在巴蜀交汇，使峨眉山成为佛教名山。“难于上青天”的蜀道及其周遭大山的隔绝，使天府之国少了许多战乱冲突，有利于儒释道的融合发展。比如，道教创始人张道陵（34—156）传播“黄老之术”走了很多地方未成气候，其开宗立派之大业，还是在距离眉山西北不远处、相对隐秘的鹤鸣山完成的。

眉山作为长江上游的佛、道传承发展重地，跟地处长江中游、同样拥有浓厚佛、道底蕴氛围的武昌一道，既共同见证佛、道在长江文明辉耀华夏中的巨大作用，又共同对苏东坡在人生重要关口的成长产生了重要影响。

自幼佛道熏陶留下结缘武昌历史契机

由于眉山与佛、道结缘很深，苏东坡从小就处在非常浓厚的佛、道氛围中，这为他后来跟佛、道根基同样深厚的武昌结缘留下历史契机。

苏轼的祖父苏序就是一个虔诚的道教崇拜者，苏洵和苏轼身上的仙风道骨，就深受苏序影响。

苏轼的第一位老师是道士张易简。当时一起读书的同学陈太初，后来就追随老师当了道士。元丰五年（1082）来黄州看苏轼的眉州道士陆惟忠，将陈太初得道成仙的具体情形告诉他。苏轼在《东坡志林·道士张易简》里记下了这件事，还说一起读书的“童子几百人，师独称吾与陈太初者”。也就是说，张易简最看重他和陈太初。后来苏轼的弟子黄庭坚，直接称其为东坡道人。

苏轼的母亲则是一位虔诚的佛教信众。非常巧合的是，她卒于四月初八，这一天刚好是佛祖释迦牟尼诞辰。苏轼是一个大孝子，免不了随母信佛。到黄州的第二年，为了纪念佛祖生日、母亲忌日，他颇费一番苦心。其《应梦罗汉记》，记下了这一年他筹办相关活动的详细过程：

> 元丰四年正月二十一日，予将往岐亭。宿于团封，梦一僧破面流血，若有所诉。明日至岐亭，过一庙，中有阿罗汉像，左龙右虎，仪制甚古，

而面目为人所坏，顾之惘然。庶几畴昔所见乎！遂载以归，完新而龛之，设与安国寺。四月八日，先妣武阳君忌日，饭僧与寺，乃记之。

这里面又是“托梦”，又是“应梦”，又是“遂载以归，完新而龛之，设与安国寺”以“圆梦”。但这一切其实是为了以佛教还愿方式来祭奠母亲。苏轼孝母礼佛之心，可见一斑。

还需要说明的是，苏轼接触佛事也很早。但他从什么时候开始对佛教之事留下清晰记忆了呢？这从他元丰五年（1082）写的《洞仙歌》词序中可见端倪：

仆七岁时，见眉州老尼，姓朱，忘其名，年九十余。自言尝随其师入蜀主孟昶宫中。一日大热，蜀主与花蕊夫人，夜纳凉摩诃池上，作一词。朱具能记之。今四十年，朱已死久矣，人无知此词者，但记其首两句。暇日寻味，岂《洞仙歌令》乎？乃为足之云。

此序说明，苏轼七岁时就对佛事有朦胧了解，四十年后还那么清楚地记得“见眉州老尼”的情形，还记得其词“首两句”。于是他“暇日寻味”，在老尼词的基础上作《洞仙歌》。

后来袁中道（1570—1626）在《次苏子瞻先后事》里记载了苏东坡的一段话：“吾七八岁时，常梦身是僧，往来陕右。”

苏东坡《洞仙歌》所记“一事”，与袁中道所写“一语”相互印证，说明佛教对他的影响极早、极深。

“苦其心志”中膜拜武昌名寺名观

经过一番闭门思衍，再回过头来看自己遭遇湖州被拘、关进乌台大狱、贬谪戴罪来到黄州这段历程，苏轼对孟子格言和陈公弼赠的“六字箴言”有了新的感悟，这番经历何尝不是上苍对他“苦其心志”所做的安排，何尝不是他在修身淬炼方面的必修功课呀！

后来苏轼以“吏民莫作长官看，我是识字耕田夫”的平民心态躬耕东坡，不就是坦然面对“劳其筋骨、饿其体肤、空乏其身”之举吗？那么在“苦其心志”中再来一趟佛、道修炼之旅，何乐而不为？而黄州寓居过的定慧院和旁边的安国寺、天庆观等场所，早就为他敞开了大门。

苏轼“间一二日辄往”城南安国寺，“焚香默坐，深自省察，则物我相忘，身心皆空，求罪垢所从生而不可得。一念清净，染污自落，表里翛然，无所附丽，私窃乐之”。在离开黄州前，他专门作《黄州安国寺记》，发出“今虽改之，后必复作，盍归诚佛僧，求一洗之”的感悟。苏轼还在给弟子秦观（1049—1100）的信中，详细介绍他到黄州后研习道书，到天庆观调养身心的情况：“吾侪渐衰，不可复作少年调度，当速用道书方士之言，厚自养炼。谪居无事，颇窥其一二。已借得本州天庆观道堂三间，冬至后，当入此室，四十九日乃出。”

江对岸的武昌，更以佛教南传译经初始地、净土宗发祥地、葛洪炼丹弘道之地名闻遐迩。苏轼贬谪戴罪来到黄州后，为何迫切渴望过江到武昌，去了之后为何还要“时复扁舟”前往？

弟弟苏辙的《武昌九曲亭记》说出了其中的奥秘：“子瞻迁于齐安，庐于江上。齐安无名山，而江之南武昌诸山，陂陁蔓延，涧谷深密，中有浮图精舍，西曰西山，东曰寒溪。”苏辙就此认为，哥哥“每风止日出，江水伏息”，便“杖策载酒，乘渔舟，乱流而南”，其中的一个重要原因，便是冲着武昌的名山名寺名观去的。

二、江南佛教重镇

两件载入中国佛教史的大事

佛教传入中国，先在中原生根，然后在华夏大地广泛传播，并呈由西向东、自北向南蔓延之势。其在长江流域广泛传播，中国佛教界有“始于武昌，盛于建业”的说法。

这跟三国孙吴崇尚佛教有关。武昌作为吴国第一个王城帝都，自然得风气之先。据《碛砂大藏经》记载，孙权从公安迁到鄂县、改名武昌的前一年，也就是魏黄初元年（220），在“县南六里”建了一座佛教寺院“昌乐院”。这座寺院成了长江流域最早的一批寺院。

苏轼到黄州之前，就知道武昌时为江南佛教重地。到武昌西山后，得知这一盛名源于两件载入中国佛教史的大事：一是三国孙吴在武昌大力翻译佛经，二是东晋慧远法师（334—416）在武昌西山寺发祥净土宗。

因此，苏轼第一次登临武昌西山，所写诗就名为《游武昌寒溪西山寺》。虽然诗中并没有着重写武昌西山佛寺之事，这可能跟他首次游览，还来不及详细了解这座江南佛教名山及其寺庙的博大精深内涵有关，但他还是在诗题里记下寒溪、西山这两个寺名，也算是他为日后慢慢感悟武昌西山佛事埋下伏笔。

江南译经“始于武昌，盛于建业”

游过武昌后，苏轼深入了解了江南佛教“始于武昌，盛于建业”的说法。

佛教作为异域文明，其传入中国首先就要把经文载体由古梵语，译为中国信众能认识了解的汉语。另外，佛教在中国传播要接地气，经文内容也必须中国化。其实现途径众多，但关键是要把佛教经文词汇、释义、举例等中国化。这涉及如何把佛经译好的问题。反过来就是如何用汉语译出原汁原味的佛教经文，以使中国信众掌握其义理。

这样看来，佛教在中国传播的过程，就是译经不断深化、完善、精进的过程。其间除了一些大德高僧通过修炼传播时的感悟体念，去深入浅出地阐释佛教经文之外，更主要的途径是采取“走出去，请进来”方式，繁盛译经事业。南北朝时期的著名僧人法显（334—420）、唐朝高僧玄奘（602—664），就是先“走出去”，回来译经最成功、最有影响力的代表。三国孙吴在武昌建都时，请来异域僧人译经，则是“请进来”的代表。

据史料记载，吴黄武二年（223），祖先是汉灵帝（156—189）时入中国籍的月氏族后裔支谦，随族人避乱南渡，到达东吴王城武昌。他从小就受汉族文化影响，精通汉文，因此得到孙权信任，让他辅导太子孙登。支谦同时兼学梵书，对《道行般若经》《首楞严三昧经》等重要佛教经典直接加以重译。吴黄武三年（224），支谦又协助孙权请来的印度僧人维祇难、竺将炎译《法句经》《太子瑞应本起经》等。

《法句经》是被当时流行的小乘佛教和后来大乘佛教普遍重视的佛学经典之一。此译本为后世佛教各宗派引以为据。《法句经序》云：“（维祇难）以黄武三年来适武昌，仆从受此五百偈本，请其同道竺将炎为译。”作为此经翻译地，古武昌在历史上的佛教地位可见其高。

另外，吴赤乌四年（241）世居天竺的僧人康僧会，也来孙吴译经。《中国佛教史》因此有东吴译经“开始于武昌，大盛于建业”的记述。这是后来东晋高僧慧远法师赏识武昌西山，来到这里开宗立派的重要历史渊源，也是苏轼到黄州后对武昌西山佛事顶礼膜拜的深层次缘由。

三、感悟净土理念

步步深入接触引发的顿悟

苏轼对武昌西山佛事义理的接触了解，经历了由浅及深，再到感悟精髓的过程。

到黄州后不久，他先是在第一次登临武昌西山时记下西山、寒溪两个寺名，又在《记樊山》中具体描述了武昌西山的佛寺名泉。接下来陪弟弟游览武昌西山，因当时心中万般情感交织却又不能直言倾泻而苦闷不已，兄弟二人写的诗中，对武昌西山名寺虽提及，但都没有深入探讨。哥哥苏轼表达的是“空中古寺亦何有，归路万顷青玻璃”，希望弟弟忘掉过去，未来能够一帆风顺、一马平川。弟弟苏辙则回以“上方寄云端，中寺倚岩腹。清泉类牛乳，烦热须一掬”，对兄长倾注浓浓的关心。

元丰三年（1080）十月，苏轼的朋友李常从光州（治所在今河南潢川）前来看望他。此时心绪开始慢慢平复的苏轼，陪着好友过江游览武昌西山。在西山寺菩萨泉边，他给李常介绍此泉之名来历时，李常一句随口而出的“岂昔像之所在乎”，让对西山寺佛事日益感兴趣的苏轼茅塞顿开。他将感悟说出来后，李常拍手叫绝。苏轼兴之所至，当即写下《菩萨泉铭并叙》：

> 陶侃为广州刺史，有渔人每夕见神光海上，以白侃。侃使迹之，得金像。视其款识，阿育王所铸，文殊师利像也。初送武昌寒溪寺。及侃迁荆州，欲以像行，人力不能动。益以牛车三十乘，乃能至船。船复没，遂以还寺。其后慧远法师迎像归庐山，了无艰碍。山中世以二僧守之。（唐武宗）会昌中，诏毁天下寺，二僧藏像锦绣谷。比释教复兴，求像不得，而谷中至今有光景，往往发见，如峨眉、五台所见。盖《远师文集》载处士张文逸之文，及山中父老所传如此。今寒溪少西数百步，别为西山寺，有泉出于嵌窦间，色白而甘，号“菩萨泉”，人莫知其本末。建昌李常谓余：“岂昔像之所在乎？”且属余为铭。铭曰：
>
> 像在庐阜，宵光烛天。旦朝视之，寥寥空山。
>
> 谁谓寒溪，向有斯泉。盍往鉴之，文殊了然。

此文通篇透着神奇，字字透着对灵异的感悟。文殊菩萨金像的出现，神奇；“不能动”乃至“船覆”而不迁荆州，神奇；慧远法师“迎像归庐山，了无艰碍”，神奇；“藏像锦绣谷”不见，却“谷中至今有光景，往往发见，如峨眉、五台所见”，神奇。这么多神奇“盍往鉴之”？苏轼的答案是“文殊了然”。也就是说，这些都是佛的灵异呀！

由此苏轼道出其顿悟：那源源不绝、令人称异的菩萨泉，不就是因为有了文殊菩萨金像的泽被而成为灵泉的吗？此泉不正是因为文殊菩萨金像在武昌西山显灵而被称为“菩萨泉”的吗？

与慧远发祥的净土宗结缘

《菩萨泉铭并叙》还为我们引出一位来武昌辟建西山寺、发祥净土宗的大德高僧——慧远法师。随后在“时复扁舟”武昌的过程中，他与早就有所了解的慧远和净土宗结了缘。

慧远俗姓贾，雁门郡楼烦县人（今山西原平大芳乡茹岳村人），出生于世代书香之家。他从小资质聪颖、勤思敏学，十三岁时便随舅父令狐氏游学许昌、洛阳等地。精通儒学，旁通老庄。二十一岁时偕同母弟慧持前往太行山，聆听道安法师（312—385）讲《般若经》，悟彻了真谛。于是他发心舍俗出家，随从道安法师修行。

东晋兴宁三年（365），由于时事动荡，慧远随同道安法师到襄阳弘传圣教。东晋太元三年（378），前秦兵围襄阳，道安法师为免徒众遭受战祸，于是分遣大众往各地布教。慧远法师率弟子数十人南下，客居于荆州上明寺。后于东晋太元四年（379）初沿江东下，抵达武昌。

天下名山僧占多。因古武昌在江南佛教中的重要地位和影响，武昌西山早就成为江南佛教名山，加上陶侃镇守武昌时从广州迎请的文殊菩萨金像供奉在西山寒溪寺，慧远法师便留下来在该寺挂锡。后因寒溪寺场小地窄，他就辟吴大帝避暑宫故址建西山寺，直至太元九年（384）离开武昌，带着文殊菩萨金像前往庐山。

慧远法师到庐山，源于他跟同门师兄慧永（332—414）的一个约定。还在襄阳分离时两人就相约，日后若有可能就一起到广东罗浮山弘法。后来慧远到武昌新辟西山寺，慧永到庐山新建西林寺，但慧远一直没有忘记跟师兄的约定。待西山寺头绪理清后，他还是依约沿江而下，到庐山找师兄慧永。慧远的到来，使西林寺香火更盛，令江州刺史桓伊肃然起敬，为之立寺。慧远带领僧众，缔构伽蓝，剃草开林，万事毕备，命名“东林寺”。

慧远法师主持东林寺后，德行感召四方，名僧雅士、儒学道隐不期而至。聚合儒释道高人，融合儒释道义理，既是慧远宣扬佛教的一大特色，也是其开儒释道三教融合先声的重要标志。慧远法师在结莲社时说：“诸君之来，能无意于净土乎？”于是与刘遗民（352—410）等一百二十三人，在庐山般若台精舍无量寿佛像前，建斋发誓：“众等齐心潜修净土法门，以期共生西方极乐世界。”并约定：“因众人根器不同，福德有别，先得往生极乐净土者，需帮助提携后进者，以达到同生无量寿佛极乐国土之目的。”又命刘遗民著《发愿文》，刻于石碑上。净土宗因此而得名并正式形成，慧远法师成为佛教净土宗初祖。

已结缘净土宗的苏东坡，在离开黄州、“量移汝州”时，先是来到净土宗起步发祥的武昌西山寺辞别，后又追随慧远法师足迹，到了净土宗广泛传扬的庐山。

菩萨泉命名解读与古灵泉寺名由来

通过几次过江了解，慧远法师倡导的基本理念对苏东坡产生了很大的吸引力。他向李常介绍菩萨泉，写出《菩萨泉铭并叙》，绝不是信口开河、道听途说之所为，而是接触后深入探究感悟的结果。

早在宋版《碛砂大藏经》里，就有陶侃与文殊菩萨金像的有关传说，其中还记载了与此相关的民谣：“陶惟剑雄，像以神标。云翔泥宿，邈何遥遥。可以诚至，难以力招。”

这充分说明，在写《菩萨泉铭并叙》之前，苏轼对武昌西山寺的有关佛事义理是下了一番功夫的。正因为如此，他的这篇《菩萨泉铭并叙》成了武昌西山菩萨泉命名的正宗解读，也是后来武昌西山寺定名为“古灵泉寺”的出处。不仅如此，这篇铭和叙记述的文殊菩萨金像神奇灵异传说故事，还是慧远从武昌起步发祥净土宗，再到庐山东林寺形成传播净土宗委婉生动的文学艺术化呈现。

四、"佛理诗"送王适

陪侄婿到武昌西山寺品泉食饼

有耕耘，必有收获。苏轼在武昌西山跟慧远大师结缘后，对西山寺佛事的探究了解，对净土宗义理的膜拜感悟日渐加深。由此帮助他在修身养性和文学艺术创作上打开了新天地，开辟了新境界。这一点在不久后他创作的《武昌酌菩萨泉送王子立》中得到了体现。这首诗是他陪侄女婿王子立到武昌西山寺品泉食饼后，即兴口占而成的。

王子立是王适的字，祖籍赵州临城（现属河北邢台）人。出身于官宦世家，是苏轼的学生，也是他亲自介绍给弟弟苏辙作二女婿的。令苏轼十分感动的是，他在湖州被拘时众人惊恐，不敢相送，唯独王子立护送其出十里长亭。

元丰四年（1081）三月，王子立自筠州回徐州参加秋试，绕道到黄州看望苏东坡。苏东坡在黄州一接到王子立，就马上安排一起过江上武昌西山。

西山寺住持见苏东坡带人前来，连忙邀请其进入待客僧舍，安排寺僧泡好茶、端出特色食品款待。王子立因为年轻，又赶了路，一口气连喝了两大杯茶。

见他这般喜欢喝茶，苏东坡笑了笑，慈祥地问：此茶和你平常喝的茶有何异同？

王子立连忙回答：刚才学生因为口渴，没有细细品尝。不过经老师这一提醒，还是觉得此茶非同一般。看上去色泽纯正，喝进口芳香扑鼻、柔和醇厚。

苏东坡接着问：虽然你是第一次饮用此茶，但我还是想通过此茶考一考你的见识。你知道这是什么茶，它为何好喝？

王子立一听老师所言，就不忙回话。但他很快想到了可能的答案：此茶好喝，一定是泡茶的水好。这水是武昌西山鼎鼎有名的菩萨泉吧，茶是酴醾花特制出的吧。

西山寺住持连连点头：真是强将手下无弱兵。你是怎么知道的呀？

王子立说：我早就从老师寄给岳父的诗文里，得知你们这里的一些情况。特别是去年老师刚到黄州写的武昌西山酴醾花、菩萨泉诗，跟前不久写的《菩萨泉铭并叙》，我们都百读不厌，怎么忘记得了！

苏东坡接着让他品尝武昌西山寺特色食品。看着王子立的神情，就知道他此前一定未曾见过这一食品，忙问他：好吃吗？

好吃，好吃！这是什么糕点？怎么这样脆、这样香？王子立连连反问。

武昌西山寺住持回答道：本来这是鄙寺的油炸卷面饼。苏公去年来本寺，尝过此饼后所说的一句话，马上就在寺内传开了。

苏东坡听见此话，连忙惊奇地问：我说过什么样的话呀？不会有辱斯文吧？

住持微笑地回道：哪会有辱斯文？是您为鄙寺又命名了一个声名远扬的美食。

苏东坡一听，惊诧道：我最近几次来贵寺，并没有命名之举呀！

西山寺住持说：是您一句“尔后东坡复来，仍以此饼饷吾为幸”提醒了我们。寺僧皆表示，既然东坡居士这么喜食此饼，不如将其命名为“东坡饼”。

王子立接话道：这名字好！只是不知它是如何被加工得如此又香又脆的？

住持回答：要说此饼特别，主要还是特别在用菩萨泉和面，不用添加老面，就能使面自然发泡。然后用香油抻面，一圈圈盘成小圆饼，稍微压一下，下油锅。炸好后焦黄蓬松，再洒上一点白砂糖，就又香又脆又甜了。

即将离开武昌西山寺时，苏东坡觉得王子立似乎有什么话想说。未等王子立开口，他就从弟子的眼神里看出其所思所想。这里面有依依不舍情愫，有渴求恩师对他这次重要应试再指点几句的期盼。苏东坡非常慎重地想了一想，一眼看见刚饮过的菩萨泉，当即口占了一首以此泉为题材、既有趣又富有深意的诗送给王子立。

《武昌酌菩萨泉送王子立》的佛理释意

这首诗便是充满佛理释意的《武昌酌菩萨泉送王子立》：

送行无酒亦无钱，劝尔一杯菩萨泉。
何处低头不见我？四方同此水中天。

苏东坡以“送行无酒亦无钱，劝尔一杯菩萨泉”起句，虽有他仍处在贬谪戴罪之中的自嘲调侃之意，但更是他在自己最亲近的学生、侄女婿面前，重新展现乐观幽默一面的表现。因为此时即使再穷，他也不会穷到真的要用一杯泉水来作为送行礼物。这完全是苏东坡心绪平复后，写给学生的看似幽默，实则寓含佛理深意的诗句。

连同不到一年时间里苏东坡给武昌西山寺菩萨泉写的另外三篇诗文，仔细品味其中的细微区别，就不难发现他在三百多天里的心境变化，以及对武昌西山佛事、对净土宗理义感悟的逐渐深化。

元丰三年（1080）四月，也就是他刚到黄州七十天左右，苏轼写《杜沂游武昌以酴醾花菩萨泉见饷》之二时，虽然把武昌西山寺菩萨泉跟“天下第二泉”惠山泉相媲美，接着又自谦地说“但无陆子（指陆羽）贤”，并以“愿君扬其名，庶托文字传”“寒泉比吉士，清浊在其源”，谦虚地表达泉水好不好在其本源，不是自己说它好就好。接着写出“不食我心恻，于泉非所患。嗟我本何有，虚名空自缠。不见子柳子，余愚污溪山”。这些诗句，于谦虚礼让之中带着自己闭门思衍的思考，还流露出当时他的苦闷委屈心情。这些既是他真实心境的反映，也有尚未去过武昌西山寺，只是旁观的意味。

接着苏轼在《记樊山》中这样提及菩萨泉：“西山寺，泉水白而甘。”“泉所出石，如人垂手矣。”时间虽然只过了一个多月，但因为亲临过就不再有“君言”，而是在客观描述中对菩萨泉略带爱意。

再过五个月，苏轼于元丰三年（1080）十月陪友人李常来到武昌西山寺。他又是作介绍，又是专门写《菩萨泉铭并叙》，呈现的是倾情投入的神情，所以感悟和顿悟都出来了。

又过了五个月，即元丰四年（1081）三月，苏东坡写《武昌酌菩萨泉送王子立》时，一开口就透着饱含净土宗理义的释怀之意。

从元丰三年四月到元丰四年三月，十一个月之间所写的四篇有关武昌西山菩萨泉诗文，因四种心态写出四种情感，划出了苏东坡心境变化和感悟武昌西山佛事义理深化这两条线的相交相融轨迹：由苦闷而旁观，由亲临而客观，由投入而感悟，由释怀而深悟。后来他在《武昌西山并叙》玉堂唱和所写的答谢诗中，便专门说出通过这一过程而“饮泉鉴面得真意”的巨大收获。

从这四篇诗文中还可以看到，前三篇写菩萨泉所着笔墨主要是外在层面的旁观、分析、描述；后面这首写给王子立的诗中，苏东坡则把自己的思想情感和对慧远净土宗理义的膜拜感悟，通过“佛理诗”艺术化地呈现出来了。

再来仔细品味苏东坡写给王子立的这首诗，不难发现其中的深意。

“送行无酒亦无钱，劝尔一杯菩萨泉”，除了表明心境变化，表示送行的意思外，还自然地通过菩萨泉切入佛境，引出后面带有浓浓佛理的“何处低头不见我？四方同此水中天”，来表达他写此诗的核心要义。后两句诗，由菩萨泉想到与其相关联的文殊菩萨金像，又进一步联想到佛教《楞严经》所载“月光童子修习水观”情形，巧妙地点化佛经故事入诗，以表达自己谪居黄州以来，已逐渐走出苦闷困顿，慢慢进入了无清净的心态。

“何处低头不见我”一语双关。从表面上看，苏东坡好像是让侄女婿不要过分难舍，不要过多惦记自己，其实他主要的用意，是通过佛事释意入诗对王子立进行指点和祝福。这句诗还是典用《楞严经》，由月光菩萨修禅入定，其弟子“窥窗观室，唯见清水遍在室中，了无所见”的佛事熔炼而成。这样，“不见我”指的是不见“月光菩萨”。另一方面，就苏、王两人于菩萨泉旁告别的实情而言，诗中的“我”又是指代苏轼本人。但无论对“不见我”做出怎样的解读，诗句都透露了一个明显的信息，即形质性的事相在这里被幻化消解，留下的唯有清水般洁净的清净心性。这是苏东坡贬谪黄州后，来武昌西山体味净土宗“往生净土”“心静佛就在心中”等理念后的感悟。

苏轼作于元丰三年（1080）的《安国寺浴》就曾云：

老来百事懒，身垢犹念浴。衰发不到耳，尚烦月一沐。
山城足薪炭，烟雾濛汤谷。尘垢能几何，翛然脱羁梏。
披衣坐小阁，散发临修竹。心困万缘空，身安一床足。

这首诗所要表达的意思集中起来就是一个“洗”字，即“老来百事懒，身垢犹念浴”的自己需要“洗涤思过”。黄州安国寺“山城足薪炭，烟雾濛汤谷”，所以身处贬谪戴罪中的自己“衰发不到耳，尚烦月一沐”。经过“洗涤”，就有了“尘垢能几何，翛然脱羁梏”的感受。在其后写给王子立的这首诗里，通过“不见我”所显现出来的一片清净心，正是苏东坡一年来不断“洗濯”、不断修炼后的心境，也就是后来他告诉友人的“今我非故我”。

《武昌酌菩萨泉送王子立》最后以“四方同此水中天”收束，巧妙嵌入“水天”二字，又切入《楞严经》“有佛出世，名为水天，教诸菩萨修习水观，入三摩地”的语义，并巧妙化用唐朝布袋和尚“手把青秧插满田，低头便见水中天。六根清净方为道，退步原来是向前”的诗句，突出了此诗的佛理释意。苏东坡虽然不是出家人，但在追求了无尘染的清净心方面，与出家人是相同的。

诗中的一个“同”字还表明，清净心的获得不仅自己能够做到，王子立同样也可以做到，以此暗示学生，要以平常清净之心去对待即将来临的考试。辞虽曲婉，而意犹深、情愈浓，充分表现了苏东坡对晚辈王子立的真切关爱和期冀。

从“佛理诗”到哲理诗的日臻成熟

在佛教中国化的过程中，译经讲佛时适当嵌入利用中国文学艺术内容及其表达方式，是其有效传播途径之一。与此同时，佛教内容入诗，不仅带来“佛经诗化”，还能使作者写诗境界提升，表现范围得到扩大，并衍生出“佛理诗”。

苏东坡的家庭礼佛气氛浓郁，这对他的诗文创作有潜移默化的影响。在武昌，他与慧远大师发祥的净土宗非常投缘，通过“饮泉鉴面得真意”，佛学修为达到了较高境界。加上他又善于创新立异、乐于兼收并蓄，在诗歌创作中或采摄佛经语汇，或简练佛经事状，或点化佛学义理入诗，大大提升了他的诗歌境界和层次。写作《武昌酌菩萨泉送王子立》，就是他在这方面的探索尝试。清代大学者纪昀（1724—1805）直接评价这首诗“竟是偈颂”。

还应该看到，苏东坡多次礼佛武昌西山寺后，大大促进了他在“佛理入诗”方面的探索实践。其中一个重大收获，就是由“佛理诗”进入到哲理诗创作，并日臻成熟。这方面的代表作，便是他在庐山西林寺写下的《题西林壁》：

横看成岭侧成峰，远近高低各不同。
不识庐山真面目，只缘身在此山中。

西林寺是慧远大师从武昌西山寺来庐山最先落脚传扬净土宗的地方，因而极为膜拜慧远大师的苏东坡，写此诗时格外倾情用心。他把庐山特有的自然景观和自己的人生感悟融合在一起，所吟诗句意味深长，以其富有哲理而扬名千古。

这首诗“横看成岭侧成峰，远近高低各不同”的景趣和“不识庐山真面目，只缘身在此山中”的理趣，两方面结合到人与山的关系，再引申到生活中，便有了“辩证多角度看事、看人、看问题”“当局者迷，旁观者清”等哲理意味。

黄庭坚这样评价《题西林壁》：“此老人于《般若》横说竖说，了无剩语。非其笔端，能吐此不传之妙哉！”

五、探访葛洪仙迹

武昌山下"重向仙舟见葛洪"

苏东坡来到武昌,对曾跟这座古城撞出过"火花"的道家小仙翁引起关注。非常神奇的是,苏东坡日后不仅对他更加追崇,还似乎与其如影相随。

这位道家小仙翁就是唐朝诗人刘禹锡在武昌所写《赴和州于武昌县再遇毛仙翁十八兄因成一绝》诗中,郑重提及的葛洪(284—364):

> 武昌山下蜀江东,重向仙舟见葛洪。
> 义得案前亲礼拜,大罗天诀玉函封。

葛洪,东晋道教学者、炼丹家、医药学家,字稚川,自号抱朴子,晋丹阳郡(郡治建邺,即今江苏南京)句容人。他的叔祖父葛玄(164—244),是三国著名高道,道教灵宝派祖师,被尊称为"葛仙翁",又称"太极仙翁",还与张道陵、许逊(239—374)、萨守坚(生卒年不详)并称为"四大天师",被尊称为"葛天师"。因此,葛洪被称为"小仙翁"。

据《晋书》卷七十二记载,葛洪出身于江南士族。年十三,其父去世,从此家道中落。但"洪少好学,家贫,躬自伐薪以贸纸笔,夜辄写书诵习,遂以儒学知名。"《晋书》对葛洪学识评价甚高:"洪博闻深洽,江左绝伦。著述篇章富于班马,又精辩玄赜,析理入微。"对葛洪著述成果,《晋书》记载:"自号抱朴子,因以名书。其余所著碑诔诗赋百卷,移檄章表三十卷,神仙、良吏、隐逸、集异等传各十卷,又抄《五经》、《史》、《汉》、百家之言、方技杂事三百一十卷,《金匮药方》一百卷,《肘后备急方》四卷。"

跟慧远于乱世由精研儒学到皈依佛门类似,葛洪青壮年时期正逢西晋"八王之乱"、东晋"十六国相争"。虽然参与讨伐"太安中石冰之乱",迁伏波将军,但他"不论功赏,径至洛阳,欲搜求异书以广其学"。后见天下已乱,就由儒入道。在这一过程中,葛洪与武昌的特殊缘分,为其成为东晋"外儒术、内神仙"的代表人物,起到了一定的作用。

苏东坡自小就受道教熏陶,心中非常仰慕葛洪。所以一到黄州,他就想方设法了解葛洪与武昌有关的轶事遗迹和故事传说。

深入了解小仙翁的武昌情缘

事实上葛氏家族跟武昌确实有着十分密切的关系。先来看葛玄在古武昌留下的史实和传说。

据《三国志》记载,孙权喜爱道术,在武昌封王称帝期间,对葛玄颇为器重。葛洪在其编撰的《神仙传·卷八·葛玄》中记载:"吴大帝要与相见,欲加荣位,玄不枉,求去不得,待以客礼。"这是说吴大帝孙权非常礼遇其叔祖父葛仙翁,"欲加荣位",葛玄不肯屈就。当时还有这样一个传说:葛仙翁曾与孙权各乘一舟至武昌三江口。时遇大风,许多舟船沉没,葛玄所乘仙舟不知所向。孙权叹息:葛仙翁既有道,为何不能免祸?过了一夜,葛仙翁带着醉意从江面过来,向吴大帝道歉:伍子胥昨邀我喝酒而未归,耽误了陛下行程。

葛玄对葛洪成为道家小仙翁有直接影响。据《晋书》记载,葛洪由儒入道后跟随葛玄的得意弟子郑隐(?—302)研习道教,学到炼丹秘术,"悉得其法焉"。

另外从刘禹锡《赴和州于武昌县再遇毛仙翁十八兄因成一绝》这首诗来看,至少在唐代,文人墨客就认可葛洪跟其叔祖父葛仙翁一样,也曾在"武昌山下蜀江东(指长江)"坐过"仙舟"。

再来看看葛洪与古武昌的历史渊源。

除了葛玄以外,据《晋书》卷七十二记载,葛洪祖父葛系在三国吴时历任御史中丞、吏部尚书等要职,封寿县侯。其父葛悌继续仕吴。从上述记载中不难发现葛洪祖父和父亲跟古武昌的关联。武昌曾先后作为吴国王城、帝都、陪都、西都,葛系、葛悌完全有可能曾在武昌为官,或因从事与履职相关活动而在这里待过。作为葛悌的第三子,幼年的葛洪也有可能随父亲来过武昌。

经考证,葛洪由儒入道后至少在两个时期到过武昌。一次是西晋永兴二年(305),镇南将军刘弘推荐"竹林七贤"之一的嵇康(224—263)侄孙嵇含(263—306)为平越中郎将、广州刺史。葛洪早就欲避隐南方,恰逢故友嵇含邀其一同南行,表请他为参军。小仙翁欣然应允。时嵇含为武昌乡侯,葛洪随同他来过武昌。这对葛洪了解武昌提供了机会,也为他日后再来武昌结庐炼丹作了铺垫。

葛洪赴广州后,不料嵇含为其仇人郭励所杀。这位留下"慎终之室"励志故事、“花雕嫁女”典故的故友撒手西去，使葛洪无奈在广州滞留多年。而这件令其烦心失落的不如意之事，却成了左右葛洪人生轨迹的又一次重要转折。从官场无奈滞留的经历中，他深感“荣位势利，譬如寄客，既非常物，又其去不可得留也。隆隆者绝，赫赫者灭。有若春华，须臾凋落。得之不喜，失之安悲”。于是他绝弃世务，锐意于松乔之道，服食养性，修习玄静。经郑隐引荐，遇上了两位影响其人生走向和功业成就的贵人。一位是“精老庄、通周易、懂医术”的老师鲍玄，葛洪随其继修道术和医术，学业和道行同时精进，另一位贵人就是懂灸术的鲍玄女儿鲍姑，后来成为葛洪之妻。

另一次武昌之行大约在东晋建兴二年（314），葛洪携鲍姑来到武昌。在武昌城南的南浦（现洋澜湖）南岸有座南山，他们夫妻在这里结庐炼丹，医病救人，弘道著述。后来葛洪听说交趾（今越南）出产丹砂，自行请求出任勾漏（今广西北流）令。经皇帝允准后，遂南行赴任。

葛洪夫妇在武昌究竟待了多少年，现已无法考证。但从他们走后对当地产生的影响来看，既说明他们在此深受武昌百姓爱戴，也说明他们待在这里的时间不会太短。夫妻二人结庐炼丹的南山被改称为“葛山”，山上道观被称为“葛洪观”，他们从长江进出南浦、到达南山的河港被称为洪港，在武昌行医传道时曾经的歇息之地被命名为葛仙镇（现葛店镇）。小仙翁的生日是阴历二月十八日，在葛山、葛仙镇等地，老百姓每年都会举行盛大的“葛真会”纪念他。

在贬谪黄州、扁舟武昌过程中，苏东坡通过不同途径，对葛洪及其家族留在江对岸这座古城的轶事逸迹，有了深入系统的了解。因此，后来他在给好友王定国的信中开起玩笑：“临书悒悒，不知此人到江，犹及见仙舟否？”此信所言，即是苏东坡对葛洪《神仙传》关于葛玄与吴大帝孙权泛仙舟于武昌江上的传说、对刘禹锡的“武昌山下蜀江东，重向仙舟见葛洪”所作的回应。

再深入分析苏东坡跟小仙翁的人生行迹，二人也很有缘。人到中年，他们分别来到长江中游的大江两岸——武昌、黄州。后来又分别来到广东罗浮山脉附近。原来，南行赴任勾漏令的葛洪，途经广州时被刺史邓岳所挽留，乃止于罗浮山炼丹弘道。苏东坡则在晚年被贬到罗浮山南麓的惠州。小仙翁最终卒于罗浮山中。苏东坡没有如朝廷小人所愿，既没有终于罗浮山南麓的惠州，也没有殁于天涯海角的儋州，而是历经磨难、千里迢迢赴常州毗陵，在此去世。

更有值得玩味的事情是，据《三国志》记载，吴嘉禾三年（234）孙权下令设毗陵与农校尉，辖丹阳、武进、丹徒等地。这说明葛洪出生长大之地的丹阳句容，历史上曾属苏东坡去世之地——常州毗陵的与农校尉管辖。

寻访葛洪结庐炼丹名山

实际上苏东坡对小仙翁在武昌葛山结庐炼丹之事，在到黄州之前就有所耳闻，但对葛洪因何选择武昌葛山、在此又是如何弘道医病这两个问题，苏东坡则知之不详。一到黄州，他就从结识的朋友那里了解到这方面的一些信息，产生了深入探访的兴趣。一天在武昌友人的陪同下，苏东坡来到武昌葛山。

见到葛洪观道长，不等其开口，他就把第一个问题抛了出来。道长娓娓道来。

葛洪之所以选择在武昌结庐炼丹、弘道行医，主要有两大缘由。从政治军事上看，武昌是东晋重镇，一直有像陶侃这样的重臣名将镇守。这一时期，武昌最鼎盛时为镇守八州、管辖大半个东晋国土的都督府所在地。因此，武昌在那个动乱不已的年代一直相对安定安逸，成为大德雅士、佛道高人的汇聚之地。这些对葛洪潜心炼丹修为，不断扩大弘道著述范围极为有利。

再从经济人文上看，武昌早在殷商时就是江南“大兴炉冶”之地，葛山周边一直有开铜冶铁的基地。葛洪炼丹所需要的矿物，当地基本上都有。另外，武昌在三国孙吴建都时，孙权就从东吴富庶之地迁来一千多户世家大族、能工巧匠，使包括采矿冶炼在内的工商业在武昌日益兴旺起来。从吴国到两晋，武昌因特殊的地位，不仅引来大量官僚士绅、富家商户云集于此，其中不乏谋求长生不老之人，而且逐步形成开放包容、海纳百川的人文气息。这些都为葛洪在此一展宏愿，创造了比较好的环境。

对于苏东坡的第二个问题，葛洪观道长建议他边走边看，边走边说。

葛山本和西山一样，都是幕阜山脉之北靠近长江边的余脉，都不高不大，都因佛、道大德而声名远扬。苏东坡随同道长游览完葛洪观后，来到葛山东北麓一个名为“天平埫”的地方。这里苍松环抱，竹涛阵阵，环境清幽。一座供奉着葛洪夫妇坐像的清峰阁出现在眼前。一行人沿葛山拾级而上，在葛洪观东北角有一个长方形水潭，道长说这就是葛洪当年的炼丹洗药池。只见那水潭终年清澈如镜，在蓝天下照映春霞秋云；长年不涸不溢，在信众手中拂出冬暖夏凉。

接着一行人来到葛山东南麓。在悬崖峭壁上，耸立着天然形成的“葛山仙人洞”和“床琴石”，没有丝毫人工雕琢痕迹。传说当年葛洪和鲍姑常在此歇息娱乐。道长饶有兴趣地指点附近地上被火烧过的杂色土，又指着旁边的桃树说，因为葛洪炼丹，长年炉火不熄，它们总是冬天开花，提前结果，因而被称为

“寒桃树”。

最后，道长带着一行人进入“葛洪炼丹房”。炼丹房四周建有高墙，四角挂有宝剑铜镜，房中四根石柱上有栩栩如生云龙浮雕。来到炼丹灶前，道长说它完全按照《稚川真人校正术》所建。炼丹灶周围以五行学说，于东西南北中分填赤、黄、紫、白、黑五色土。灶座由石料砌成八角形，依方位雕着八卦图。在炼丹灶上放着像太上老君葫芦瓢一样的“金鼎”（或称“匮”），葛洪称之为“未济炉”。底座是三个鼎足，座上是罐形的炉体。葫芦中间还有一条可转动的柄。炉盖被做成十分别致的荷叶形。这样的炼丹炉，工艺上已达到那一时代的世界先进水平。

苏东坡看着炼丹炉，好奇地问道长：小仙翁葛洪当年是怎样炼丹的呀？道长没有直接作答，而是拿出《抱朴子·内篇·金丹》让他看：“先斋戒百日，沐浴五香，至加清洁，勿近污秽及俗人往来。又不令不信道者知之。毁谤神药，药不成矣！”道长还介绍葛大师每次炼丹都要安心守护，致祈祷之词。经过七七四十九天，九转丹成。

看完“葛洪炼丹房”，一行人来到葛洪观道舍。对于葛洪的著述，苏东坡不乏了解。但他还是想抓住这次机会，与道长深入探讨。

苏东坡问道长：葛洪先儒后道，这对他的道行有何影响？

道长答道：影响大呀。他一方面是“博闻深洽、江左绝伦”的大儒，另一方面是道家的小仙翁和古代道家炼丹术承前启后者。这就使他在道教史上具有独特地位，也使他的著述别开生面。比如他的主要著作《抱朴子》，就分为内外篇。《抱朴子·内篇》论道，总结晋以前的神仙理论、神仙方术，包括守一、行气、导引、房中术等主张和炼丹术。《抱朴子·外篇》谈儒，专论人间得失，世事臧否。在此基础上，整部书主张“神仙养生为内，儒术应世为外”。

苏东坡接着问：那他既作为道家高人要潜心炼丹著述，又作为民间医生要四处治病救人，这二者是不是相互影响？

道长回答：影响也大呀！不过小仙翁是将其变成了积极正面的影响。结庐炼丹使葛洪不仅精晓药物学，而且开拓了矿物药学和化学药学，这对他治病救人大有益处。另外，葛洪主张道士兼修医术，熟知医学。他认为“古之初为道者，莫不兼修医术，以救近祸焉”。这是道士“保己为人”最基本的条件。在治病救人过程中还可广泛收集民间偏方。比如，武昌盛传屈原“行吟鄂渚”时，见到处处沼泽林莽的鄂邑（现鄂州），老百姓普遍受时疫毒气困扰，他就利用这里满山遍野生长的青蒿为人们治病，还动员老百姓在家里焚烧青蒿，以此防病除毒。葛洪当时就记下了这一医方。后来人们不仅将青蒿防病治病的“土方子”广为应用，而且把门前“挂青蒿”作为端午节纪念屈原的特定习俗沿袭至今。

喝了口水后，道长就苏东坡所提问题接着说：葛洪在四处行医时还注意发现怪病和疑难杂症，探究治疗方法。小仙翁在武昌的这些作为，对他写成《肘后救卒方》大有帮助。此医书后来由南朝陶弘景增补更名为《补阙肘后百一方》。金代杨用道增补时，将其改为《附广肘后方》三卷和《金匮药方》一百卷。

苏东坡又问：小仙翁葛洪为何把医书命名《肘后救卒方》？

道长回复：中医切脉问诊时，胳膊肘往往平放在医案上。书名的意思就是胳膊肘后放着的救危急病人的医方。

苏东坡恍然大悟的同时，也对葛洪急病人之所急的医风道骨油然敬佩。

临近离开葛山时，道长恳请苏东坡留下墨宝。他高兴地挥笔题下“葛洪丹炉”四个大字。不愧是学富五车的大文豪，苏轼所题之字写得好就不必说了，他还抓住了葛洪在葛山的主要作为和最突出成果，就是结庐炼丹。葛洪以其炼丹成果在历史上留下特殊地位，是世界药物化学史承前启后的重要人物。

神奇青蒿将古今英杰连在一起

回到黄州后不久苏东坡家中发生的一件事，就跟葛洪《肘后救卒方》发生关联了。这件事的起因，还要从苏东坡用武昌县供奉官郑文所送古铜剑换牛说起。

原来用古铜剑换回的黑耕牛，在东坡垦荒耕犁时突然病倒了。这可急坏了苏轼。对这头他下狠心卖宝剑买回的“宝贝”，苏家格外珍惜。苏东坡还在《墨花》诗中专门写到了它：

> 造物本无物，忽然非所难。花心起墨晕，春色散毫端。
> 缥缈形才具，扶疏态自完。莲风尽倾倒，杏雨半披残。
> 独有狂居士，求为黑牡丹。兼书平子赋，归向雪堂看。

“独有狂居士，求为黑牡丹”中的“黑牡丹”，就是苏东坡为黑耕牛起的名字。由此可见这头牛在苏家不可或缺的重要地位，以及苏家对其珍爱怜惜之情。

因为它不仅可以直接减轻苏家躬耕东坡时的体力负担，还能通过它来精耕细作，大幅提高农作物收成，使他们一家衣食有保障。

苏东坡先去请牛医来诊治“黑牡丹”，但不见疗效。此时他除了干着急，别无他法。张罗一家人衣食的妻子王闰之心更急，她跑到周围农家讨教，还真的问出了一个青蒿偏方。

一听夫人提到青蒿治牛方子，苏东坡头脑立马清醒过来，就当即找出葛洪《肘后救卒方》查看，果真有此记载。苏东坡觉得这是上天在眷顾他们家，因为黄州东坡田头地边就长了不少青蒿。

苏家于是马上按照此方提示，扯青蒿，将其剁成碎末，放入大锅，煎熬成粥糊状，给牛连灌几次下去后，“黑牡丹”当天晚上就拉出一大滩黄中带绿、绿中带黑的牛粪，第二天就站起来了。

这时，正好章惇来信过问苏东坡近况。带着治愈“黑牡丹”的愉快心情，他在回信里高兴地把这件事写入其间。

苏东坡此信记载的这一青蒿治牛病小故事，很容易让人联想到当代中国科学家屠呦呦因开创性地从中草药中分离出“青蒿素”，应用于疟疾治疗，于2015年12月10日被授予诺贝尔生理学或医学奖这件大事上来。

屠呦呦在领奖演讲中直言：“当年我面临研究困境时，又重新温习中医古籍，进一步思考东晋葛洪《肘后备急方》有关‘青蒿一握，以水二升渍，绞取汁，尽服之’的截疟记载。这使我联想到提取过程可能需要避免高温，由此改用低沸点溶剂的提取方法。”

屠呦呦的演讲说明，面对世界性的疟疾难题和亿万人面临的死亡威胁，流传千载的葛洪医书《肘后备急方》，给了当代科研人员关键性启示，对于“青蒿素”提取研究的突破具有重大影响。屠呦呦和她的团队，脚踏中华文明博大精深的沃土，站在葛洪这样的中国历史巨匠肩上，取得这一世界性突破成果。

从青蒿土方救“黑牡丹”到“青蒿素”扬名世界，一种在武昌、黄州到处生长，野生不起眼的植物——青蒿，就这样以神奇的魅力，将东晋小仙翁葛洪与北宋大文豪苏东坡、当代大科学家屠呦呦机缘巧合地连在一起。

六、研习养生医道

关注葛洪养生理念养丹砂

苏东坡少喜老庄，曾自言“逍遥齐物追庄周”。来到黄州，接触武昌葛山诸多葛洪遗存后，他对结庐炼丹之事更感兴趣。加上后来一路的贬谪磨难，更激发了其研习葛洪医道的内在需求。但他本着“主儒术而不为所迂，杂佛老而不为所溺”的理念，主张“修身以儒，治心以佛，养生以道”。苏东坡追崇葛洪，主要表现在对其道家养生著述的兴趣上。

寻访葛洪结庐炼丹仙迹之后不久，鼎州（今湖南常德）知州张师正（1016—？）送给东坡道人一些丹砂。他在《观张师正所蓄辰砂》中，就表达了收到所赠丹砂的心情：

将军结发战蛮溪，箧有殊珍胜象犀。
漫说玉床分箭镞，何曾金鼎识刀圭。
近闻猛士收丹穴，欲助君王铸裹蹄。
多少空岩人不见，自随初日吐虹蜺。

在写给因他受牵连，一起在“乌台诗案”中被贬的好朋友王定国的信中，苏东坡流露了获得辰州丹砂的复杂心境：“近有人惠丹砂少许，光彩甚奇，固不敢服。然其人教以养火，观其变化，聊以悦神度日。”

深入研习葛洪《抱朴子·内篇·金丹》后，苏东坡对炼养丹砂之事的态度有了极大改变。这在他元丰六年（1083）五月写的《南堂五首》其二中有具体记载：

暮年眼力嗟犹在，多病颠毛却未华。
故作明窗书小字，更开幽室养丹砂。

这首诗写了苏东坡在新建的南堂里分别辟出书写字画、炼养丹砂的房子，将两样活动等同对待，从中可见他对葛洪炼丹之术已开始看重起来。

苏东坡还把《南堂五首》寄给弟弟苏辙。从诗中看到哥哥家庭生活发生喜人变化，苏辙连忙和诗五首庆贺。在其二中苏辙写道："旅食三年已是家，堂成非陋亦非华。何方道士知人意，授与炉中一粒砂。"对向哥哥赠送丹砂之人表示感谢，对哥哥炼养丹砂表示关注。

应用推介《抱朴子》养生功法

苏东坡对小仙翁的追崇，在离开黄州、武昌后也时时可见。最突出的体现就是他随身携带葛洪《抱朴子》等相关书籍，不管走到哪里，都随时研习应用。

苏东坡从葛洪《抱朴子》、陶弘景《真诰》中学得"采日月华功"真谛，以采日月之精华来达到人体阴阳调和、滋阴壮阳的健身目的。为此写下"每日采日月华时，不能诵得古人咒语，以意撰数句云"，并作《采日月华赞》：

我性真有，是身本空。四大合成，与天地通。
如莲芭蕉，万窍玲珑。无道不入，有光必容。
瞳瞳太阳，凡火之雄。湛湛明月，众水之宗。
我尔法身，何所不充。不足则取，有余则供。
取予无心，唯道之公。各忘其身，与道俱融。

苏东坡还从葛洪《抱朴子·内篇·释滞》"得胎息者，能不以鼻口嘘吸，如在胞胎之中"的记述里得到启示，修炼"胎息功法"。弟弟苏辙从小身体虚弱，苏东坡认为练此功法，对他一定大有好处。于是写成《胎息法》，传给弟弟：

养生之方，以胎息为本。

和神养气之道，当得密室，闭户，安床暖席。枕高二寸半，正身偃仰，瞑目闭气于胸隔间，以鸿毛着鼻上而不动。经三百息，耳无所闻，目无所见，心无所思。

由此可见，"胎息法"关键在于心无杂念，以意念调整呼吸，达到微呼微吸的状况。他说练此功能"寒暑不能侵，蜂虿不能毒，寿三百六十岁"，这实际上是用夸张的口气，极言此功能延年益寿。

苏东坡五十八岁出知定州时，重读葛洪《抱朴子》，从里面记述的一则"毛女故事”得到启发。秦始皇宫女毛玉姜，秦亡后入华阴山居住，得一老翁指教，以松叶松子为食品后不饥不渴，冬不寒夏不热，身健体好。由此苏东坡想到，松树乃千岁之质，如取松树之精华，酿制成酒——松醪，定是养身强体之仙品。于是就取定州中山古国松针、松果与小米、小麦一起酿酒，大获成功。他高兴地写下《中山松醪赋》，道尽酿制、品饮中山松醪的逍遥美妙：

始余宵济于衡漳，车徒涉而夜号。燧松明而识浅，散星宿于亭皋。郁风中之香雾，若诉予以不遭。岂千岁之妙质，而死斤斧于鸿毛。效区区之寸明，曾何异于束蒿。烂文章之纠缠，惊节解而流膏。嗟构厦其已远，尚药石之可曹。收薄用于桑榆，制中山之松醪。救尔灰烬之中，免尔萤爝之劳。取通明于盘错，出肪泽于烹熬。与黍麦而皆熟，沸春声之嘈嘈。味甘余而小苦，叹幽姿之独高。知甘酸之易坏，笑凉州之蒲萄。似玉池之生肥，非内府之蒸羔。酌以瘿藤之纹樽，荐以石蟹之霜螯。曾日饮之几何，觉天刑之可逃。投拄杖而起行，罢儿童之抑搔。望西山之咫尺，欲褰裳以游遨。跨超峰之奔鹿，接挂壁之飞猱。遂从此而入海，渺翻天之云涛。使夫嵇、阮之伦，与八仙之群豪。或骑麟而翳风，争榼挈而瓢操。颠倒白纶巾，淋漓宫锦袍。追东坡而不可及，归哺歠其醨糟。漱松风于齿牙，犹足以赋《远游》而续《离骚》也。

在《武昌西山》唱和后写给诸贤众杰的回谢诗中，苏东坡以“丹砂未易扫白发，赤松却欲参黄梅”，来展现他关注并应用《抱朴子》养生功法的情形。

“龟息法”，是苏东坡按葛洪《抱朴子·内篇·对俗》“知龟鹤之遐龄，故效其导引以增本”的指点，修炼的另一种养生功法。他作《学龟息法》，传给朋友：

洛下有洞穴，深不可测。有人坠其中，不能出，饥甚。见龟蛇无数，每日辄引吭东望，吸初日光咽之。其人亦随其所向，效之不已，遂不复饥，身轻力强。

这样看来，“龟息法”实际上是运用仿生学原理应用于养生修炼之中。后来在儋州缺粮少衣时，苏东坡和儿子苏过一起练此功还真的管了大用。

苏东坡后半生于一路磨难颠簸中关注并应用养生功法所创造的奇迹，既有他自小经受的道教影响，自然也有他在贬谪黄州、扁舟武昌期间追崇葛洪的影响。

七、伟岸东坡居士

在《答毕仲举书》中，苏东坡直接表露贬谪黄州、扁舟武昌期间在“苦其心志”中礼佛悟道的初衷：“学佛老者，本期于静而达。”黄州、武昌的佛道，还引导着他有了更深更远的追求。

如果说苏东坡结缘武昌西山净土佛学，更多的是使自己能在精神上超然物外，那么他追崇葛洪，则是通过寻求多种多样的养生之道，既作为强身健体之术，又作为与命运抗争，更好地应对“苦其心志，劳其筋骨，空乏其身”的现实需要之术，还是他为日后蓄积能量、聚合斗志、最终屡屡闯过大难的自强不败之术。

最终，苏轼以融汇“儒退隐”“佛居士”“道仙居”三者风韵于一身的伟岸形象被载入史册。

第六章

武昌民生　忧乐与共

图书跌宕悲年老，灯火青荧语夜深。
早岁便怀齐物志，微官敢有济时心。
——苏轼《和柳子玉过陈绝粮二首》

昨夜南山雨，西溪不可渡。溪边布谷儿，劝我脱破裤。
不辞脱裤溪水寒，水中照见催租瘢。
——苏轼《五禽言五首》其二

一、拯救“鄂黄溺婴”

苏东坡跟武昌倾情结缘的诸多表现之一，就是对事关武昌民生的大事、难事、雅事尽心尽力、忧乐与共；对那里的农夫渔父惺惺相惜、倾注关爱。刚到黄州不久，他就敏锐地对“鄂黄溺婴”这件“闻之酸辛，为食不下”的事，布局遏制。

古怪残忍的溺婴恶习

元丰三年（1080）三月，借寓定慧院的苏轼接待了过江来看他的武昌车湖王氏兄弟侄儿王天麟。见到故乡这位晚辈，困顿苦闷中的他非常开心，几句话过后两人之间就无话不谈了。王天麟跟苏轼讲了一件令其关注，并使其震惊不已的溺婴之事。

苏轼把这件事记下来，专门写信给鄂州知州朱寿昌，详细告知这一恶习：

昨日武昌寄居王殿直天麟见过，偶说一事，闻之酸辛，为食不下。念非吾康叔之贤，莫足告语，故专遣此人。俗人区区，了眼前事，救过不暇，岂有余力及此度外事乎？

天麟言：岳鄂间田野小人，例只养二男一女，过此辄杀之，尤讳养女，以故民间少女，多鳏夫。初生，辄以冷水浸杀，其父母亦不忍，率常闭目背面，以手按之水盆中，咿嘤良久乃死。有神山乡百姓石揆者，连杀两子。去岁夏中，其妻一产四子，楚毒不可堪忍，母子皆毙。报应如此，而愚人不知创艾。天麟每闻其侧近有此，辄驰救之，量与衣服饮食，全活者非一。既旬日，有无子息人欲乞其子者，辄亦不肯。以此知其父子之爱，天性故在，特牵于习俗耳。

闻鄂人有秦光亨者，今已及第，为安州司法。方其在母也，其舅陈遵，梦一小儿挽其衣，若有所诉。比两夕，辄见之，其状甚急。遵独念其姊有娠将产，而意不乐多子，岂其应是乎？驰往省之，则儿已在水盆中矣，救之得免。鄂人户知之。

王天麟说的是当时在岳州（现湖南岳阳）和鄂州（包括武昌县）一带，有一个司空见惯，却非常残忍的溺婴现象。这里的落后乡村家庭，一般只生养两个儿子，一个女儿。超过此数的婴儿刚生下来时就立马被按在水盆里弄死，惨不忍睹。武昌神山乡一个叫石揆的人，接连溺死两个儿子后，妻子怀四子，分娩时母子俱亡。他还向苏轼说了一件“起死回生”，后来光宗耀祖的事。这个人名叫秦光亨，出生时也照例被置入盆中，幸得其舅赶到救下他。若晚来一步，这个人也就没有了命，更不可能日后及第为官了。

王天麟讲后，苏轼震惊而心酸。他问：难道没有人管吗？

王天麟说：这样的事太多了，谁管得过来？不过，只要附近发生这样的事，自己得知后都赶过去救之，然后视其家庭状况送衣给粮。因为溺婴主要是家庭困难所迫，且行为大都发生在婴儿初生之时。一旦婴儿养育了十天半月后便养出了感情，即使无儿无女者想将其婴儿过继收养，他们往往也不会轻易答应。这是因为“父子之爱，天性故在，特牵于习俗耳”。因此，帮助他们渡过孩子刚出生时的难关，后面就好办了。他自己就是通过这样做，挽救了不少可能被溺的小孩。

对王天麟的爱心善举，苏轼当即给予褒奖。

“微官敢有济时心”

送走王天麟后，苏轼脑海里一直对此事无法忘怀，以至于寝食难安。晚上辗转反侧，想的都是这件事。自己现在因受贬只是“俗人区区”。“了眼前事”，于公，自己是“不得签书公事”的贬官，“救过不暇”；于私，自己“禀入既绝，又无积银”“岂有余力及此度外事乎”？但对这样的事抛开不管，又不是自己的做人为官之道。尽管此时是贬谪戴罪之人，但苏轼心里想的却是：贬官也是一个官，还在拿朝廷俸禄呀！

在此前所写的《和柳子玉过陈绝粮二首》诗中，苏轼曾这样表露自己的从政为官心志：

> 图书跌宕悲年老，灯火青荧语夜深。
> 早岁便怀齐物志，微官敢有济时心。

确立这样的心志和追求，是与苏东坡的人生经历分不开的。虽然是宰相后裔，但苏东坡的先辈自打落籍眉州起就家道中落，一直到他的伯父苏涣进士及第前，苏家就是生活在眉州纱縠行的布衣人家。眉山“农夫合耦而相助”的厚朴民风，他的祖父苏序、母亲程夫人在乡间邻里帮穷救急的点点滴滴，都撒播在苏轼的心田里。他自小立下的“奋厉有当世志”，就包含扶贫济困、解人危难。

苏轼把《尚书・五子之歌》刻在脑海：“皇祖有训，民可近不可下，民惟邦本，本固邦宁。”少喜孟子的他，还把《孟子・尽心下》所说的“民为贵，社稷次之，君为轻”等记在心间。而“民惟邦本”“民贵君轻”理念，早已融入他的骨髓。

因此，苏轼二十一岁参加贡举，一看试题“省试刑赏忠厚之至论”，就立即以“仁政治国”为主题，陈述自己的主张：

> 尧、舜、禹、汤、文、武、成、康之际，何其爱民之深，忧民之切，而待天下以君子长者之道也。有一善，从而赏之，又从而咏歌嗟叹之，所以乐其始而勉其终。有一不善，从而罚之，又从而哀矜惩创之，所以弃其旧而开其新。故其吁俞之声，欢忻惨戚，见于虞、夏、商、周之书。成、康既没，穆王立，而周道始衰，然犹命其臣吕侯，而告之以详刑。其言忧而不伤，威而不怒，慈爱而能断，恻然有哀怜无辜之心，故孔子犹有取焉。
>
> 《传》曰：“赏疑从与，所以广恩也；罚疑从去，所以慎刑也。当尧

之时，皋陶为士。将杀人，皋陶曰“杀之”三，尧曰“宥之”三。故天下畏皋陶执法之坚，而乐尧用刑之宽。四岳曰“鲧可用”，尧曰“不可，鲧方命圮族”，既而曰“试之”。何尧之不听皋陶之杀人，而从四岳之用鲧也？然则圣人之意，盖亦可见矣。

《书》曰：“罪疑惟轻，功疑惟重。与其杀不辜，宁失不经。”呜呼，尽之矣。可以赏，可以无赏，赏之过乎仁；可以罚，可以无罚，罚之过乎义。过乎仁，不失为君子；过乎义，则流而入于忍人。故仁可过也，义不可过也。古者赏不以爵禄，刑不以刀锯。赏之以爵禄，是赏之道行于爵禄之所加，而不行于爵禄之所不加也。刑之以刀锯，是刑之威施于刀锯之所及，而不施于刀锯之所不及也。先王知天下之善不胜赏，而爵禄不足以劝也；知天下之恶不胜刑，而刀锯不足以裁也。是故疑则举而归之于仁，以君子长者之道待天下，使天下相率而归于君子长者之道。故曰：忠厚之至也。《诗》曰：“君子如祉，乱庶遄已。君子如怒，乱庶遄沮。”夫君子之已乱，岂有异术哉？时其喜怒，而无失乎仁而已矣。《春秋》之义，立法贵严，而责人贵宽。因其褒贬之义，以制赏罚，亦忠厚之至也。

此文一开始，苏轼就站在尧、舜、禹、汤、文、武、成、康这些远古圣人的历史高度，提出其立论观点，应“爱民之深，忧民之切，而待天下以君子长者之道也”。然后以《春秋三传》《尚书》《诗经》为据，一一论证其“仁政治国”理念，气魄宏阔、立意高远。苏轼以其高中榜魁，风传宇内，实至名归。这也是他终生所持“仁政治国”政治主张和爱民忧民情怀秉性的最初阐释。

从初仕凤翔起，苏轼就将“以民为本”“民贵君轻”“尊主泽民”“爱民忧民”作为自己为官之道的出发点和落脚点，并始终如一地秉持这一核心理念，进而在整个从政生涯中留下浓墨重彩的篇章。也因为如此，他在王安石变法中坚决反对单纯为朝廷“增益”而不顾百姓死活的激进举措，被迫自请外任，陷入“乌台诗案”。

走出乌台大狱，来到黄州的第二个月，苏轼的巨大心灵创伤尚未痊愈，就遇到这样令人不安的古怪残忍之事。对此事是不管不顾，还是不改“以民为本”“爱民忧民”初衷，以“微官敢有济时心”去“及此度外事”？

想到这里，苏轼下定决心，要以自己贬官身份、微薄之力来管管这件事。

“救过不暇”中仍出手相助

得知黄州的溺婴问题同样严重后，苏轼组织刚刚结识的古耕道、潘大临等人，发动募捐，自己带头捐款。与此同时，动员大户人家行善积德。为了增加活动的影响力和公信度，他还请出德高望重的安国寺长老继连，由其记录收入支出，捐赠发放。这些，苏东坡都记入后来所写的《黄鄂之风》中：

> 近闻黄州小民贫者，生子多不举，出生便于水盆中浸杀之，江南尤甚。闻之不忍。会故人朱寿昌康叔守鄂州，乃以书遗之，俾立赏罚，以变此风。而黄之士古耕道，虽惟鲁无他长，然颇诚实，喜为善。乃使率黄人之富者，岁出十千，如愿过此者亦听。使耕道掌之，多买米布绢絮。使安国寺僧继连书其出入。访闾里田野有贫者不举子者，辄少遗之。若岁活得百个小儿，亦闲居一乐事也。吾虽贫，亦当出十千。

对“江南尤甚”的武昌溺婴之事，苏轼抛开“不得签书公事”的身份和那里是另一个辖区的顾虑，觉得自己也应该做点力所能及的事。

于是他不过问则矣，过问就要弄出个大的布局——给管辖武昌县的鄂州知州、自己的莫逆之交朱寿昌求助建言。

二、求助鄂州知州

相知源于“辞官寻母”大孝之举

苏轼为何决定给朱寿昌致信，求助建言？一个极为重要的原因，是朱寿昌的官职身份和为人为官秉性，正好能立即采取自上而下的强制措施，来遏制武昌县溺婴恶习。

提起朱寿昌跟苏东坡之间的特殊交情，还得从他“弃官寻母”的感人故事，以及此事跟苏轼贬谪黄州的关联说起。

朱寿昌，字康叔，扬州天长（现属安徽）人。他的父亲朱巽是宋仁宗年间的工部侍郎。朱寿昌的生母刘氏系朱巽小妾，被嫡母嫉妒，在其身怀朱寿昌时被迫改嫁。朱寿昌几岁时被父亲接回，长大之后荫袭父亲功名，出而为官，历知多州，皆有政绩。然而离开母亲后，他一直未曾与之相见，思念之情萦萦于怀，以至于“饮食罕御酒肉，言辄流涕”。母子分离的五十年间，他四方打听其母下落，均杳无音讯。为此烧香拜佛，并依照佛法灼背烧顶，以示虔诚。宋熙宁元年（1068），听人说其母流落陕西一带，朱寿昌又刺血书写《金刚经》，并辞去官职，千里迢迢往陕西一带寻母，发誓找不到母亲永不返回。也许是精诚所至，朱寿昌终于寻到生母，将其接回家。

有人将朱寿昌弃官寻母之事上奏朝廷，宋神宗诏令其官复原职。当时的名公巨卿王安石、苏轼等人也纷纷赞美朱寿昌的大孝。《宋史》将此事翔实记载。元代郭居敬（？—1354）编著《二十四孝》时，将朱寿昌列入中国古代的二十四个大孝子之中。

与朱寿昌弃官寻母的大孝之举刚好相反，当时由王安石荐举为推行变法的新锐——李定，其母死却不持孝服，不为母守孝三年，因此遭到士大夫们的弹劾。由于这两件事形成鲜明对比，苏轼在《朱寿昌郎中少不知母所在，刺血写经求之五十年，去岁得之蜀中以诗贺之》诗中，有意写道：

嗟君七岁知念母，怜君壮大心愈苦。
羡君临老得相逢，喜极无言泪如雨。
不羡白衣作三公，不爱白日升青天。
爱君五十著彩服，儿啼却得偿当年。
烹龙为炙玉为酒，鹤发初生千万寿。
金花诏书锦作囊，白藤肩舆帘蹙绣。
感君离合我酸辛，此事今无古或闻。
长陵褐来见大姊，仲孺岂意逢将军。
开皇苦桃空记面，建中天子终不见。
西河郡守谁复讥，颍谷封人羞自荐。

这首诗在夸赞朱寿昌辞官寻母的孝举后，以“建中天子终不见”“西河郡守谁复讥”“颍谷封人羞自荐”，分别记述了唐德宗（742—805）以天子身份痴情寻母；夺秦河西之地的魏国大将吴起（前440—前381），为守诀别母亲之诺不惧人讥；郑国大夫颍考叔（？—前712）请求郑庄公赐食母亲，促成其母子黄泉相见等孝道故事。诗中“此事（朱寿昌弃官寻母）今无古或闻”“终不见”“谁复讥”“羞自荐”等语明显有讥讽李定不孝之意，并以“不羡白衣作三公，不爱白日升青天”，来表达对李定之流为求当大官而弃大孝的鄙视。

李定因此怀恨在心。结果在其担任御史中丞时，利用手中的权力发泄私恨，与舒亶、何正臣等人以“作诗贬上”“罪有四可废”的名义弹劾苏轼，酿成千古奇冤“乌台诗案”，苏轼因而被贬来到黄州。

鄂州知州整治武昌溺婴的历史机缘

苏轼为遏制武昌溺婴的出手布局，其直接机缘是在他贬谪黄州、扁舟武昌之前不久，朝廷任命朱寿昌为鄂州知州，其管辖范围正好包括黄州江对岸的武昌县。这样，《宋史》都曾记载过的“弃官寻母”大孝之举和“拯救鄂黄溺婴”大义之举，使苏东坡与朱寿昌这两个孝义之人更紧密地联系在一起了。

不仅如此，要了解鄂州知州之所以能够强有力地整治武昌县溺婴恶习，还非常有必要弄清楚古今鄂州、武昌之间的历史变化，这样才能进一步弄清楚北宋鄂州与武昌县的关系，以及这一变化对苏轼求助建言所提供的历史机缘和布这个局的历史缘由。

鄂州之名始于隋开皇九年（589），系由郢州改置，治所在古江夏县境内（现属湖北省武汉市武昌区）。今日湖北省包括鄂州市在内的东南地域，皆为北宋的鄂州辖区。《宋史》卷八八《地理志》记载：“鄂州，江夏郡，武昌军节度，属荆湖北路。辖县七：江夏、崇阳、武昌、蒲圻、咸宁、通城、嘉鱼。监一：宝泉。”

根据《宋史》的记载，古鄂州管辖范围非常清晰。但对于这一记载所涉及的鄂州、江夏、武昌这几个地名的古今关系，在现在人的眼里却有绕来绕去的感觉。这与三地因历史变迁带来的复杂关系变化有关。早在唐代，著名文人刘长卿（约709—约786）就在《孙权故城下怀古兼送友人归建业》中这样写道：

雄图争割据，神器终不守。上下武昌城，长江竟何有。
古来壮台榭，事往悲陵阜。寥落几家人，犹依数株柳。
威灵绝想像，芜没空林薮。野径春草中，郊扉夕阳后。
逢君从此去，背楚方东走。烟际指金陵，潮时过湓口。
行人已何在，临水徒挥手。惆怅不能归，孤帆没云久。

刘长卿，字文房，河间（现属河北沧州）人，唐玄宗开元二十一年（733）

进士。他在近一千三百年前写的“上下武昌城，长江竟何有”诗句，就对当时两个武昌城同时存世表达了奇怪、感叹之意。这也是“上下武昌城”说法见之于历史记载的最早诗文。不仅如此，历史往后延续千余年，这一说法又跟“古今两鄂州”联系在一起了。

要弄清楚“上下武昌城，古今两鄂州”的来龙去脉，弄清楚鄂州、江夏、武昌这三个地方在历史变迁中绕来绕去的关系，有必要先了解其总背景。就是长江中游河床的渐渐抬升，导致古云梦泽的慢慢消失和江汉平原的逐渐形成，因此带来古武昌跟古江夏两个区域在长江中游政治、经济、军事地位上的起伏变化。

具体来说，以隋朝为分界线，之前这两个云梦泽东南部的边缘区域曾相互管辖过。如西汉设江夏郡，古武昌的前身——鄂县由其管辖。但因古武昌更接近云梦泽东南的陆地，加上铜铁资源丰富等原因，隋朝以前古武昌在长江流域的地位总体上高于古江夏。比如秦以前的古樊国、鄂国、楚国和三国时的吴国，相继以鄂邑、武昌为国都、王城、帝都。魏黄初二年（221）孙权设的武昌郡，就管辖包括沙羡（今武汉市江南地域）等六县。南朝刘宋时，武昌郡由原属江州改属郢州，州治移夏口。但不久陈置北新州，辖武昌县，州治又移武昌。

在江汉平原逐步形成后，古江夏由于更靠近江汉平原腹地，其战略地位慢慢超过古武昌。隋开皇九年（589）废武昌郡就是这一地位转折的标志。与此同时改郢州为鄂州，州治在古江夏，辖武昌县。这是“古今两鄂州”的古鄂州之始。需要在此说明的是，古江夏地位抬升后，江夏县名差不多一直沿袭没变，但在其地设置的更高层级机构，反以出自古武昌历史上的名称来命名。比如鄂州的“鄂”和后来设在古江夏的湖北省级机构简称“鄂”，即源自古鄂国；后来设在古江夏的武昌军、武昌路、武昌府，其名都出自古武昌县。这也是古武昌文化底蕴在历史上总体高于古江夏的有力佐证。

到了唐肃宗至德年间（756—758），在古鄂州置武昌军节度使。这是“武昌”之名第一次西移古江夏。因为这个以军为名的“武昌城”地处江之上游，加上又节度武昌县，所以成了“上武昌城”，武昌县城自然成了“下武昌城”。北宋苏东坡生活的年代，武昌县属荆湖北路鄂州管辖，归武昌军节度使节度。南宋时武昌县军事地位抬升，先后在古武昌县设武昌军使、寿昌军。

元世祖至元十八年（1281），江夏县成为湖广行省的治所，同时在此设武昌路，管辖武昌县，古鄂州就此终结。

历史进入明清时期，由于长江中游河势变化，以及江汉平原逐步形成，导致明成化年间汉水改道从龟山以北汇入长江。到嘉靖年间在汉水新河道北岸形成新兴的汉口镇，奠定了武汉三镇的地理格局基础。古江夏的地位由此更加提升，先后在这里设湖广布政使司、湖广总督府、湖北布政司、武昌府治所，武昌县属武昌府管辖。辛亥革命的第一枪是在武昌府城打响的。

到了民国二年（1913），为避免国内外对"上下武昌城"的混淆，加上废府留县，撤销了武昌府，于是原武昌县短暂改名寿昌县后，由于与浙江寿昌县同名而恢复孙权定都武昌之前"以鄂为名"的惯例，取这里曾是"鄂王城"之意，又改名为鄂城县。古江夏县顺势改名为武昌县。

顺便在这里再说一下此后的江夏和武汉、武昌的历史变迁，因为这里面或多或少跟古武昌有关联。1926 年将武昌县城区部分划出为武昌市。民国十六年（1927）1 月 1 日，国民政府在汉口办公，取武昌之"武"和汉口、汉阳之"汉"，定名武汉，作为中华民国临时首都。由此可见，武汉之名的第一个字即源于古武昌。而从 1926 年开始以城郊为主的武昌县，在放弃江夏古县名仅八十余年后，又于 1995 年恢复古名，改为江夏区。

1983 年国务院批复，将鄂城县、鄂城市和苏东坡当年的谪居地——黄州镇（1986 年又回归黄冈地区）合并在一起，取鄂城之"鄂"、黄州之"州"，成立鄂州市。这便是"古今两鄂州"的今鄂州之始。

回首历史，非常有"天翻地覆慨而慷"意味的是，古武昌成了今鄂州，古鄂州变成今武昌，这两个地方的古今名称完全对调。若对其对调的文化基因溯源，不难发现万变不离其宗，即两地古今名称互换都是围绕鄂州古代地名之宗——"鄂"和"武昌"来进行的。如果苏东坡还在世，一定会对这一奇特变迁及其蕴含的深刻文化意味而诗兴大发。

话说回来，苏东坡还是应该庆幸历史上鄂州、武昌之间的这一巨大变迁演进。正是因为北宋鄂州管辖武昌县，才使朱寿昌所担任的鄂州知州，刚好能立即有效地落实苏东坡遏制武昌县溺婴的建言。

值得托付大事的孝义君子

如果说围绕"弃官寻母"在朱寿昌、苏东坡二人身上所发生的故事，前者表现的是大孝，后者则为大义。那么从朱寿昌得知苏轼贬谪戴罪到达黄州后的所作所为，苏东坡就觉得他是一个孝义兼备、值得托付大事难事的贤德君子。

元丰三年（1080）二月上旬，获知因“乌台诗案”责授黄州团练副使的老朋友苏轼已到黄州，朱寿昌先是托武昌县官员带信慰问。信中除略谈自己的近况外，他相信苏轼会坦然面对当下处境，正视眼前的一切。然后又专门叫人送来两壶本地酒与冬藏的水果，以表示对这位落难老朋友到来的关心之意。

苏轼抵达黄州之初，因水土不服，身体一度欠安。后经调理，逐渐康复。于是给朱寿昌回信一封，对他的关怀表示由衷感谢：

> 某启。武昌传到手教，继辱专使坚简，感服并深。比日尊体佳胜，节物清和，江山秀美，府事整办，日有胜游，恨不能陪从耳。双壶珍贶，一洗旅愁，甚幸！甚幸！佳果收藏有法，可爱！可爱！抽疾，乍到不谙风土所致，今已复常矣。子由尚未到，真寸步千里也。未由展奉，尚冀以时自重。

此信除了对朱寿昌雪中送炭般的问候和馈赠“感服并深”外，还以“节物清和，江山秀美，府事整办，日有胜游，恨不能陪从耳”委婉表达了因被贬戴罪身份，不能亲自前往近在咫尺的鄂州当面拜谢的意思。“子由尚未到，真寸步千里也”，是告诉朱寿昌，他的家人由弟弟苏辙护送前来黄州。但因路途千里远涉，迢迢山水阻隔，一路上肯定非常不容易，所以至今未到。

写罢此信不久，苏轼就听到了王天麟所说的“鄂黄溺婴”之事。经过一番思考，他还是决定通过写信建言的方式，向朱寿昌求助。信中苏轼设身处地，为朱寿昌提出标本兼治溺婴现象的建议：

> 准律，故杀子孙，徒二年。此长吏所得按举。愿公明以告诸邑令佐，使召诸保正，告以法律，谕以祸福，约以必行，使归转以相语，仍录条粉壁晓示，且立赏召人告官，赏钱以犯人及邻保家财充。若客户则及其地主。妇人怀孕，经涉岁月，邻保地主，无不知者。若后杀之，其势足相举觉，容而不告，使出赏固宜。若依律行遣数人，此风便革。
>
> 公更使令佐各以至意诱谕地主豪户，若实贫甚不能举子者，薄有以赒之。人非木石，亦必乐从。但得初生数日不杀，后虽劝之使杀，亦不肯矣。自今以往，缘公而得活者，岂可胜计哉。佛言杀生之罪，以杀胎卵为最重。六畜犹尔，而况于人。俗谓小儿病为无辜，此真可谓无

辜矣。悼耄杀人犹不死，况无罪而杀之乎？公能生之于万死中，其阴德十倍于雪活壮夫也。

昔王濬为巴郡太守，巴人生子皆不举。濬严其科条，宽其徭役，所活数千人。及后伐吴，所活者皆堪为兵。其父母戒之曰："王府君生汝，汝必死之。"古之循吏，如此类者非一。居今之世，而有古循吏之风者，非公而谁。此事特未知耳。

苏轼首先建言以法禁溺婴。他引出法律规定：故意杀害自己刚出生的子孙者判徒刑两年，这是作为朝廷命官必须坚决执行的。他希望朱寿昌将此法律明确无误地告知各县的县令和僚属，并要求他们也明确无误地告知各地的保正，命他们将法律条款书写在墙壁上，做到家喻户晓。

其次建议以奖惩遏制溺婴积习。制定相应的奖惩措施，号召大众举报溺杀婴儿的人家。其奖赏的钱物，则由触犯此法律者及其左邻右舍和保正承担。理由是：妇女怀孕为期近一年，邻里保正没有不知道的。只有相互举报，严惩那些屡教不改者，人人皆担起保护婴儿之责，溺婴恶习自然就会改变。

再次是设法以救助防溺婴。这是他从几年前任密州知州时"洒泪循城拾弃儿"中得到的启示。他在《与朱鄂州书》里重提旧事，供其参考："轼向在密州，遇饥年，民多弃子，因盘量劝诱米，得出剩数百石别储之，专以收养弃儿，月给六斗。比期年，养者与儿，皆有父母之爱，遂不失所，所活亦数千人。"就此他在信中建议，号召各县的县令和僚属与当地的富裕人家进行情感交流，鼓励他们大发慈悲之心，行善积德，救济那些因生活困难而无力养活儿女的家庭。他相信，人非草木，孰能无情？只要官员诚心诚意地为百姓谋福利，那些富裕人家一定会乐意资助。

最后是以情理重视溺婴的遏制。他在信中说，佛言杀生之罪，以杀胎卵为最重。六畜如此，何况是人？古人尚有小孩与老年人虽然有罪，但也不能用刑的规定，更何况这些无罪的初生婴儿，怎么能随意把他们杀死呢？信中他以期待的口气对朱寿昌说：公如果能使那些无辜的生命都能获得再生的机会，这种阴德，比起昭雪那些含冤将杀的成年人要胜过十倍。

为了进一步阐明拯救溺婴这件事的意义，苏轼还在信中讲了西晋王濬（206—286）"救婴得好报"的故事。王濬为巴郡（今重庆）太守时，花气力解决"巴人生子皆不举"问题。那些被救婴儿成人后，以死战来报答救活他们的恩人王濬，帮助他立下荡平吴国的显赫功业。苏轼写这些的目的，就是要让朱寿昌明白，拯救溺婴意义重大，迫在眉睫。

信末，苏轼以“此等事，在公如反手耳。恃深契，故不自外。不罪！不罪！此外，惟为民自重。不宣。轼再顿首”落笔，除了客套之语外，他对这位大孝大义君子知州寄予莫大期待。

填词夸赞雷厉风行的朱寿昌

收到这封建言求助书信，朱寿昌感慨万千。苏轼身为贬谪戴罪之人，却有如此大义大善之心和强烈的忧民济民情怀，这使他深受感动，同时也为自己没能及时发现这一严重问题而感到羞愧。故当即采纳苏公“俾立赏罚，以变此风”的建议。

元丰三年（1080）六月，从武昌车湖刘湫郎王氏兄弟及其侄子口中，苏轼了解到朱寿昌雷厉风行采取有效举措遏制所辖区域溺婴的消息后，特给他填了一首《满江红》词：

江汉西来，高楼下、蒲萄深碧。犹自带、岷峨雪浪，锦江春色。君是南山遗爱守，我为剑外思归客。对此间、风物岂无情，殷勤说。 江表传，君休读。狂处士，真堪惜。空洲对鹦鹉，苇花萧瑟。不独笑书生争底事，曹公黄祖俱飘忽。愿使君、还赋谪仙诗，追黄鹤。

这首词的上阕，以家乡流来、经过朱寿昌为官之地黄鹤楼下、像葡萄一样清澈碧绿、还带着“岷峨雪浪，锦江春色”的江汉之水起兴，用“君是南山遗爱守”来夸赞朱寿昌。“遗爱”一词出自《国语 · 晋语二》，是古时对地方官有德政的褒奖，也是苏东坡为政时的孜孜追求。词中的“守”为太守，是沿袭前人对知州的别称。他把“南山遗爱守”送给曾在终南山陕州（治所现属河南三门峡市）任过职的朱寿昌，是对其重视并有效拯救武昌溺婴的高度赞赏。“对此间、风物岂无情，殷勤说”，既是苏公自己不由自主涉足这件“度外事”的心态表白，也是对朱寿昌从善如流，勤勉有力为政风格的高度肯定。

在词的下阕，苏轼以祢衡、李白发生在朱寿昌为政之地的两个结局迥异轶事，来表达自己的情怀与祝愿。

对于写作《鹦鹉赋》、死后葬在古鄂州鹦鹉洲的狂处士祢衡（173—198），其明被江夏太守黄祖（？—208）所杀，实为曹操设计暗害。这一惨痛历史悲剧对于刚刚经历“乌台诗案”的苏轼而言，心情五味杂陈。他既对祢衡表示“真堪惜”，又从“曹公（曹操）黄祖俱飘忽”中有了“不独笑书生争底事”的感悟。

诗末，苏轼由衷地将朱寿昌与曾在黄鹤楼吟诗的李白放在一起，愿他继续追崇李白之遗风，做遗爱于民的知州。

两位君子之间的特殊情感

历史的原因，人们现在无法看到朱寿昌跟苏东坡直接联系的更多资料。但有心的苏东坡倒是流传下来不少自己写给朱寿昌的信。从这些信中，不难见到朱寿昌对苏东坡细致入微的关心，以及两人之间在古鄂州与黄州之间产生的特殊情感。

元丰三年（1080）四月，朱寿昌接到苏轼来信，得知苏辙即将护送他的家人到达黄州，就想送一些食物过来，并就所需“物食”征求苏公意见。苏轼复信说：

> 敫文，他计此月末方离陈。南河浅涩，想五六月间方到此。荷公忧恤之深，其家固贫甚，然乡中亦有一小庄子，且随分过也。归老之说，恐未能如雅志。又修理积弊，已就伦次，监司朝廷，岂有遽令放闲耶？问及物食，天渐热，难久停，恐空烦费也。海味亦不苦食。既忝雅契，自当一一奉白。

这封信除了禀告弟弟和家人行程，还对朱寿昌跟自己探讨退隐归老、征询馈赠物食时所表现出的“忧恤之深”，一一作答，表示谢意。

五月，听说苏东坡的家眷即将到来，其表兄文同的丧船也即将过黄州，朱寿昌又以书信询问，还问及苏轼家里的菱、翠、云三位侍女情况，有意劝他纳王朝云为侍妾。苏轼在回信中以“云乃权发遣耳”来回应：

> 与可船旦夕到此，为之泫然，想公亦尔也。子由到此，须留他住五七日，恐知之。前曾录《国史补》一纸，不知到否？因书，略示谕。蒙寄惠生煮酒四器，正济所乏，极为珍感。生酒，暑中不易调停，极佳。然闵仲叔不以口腹累人。某每蒙公眷念。远致珍物，劳人重费，岂不

肖所安耶！所问菱、翠，至今虚位，云乃权发遣耳，何足挂齿牙！呵呵。冯君方想如所谕，极烦留念。又蒙传示秘诀，何以当此。寒日得暇，当试之。天觉亦不得书，此君信意简率，乃其常态，未可以疏数为厚薄。酒法，是用绿豆曲者耶？亦曾见说来，不曾录得方，如果佳，录示为幸。鲟鲊极珍！极珍！

五月二十九日，苏辙送兄长的家眷来到黄州，朱寿昌又专门叫人送来两壶酒和书信。苏轼便将苏辙一行平安到达黄州一事相告：

某启。专使至。复领手教，契爱愈厚，可量感服。仍审比日起居佳胜，为慰。舍弟已部贱累到此，平安皆出余庇，不烦念及。珍惠双壶，遂与子由屡醉，公之德也。降暑，万万以时自重。行膺殊用，人还，上谢。

苏辙到黄州后，欣闻朱寿昌对兄长的关怀照顾，特去信以表谢意。当苏辙离开黄州后，苏轼又接到朱寿昌托麻城岐亭监酒税胡定之带来的各种食物和给他们兄弟的来信。于是写了下面这封信表示感谢。他告诉朱寿昌，其给弟弟苏辙的信，马上就托到洪州（古时江西南昌）的信使带去：

某再拜。近奉书并舍弟书，想必达。胡掾至，领手教，具审起居佳胜。兼承以舍弟及贱累至，特有厚贶羊面酒果，一捧领讫，但有惭怍。舍弟离此数日，来教，寻附洪州递与之。

苏东坡家眷十多口人到来后，住房是个大问题。为此，此前他曾麻烦朱寿昌跟黄州知州徐君猷交涉，最后他们一家人得以从定惠院迁居临皋亭。因此，苏轼特地向朱寿昌去信告知此事结果，言“皆公恩庇之余波”，表达患难中能得到友人鼎力相助的感激心情：

已迁居江上临皋亭，甚清旷。风晨月夕，杖履野步，酌江水饮之，皆公恩庇之余波，想味风义，以慰孤寂。寻得去年六月所写诗一轴寄去，以为一笑。酷暑，万乞保练。

苏轼妻子王闰之刚到黄州时，因途中劳累和水土不服而得疾，武昌县尉吴亮受朱寿昌的委托前来看望，并送来不少急需之物。王闰之的病好后，苏轼给朱寿昌发信，深表谢意：

叠蒙寄惠酒、醋、面等，一一收检，愧荷不可言。不得即时裁谢，想仁明必能恕察。老媳妇得疾，初不轻，今已安矣。不烦留念。食隔已纳武昌吴尉处矣。适少见，不敢稽留来使。少间，别奉状次。

半年左右的时间里，八次书信往来，有拯救"鄂黄溺婴"的公事，更多的是朱寿昌对苏轼一家人的关心关注，涉及方方面面。由此可以见证他们之间的交情甚笃。

对朱寿昌如此倾情频密的关心，苏东坡深深感怀。元丰四年（1081）十二月的一个大雪天，眼见茫茫大雪，睹物思人，谪居黄州的他，想起已建立如白雪般纯净交情的朱寿昌，便填了一首《江城子》：

黄昏犹是雨纤纤。晓开帘，欲平檐。江阔天低，无处认青帘。孤坐冻吟谁伴我，揩病目，撚衰髯。　　使君留客醉厌厌。水晶盐，为谁甜。手把梅花，东望忆陶潜。雪似故人人似雪，虽可爱，有人嫌。

词前，苏东坡写下交代作词动机的序："大雪，有怀朱康叔使君，亦知使君之念我也，作《江城子》以寄之。"在词的上阕，他以雨雪喻愁。"黄昏""雨纤纤""欲平檐""江阔天低""无处认青帘""孤坐""冻吟""谁伴我""揩病目""撚衰髯"，这一串如雪冰冷的词句，展现的是一幅令人压抑苦闷的画面，无一不是苏东坡此时生活和心境的真实写照。有了词的上阕铺垫，词的下阕塑造了一个雪中"手把梅花"，从古鄂州"东望"黄州"忆陶潜"（指代苏东坡自己）、不怕"有人嫌"（意为麻烦）的君子形象。这个君子就是"雪似故人人似雪"的使君朱寿昌。

对这个似雪洁净的真君子，苏东坡以心换心，互相关心。得知朱寿昌的儿子来到身边的喜事，他也替朱寿昌高兴：

令子归侍左右，日有庭闱之乐，恨未及见，不敢辄奉书。近见提举司荐章，稍慰舆议，可喜！可喜！作墨竹人，近为少闲暇，俟宛转求得，当续致之。呵呵。酒极醇美，必是故人特遣下厅也。某再拜。

朱寿昌的儿子尚未成亲。此前，他曾托苏轼帮忙物色一女子。苏轼对这一重托毫不含糊，于是在给朱寿昌的去信中让他把儿子的生辰八字留示：

胡掾与语，如公之言，佳士！佳士！渠方寄家齐安，时得与之相见也。令子必且盘桓侍下。中前示谕亲事，可留示年月日，恐求亲者欲知之，造次！造次！

不久，朱寿昌之子得推官之职，来信相告。就章质夫（1027—1102）求词等相关事情，苏轼回信一封：

章质夫求《琵琶歌》词，不敢不寄呈。安行言，有一既济鼎样在公处，若铸造时，幸一见，为作一枚，不用甚大者，不罪！不罪！前日人还，曾附古木丛竹两纸，必已到。今又写得经藏碑附上。令子推官侍下计安胜，何时赴任，未敢拜书也。

时逢大寒，过江到武昌游玩的苏东坡听说朱寿昌因事告假，不知何故，急忙去信一封，以示关切：

近日随纷冗，有疏上问，不审起居何如？两日来武昌，如闻公在告，何也？岂尊候小不佳乎？无由躬问左右，但有驰系。冬深寒湿，尤宜慎护。

身在贬谪戴罪之中的苏东坡，除了在心中、在书信诗文里感怀朱寿昌的君子之德，还通过嘘寒问暖和谈诗论文等方式与他深知深交。

随着书信往来的增多，苏东坡想到百里之外的江夏，去看看自己非常渴望相见的、真正值得相交的朱寿昌。但由于自己的被贬戴罪身份，加上又要由淮南西路跨区域到荆湖北路，从黄州跨地界到鄂州去看望在职州级主要官员，这乃是“兵家大忌”。朱寿昌也因同样原因，不便来黄州看他。彼此相敬相惜的两个人，咫尺之遥竟无缘谋面，只能借助书信互诉衷肠，表达渴望相见之情。这从元丰四年（1081）腊月底，苏东坡写给朱寿昌的信就看得出来：

某启。近附黄冈县递拜书，必达。专人过此，领手教，具审起居佳胜，匆复凄冷。此岁行尽，会合何时，以增怅然，唯祈善保。

非常遗憾的是，直到元丰五年（1082）三月朱寿昌调离鄂州，他们二人只能通过书信，亲密相交于古鄂州、黄州。元丰六年（1083）朱寿昌去世，还在黄州的苏轼与之阴阳两隔，更无法当面向他道声谢。

苏东坡、朱寿昌在大江两岸演绎的这段交情，就是古今中国人所推崇的“君子之交淡如水”的例证。

三、扩建九曲古亭

挂念武昌西山九曲亭的倾废

在布局发起拯救“鄂黄溺婴”行动的一个月后，苏轼对一件事关武昌民生和文脉传承的大事、雅事，又开始倾情关注。

元丰三年（1080）四月中旬，苏轼第一次登临樊山之东的武昌西山，除了留下诗作，有一事他看到后皱了眉头却不便说出口，只好记在心中。这件事就是武昌西山九曲古亭因年久失修而倾废。第一次跟武昌官员见面，怎好开口说这事。但他还是在《游武昌寒溪西山寺》诗中，以“西上九曲亭，众山皆培塿”，来点明九曲亭在武昌西山诸多胜景中的重要地位。在不久后写的《记樊山》里，他以“循山而南，至寒溪寺。上有曲山，山顶即位坛、九曲亭”，又将九曲古亭顺便点了一下，称其为“孙氏遗迹”。

到了六月初，苏轼陪苏辙武昌游览西山时，弟弟所赋诗里的“仗策看万松，流汗升九曲”诗句，似乎提醒着他。那时上西山，一般人都是出武昌城大西门，下坡来到西山东麓前的寒溪，然后再通过九曲回肠般的步行小道上山。爬到半山腰的九曲亭前，没有人不汗流浃背。这说明九曲亭不仅是值得武昌人珍爱的三国孙吴遗迹，而且是所有登临武昌西山的游人和礼佛还愿香客们的重要休憩地。与弟弟一样“流汗升九曲”的苏轼，想管管这件事。但当时一大家人到来所引发的衣食住行重负，压得苏轼抬不起头，使他暂时无暇顾及这件事。

在了解苏轼秉性、关注哥哥一举一动的苏辙心里，知道他一定放不下此事。两年后他在《武昌九曲亭记》中透露："子瞻每至其（指九曲亭）下，辄睥睨终日。"由此可见苏东坡对这件事十分上心用情。

日益加深的亭台楼阁情结

此前为了写好《记樊山》，苏轼对武昌樊山诸多胜景的历史进行了探究，特别对九曲亭格外看重。这是因为，苏东坡素来有很深的亭台楼阁文化情结。跟大多数为官从政者、文人墨客们一样，常常流连其间，乐此不疲。

首仕凤翔，苏轼为久旱大地祈雨。如愿后灾民"忧者以喜，病者以愈"，他为此修"喜雨亭"，作《喜雨亭记》。这位不到三十岁的节度判官忧民所忧、喜民所喜的情怀，非常打动人心。接着他为顶头上司陈公弼作《凌虚台记》，以超然物外之胸襟，道出官场人事就像此台一样"不足恃以长久"，要追求"盖世有足恃者"，就应不"欲以夸世而自足"。此记凭着由物及人、富有哲理的文笔而传扬。

自称"出处依稀似乐天"的苏轼，来到白居易曾当过刺史、修过西湖"白堤"的杭州，亦步亦趋，既为西湖修筑"苏堤"，吟出"水光潋滟晴方好，山色空蒙雨亦奇。欲把西湖比西子，淡妆浓抹总相宜"的绝美华章；还在白居易为乌窠禅师所建之阁，见阁思人作《竹阁》诗，为后人见识唐宋这两位有杰出文才、有卓杰担当、有丰富情感的杭州主官，提供了一扇窗口。

苏轼到徐州战洪水后修"黄楼"，写《九日黄楼作》，不仅留下他带领百姓抗御特大洪水的记忆，还为这座古城增添了一处胜景。

兴建亭台楼阁，或纪事歌功，或观景揽胜，或供百姓休憩，或助名流雅聚。这里面衍生出长长的文化链和多姿多彩的乐趣。除了亭台楼阁修建本身就有相当多的逸事滋润其间外，从亭台楼阁建起时的命名、题名、写记、作铭、赋诗、楹联、碑刻等，再到后来人们在亭台楼阁生发的无数风流韵事，一起形成蔚为壮观、极富特色的亭台楼阁文化大观园，衍生出一系列有名的亭台楼阁、有名的诗词歌赋、有名的书法楹联、有名的风流雅事。

苏东坡贬谪黄州、扁舟武昌前写的那些亭台楼阁诗文大多成为名篇，是窥视鉴赏中国亭台楼阁文化源远流长、博大精深的一个颇具代表性的窗口。到武昌后，苏东坡对这里的亭台楼阁文化有了比较具体的了解，它们也处处流光溢彩。比如,唐代有名的篆书家李阳冰来到武昌,在江边留下了“怡亭铭”,因“怡亭裴郾卜而亭之,李阳冰名而篆之,裴虬美而铭之”而被称为“唐代三绝”。又比如,孙权修的古武昌南楼,引来王羲之、李白等众多名士贤达登临此楼,形成盛名远播的“南楼赏月”雅事。孙权在武昌称帝前,因风传武昌城东虎头山凤凰云集,便在此垒筑武昌凤凰台,历代文人墨客流连不绝。李白就曾为三国孙吴凤凰台吟诵出“凤凰台上凤凰游,凤去台空江自流”这一有名诗句。

虽然身处困顿窘境,但在具有浓浓亭台楼阁文化情结的苏轼心里,一刻也没有忘记维修扩建九曲古亭。后来在朱寿昌等人的帮助下,苏轼全家栖身临皋亭。又在好友马正卿的出面争取下,得到土地,他和家人开荒播种,躬耕其间。到了元丰五年(1082),苏轼一家的生活才开始好转,他便开始琢磨如何修复扩建武昌西山九曲亭。只是当时亭址狭窄,周边又是古树名木,他尚未想好既扩建九曲亭,又能保护亭周围环境的万全之策。

这时一个机遇不期而至。当年五月的一天,狂风暴雨袭击武昌西山,九曲亭旁好些大树被刮倒。苏东坡带着友人赶上山,发现坏事变成了好事。被刮倒的大松树,不仅可直接作为修建九曲亭的材料,而且清除倒树后的空地,又为扩建古亭提供了场所。大家认为这是天赐良机,于是说干就干。很快,一座崭新阔达的九曲亭屹立在“孙氏遗迹”之上。

苏东坡当即把这个好消息,写信告诉苏辙。

《武昌九曲亭记》解析苏轼胸襟

接到哥哥的来信,苏辙既为这一“孙氏遗迹”重放光彩而感到高兴,更为此事带来哥哥“于是最乐”的心态积极变化而欣慰。很快,他写来《武昌九曲亭记》:

> 子瞻迁于齐安,庐于江上。齐安无名山,而江之南武昌诸山,陂陁蔓延,涧谷深密,中有浮图精舍,西曰西山,东曰寒溪。依山临壑,隐蔽松枥,萧然绝俗,车马之迹不至。每风止日出,江水伏息,子瞻杖策载酒,乘渔舟,乱流而南。山中有二三子,好客而喜游。闻子瞻至,幅巾迎笑,相携徜徉而上。穷山之深,力极而息,扫叶席草,酌酒相劳。意适忘反,往往留宿于山上。以此居齐安三年,不知其久也。
>
> 然将适西山,行于松柏之间,羊肠九曲,而获少平。游者至此必息,

倚怪石，荫茂木，俯视大江，仰瞻陵阜，旁瞩溪谷，风雨变化，林麓向背，皆效于左右。有废亭焉，其遗址甚狭，不足以席众客。其旁古木数十，其大皆百围千尺，不可加以斤斧。子瞻每至其下，辄睥睨终日。一旦大风雷雨，拔去其一，斥其所据，亭得以广。子瞻与客入山视之，笑曰："兹欲以成吾亭耶？"遂相与营之。亭成，而西山之胜始具。子瞻于是最乐。

昔余少年，从子瞻游，有山可登，有水可浮，子瞻未始不褰裳先之。有不得至，为之怅然移日。至其翩然独往，逍遥泉石之上，撷林卉，拾涧实，酌水而饮之，见者以为仙也。盖天下之乐无穷，而以适意为悦。方其得意，万物无以易之。及其既厌，未有不洒然自笑者也。譬之饮食，杂陈于前，要之一饱，而同委于臭腐。夫孰知得失之所在？惟其无愧于中，无责于外，而姑寓焉。此子瞻之所以有乐于是也。

溯江护送哥哥家人即将到达黄州时，苏辙从前来迎接的人手中，接到苏轼的一首诗，其结句为"早晚青山映黄发，相看万事一时休"。这更加引起他对哥哥被贬后心情的关注。其后两年，通过兄弟间从未间断的互通信息和两人朋友给对方转达的情况，苏辙发现哥哥在此期间不仅没有消沉颓废，反而越来越豁达乐观了。得知哥哥率友人重修扩建武昌西山九曲亭后，他非常欣喜。因此，特在写作此记时，把自己多年来对哥哥关注、观察的感想表达出来。

苏辙起笔就从哥哥贬谪来到黄州后的实际生活经历及其情感变化，细致入微地分析其兄爱上武昌、钟情寒溪西山、挂念九曲废亭的过程和缘由，叙述哥哥和朋友们"相与营之""（九曲）亭得以广（即扩大）"的经过。接着苏辙围绕哥哥为何亭成"于是最乐"，其"有乐于是"的秘诀何在这两个问题，由表及里、层层递进地进行探析。与此相对应的是，对哥哥此时心境的探究，则由里而外，步步升级。所有这些，苏辙都在此记里一一阐发了他的观察思考。

对第一个问题，苏辙重点通过深入剖析九曲古亭扩建后哥哥"于是最乐"的一明一暗两大兴奋点来回答。

此记先写出自己陪哥哥游览武昌西山时观察到的情景："然将适西山，行于松柏之间，羊肠九曲，而获小平。游者至此必息，倚怪石，荫茂木，俯视大江，仰瞻陵阜，旁瞩溪谷，风云变化，林麓向背，皆效于左右。"再通过这一情景来探究九曲古亭对游人、香客带来的无可替代作用。他还通过"子瞻每至其（指九曲亭）下，辄睥睨终日”这一细节，来细究哥哥虽没有说出口，却“遂相与营之”的兴奋点，即修复扩建这座古亭能给到武昌西山的游人和香客提供落脚歇息、观景揽胜的便利。

苏辙在《武昌九曲亭记》中直接明写哥哥“于是最乐”的兴奋点，是“亭成，而西山之胜始具”。即哥哥“于是最乐”的更深层考虑，是此举对武昌历史文化弘扬、对西山文脉传承直接带来的好处。

苏辙感悟描述的两大兴奋点，都能充分体现哥哥“先天下之忧而忧，后天下之乐而乐”的胸怀和对武昌历史人文的关心垂爱。

对第二个问题的探究，苏辙是从哥哥自少年时代起就喜爱纵游山水的往昔回忆开始的，进而以哥哥关心关注武昌九曲亭为例，对苏东坡这一喜好追求所蕴含的精神情感进行阐述，从中给出其答案。

苏辙认为：“盖天下之乐无穷，而以适意为悦”“惟其无愧于中，无责于外，而姑寓焉。此子瞻之所以有乐于是也。”也就是说，在哥哥心中，“适意为悦”“无愧于中，无责于外”，既是他“有乐于是”的重中之重追求，也是他“于是最乐”的秘诀和内在动力，并由此道出被“见者以为仙”的哥哥在贬谪戴罪黄州时的豁达胸襟，以及蕴含其间的丰富人生哲理。寥寥数笔，便勾勒出寄情山水、乐观豁达、逆境有为的东坡形象。

此记融叙事、写景、抒情、议论于一体，写出了景致美、人情美、哲理美，写出了苏东坡贬谪黄州、扁舟武昌期间情感变化和精神追求的真知灼见，因此成为千古散文名篇，后来被镌刻在西山九曲亭正中壁板上。

现代作家徐迟（1914—1996）对于苏轼此举的人文价值，也有十分精当的评价。徐迟写完轰动一时的报告文学《哥德巴赫猜想》后来到鄂州，对苏东坡贬谪生涯感同身受的他，情有独钟地将这座由苏轼发起扩建的西山九曲亭称为“中国文人精神上的高峰性建筑”。这跟苏辙在《武昌九曲亭记》里对哥哥逆境胸襟的解析评价，有异曲同工之妙。

苏辙和徐迟的高度评价是有其充分理由的。中国儒家文人一般将“达则兼济天下，穷则独善其身”作为人生信条。但在贬谪穷途中，对于武昌这个贬谪地之外事关民生忧乐、文脉传承的事情，苏轼并没有按“独善其身”信条行事，而是记挂于心，身体力行地“相与营之”，苏轼此举实际上是穷达皆不忘兼济天下之所为。

亭为名亭，记为名记。直接出自“唐宋八大家”二苏兄弟之手的此亭此记，以厚重的历史人文色彩和可观可诵的丰富内涵，被列为武昌西山代表性胜景，并成为中国古代亭台楼阁文化长廊的佳篇名作。

四、寒溪耳闻亲见

在武昌，苏东坡曾为当地以“脱却破裤”作为布谷鸟春天催耕所鸣之声的谐音而反复琢磨，也曾因西山寒溪的一次耳闻亲见而深情赋诗。这集中体现了他对武昌农人的关心悯恤之情。他的这些情感，既来自躬耕东坡后的亲身体验及其思想升华，还有从小到大的经历给予他的感悟。

“识字耕田夫”的恤农悯农

苏轼在孩童时就曾目睹“野人暗哑遭欺凌”，知晓民间百姓的喜怒哀乐。刚踏上仕途，他在《和子由蚕市》诗里跟弟弟苏辙回忆小时候情况，写下“蜀人衣食常苦艰”“千人耕种万人食”诗句。后来在几个州当通判、知州，他对“王安石变法”过程中农民的状况格外关注，写下“嗷嗷万族中，惟农最辛苦”。

从云端跌入谷底的他来到黄州，躬耕东坡使其彻底接了地气，扁舟武昌又使他对江南水乡农人渔父的喜怒哀乐有了近距离感受。苏东坡也因为自己有了这些亲身经历，成了“识字耕田夫”，而更加知农、恤农、悯农。东坡垦耕之初他写的一组雪中词，就是最好见证。

元丰四年（1081）腊月初二，武昌和黄州迎来一场雨转雪。为了更好地解决温饱问题，苏东坡将关注点全部倾注在雪中农事上。由此吟出五首《浣溪沙》，其知农、恤农、悯农之情尽在笔端。

一

覆块青青麦未苏，江南云叶暗随车。临皋烟景世间无。

雨脚半收檐断线，雪林初下瓦跳珠。归来冰颗乱黏须。

二

醉梦昏昏晓未苏，门前辘辘使君车，扶头一盏怎生无。

废圃寒蔬排翠羽，小槽春酒滴真珠，清香细细嚼梅须。

三

雪里餐毡例姓苏，使君载酒为回车。天寒酒色转头无。

荐士已闻飞鹗表，报恩应不用蛇珠。醉中还许揽桓须。

四

半夜银山上积苏，朝来九陌带随车。涛江烟渚一时无。
空腹有诗衣有结，湿薪如桂米如珠。冻吟谁伴捻髭须。

五

万顷风涛不记苏。雪晴江上麦千车。但令人饱我愁无。
翠袖倚风萦柳絮，绛唇得酒烂樱珠。尊前呵手镊霜须。

这组词，不仅五首词韵字都相同，而且篇篇围绕雪中躬耕东坡所思所见吟哦。其一起句“覆块青青麦未苏”，其二“废圃寒蔬排翠羽”，写的是苏东坡对雪中麦和菜的细致观察。其三“雪里餐毡例姓苏”，则是对农人的关注，说他们都像西汉出使匈奴的雪中苏武（前140—前60）。其四“空腹有诗衣有结，湿薪如桂米如珠。冻吟谁伴捻髭须”，写的是雪中自己的情形。其五“万顷风涛不记苏。雪晴江上麦千车。但令人饱我愁无”，是苏东坡对雪后农人和自己家来年丰收的期许。

苏东坡在几天后写的《书雪》中说得更直白：“黄州今年大雪盈尺，吾方种麦东坡，得此，固我所喜。但舍外无薪米者，亦为之耿耿不寐，悲夫！”

这五词一文相互呼应，体现了苏东坡的一片恤悯农人之心。

武昌寒溪对“脱却破裤”的深悟

“布谷！布谷！”是布谷鸟甜美的叫声。在古代，武昌和黄州一带的老百姓，却以“脱却破裤”作为布谷鸟鸣叫声的谐音。苏东坡刚来时，对当地老百姓的这一说法不是很理解。但一次武昌的亲身经历，一下子使他对此说法有了刻骨铭心的理解和认同。

有一天，苏东坡又一次过江到武昌西山。因前一天晚上下了一场大雨，西山寒溪灌满了雨水。刚踏入寒溪，恰遇一位挑空箩筐的农夫，穿着一条破裤子，连裤腿也未卷起来，就从溪水中蹚过去了，苏东坡甚是诧异。

这时，旁边山上树林子里传来一阵阵“布谷！布谷！”的鸣叫声。这位挑空箩筐的农夫立即朝树林子吼骂起来：该死的瘟鸟，你也叫“脱却破裤”呀！

苏东坡顿时感到好生奇怪，连忙上前问农夫：老乡，你卷起裤子蹚水，不就免得打湿衣服了吗？

犹豫了一会，这位农夫当着他的面卷起裤子。只见农夫的腿上，到处伤痕累累。他问何故？农夫流着热泪诉说：因欠了东家租子，今天一早就送了一担谷去，还不够交租。东家发了脾气，他争执了几句，就被人脱了破裤，按在地上打了一顿。

苏东坡方才明白这位农夫为何不卷裤子蹚水走，原来是怕冷水直接刺痛伤口。当然也有不想让人见到“催租瘢”的意思。

当日一回到黄州，苏东坡就将在武昌西山寒溪所见所闻情景，写出《五禽言五首》诗其二：

> 昨夜南山雨，西溪不可渡。溪边布谷儿，劝我脱破裤。
> 不辞脱裤溪水寒，水中照见催租瘢。

“南山”，顾名思义是黄州之南的武昌西山。“西溪”就是武昌城西的寒溪。苏轼在诗中自注：“土人谓布谷为脱却破裤。”

这是一首以禽鸣之谐音假定为人语，表诗中之意的“禽言诗”。其饱含悯恤武昌农人深情的诗句，除了让人对这位不挽裤腿蹚水、身有“催租瘢”的武昌农人深深同情之外，还会使人对苏东坡这位知农、恤农、悯农的“识字耕田夫”，肃然起敬。

五、赋诗武昌渔父

“乱流而南”中识鱼知渔

儿时的苏轼和苏辙在岷江边钓鱼，然后将小鱼用面粉混合，做成“油炸面鱼”。离开家乡岷江多年，后来他总是记着这“芳香妙无比”的一口。不曾想，这么喜欢吃鱼的他，来黄州前在乌台大狱里竟因为一盘鱼，还以为自己必死无疑呢。历史偏偏因食鱼，给爱吃鱼的苏轼开了一个大玩笑！

来到江更宽、水更多、鱼更鲜的黄州和武昌，除了《黄州府志》记载的苏东坡跟潘丙叔侄在“樊口江上钓鳊野饮”外，他还从武昌捕鱼人那里学会了许多烹鱼、食鱼方法。离开多年后，苏东坡把在武昌、黄州学来的这些独门绝技，洋洋得意地向友人显露。

子瞻在黄州，好自煮鱼。其法，以鲜鲫鱼或鲤治斫冷水下入盐如常法，以菘菜心芼之，仍入浑葱白数茎，不得搅。半熟，入生姜萝卜汁及酒各少许，三物相等，调匀乃下。临熟，入橘皮线，乃食之。其珍食者自知，不尽谈也。

这篇《煮鱼法》,介绍的是武昌、黄州一带渔民“江水煮江鱼”“活水煮活鱼”的烹鱼方法。这样烹饪，实际上图的是所煮鱼的“鲜”，再配上苏东坡介绍的佐料，煮出来的鱼既鲜嫩无比，又香气扑鼻。现在鄂州临湖滨江的居民还在沿用这一传统烹饪方法。

煮鱼必须先刺鱼，然后马上熬鱼汤，一定会熬出色香味俱佳、令人食欲顿生的纯白色鱼汤。苏东坡把武昌、黄州打渔人这一“现刺现熬”鱼汤的奥妙和乐趣，沾沾自喜地写进《书煮鱼羹》：

予在东坡，尝亲执枪匕，煮鱼羹以设客，客未尝不称善，意穷约中易为口腹耳。今出守钱塘，厌水陆之品，今日偶与仲天贶、王元直、秦少章会食，复作此味，客皆云：此羹超然有高韵，非世俗庖人所能仿佛。

从“斫冷水”烹“珍食者自知,不尽谈也”的鲜鱼,到“亲执枪匕”熬“超然有高韵，非世俗庖人所能仿佛”的鱼羹，从中不难见到武昌、黄州打渔人原生态烹鱼方法对他的影响。

不仅如此，在大江两岸扁舟过往之中，苏东坡还时不时麻烦附近渔父用渔船帮其渡江。因此,《武昌九曲亭记》中就有了苏轼经常“杖策载酒，乘渔舟，乱流而南”的记载。

在黄州临皋亭江边，苏轼经常近距离观察江中打渔人劳作生活的细节。在武昌樊口潘丙酒店里,少不了跟潘大临、潘大观谈渔论诗。可以这样说,在黄州、武昌，苏轼接触最多、观察最深入的群体，便是渔父。

随着观察、接触、交往的日益加深，苏东坡对武昌渔父们的感情也日积月累，不断增进。

深情吟诵《渔父》组词

在写完《五禽言五首》后，苏东坡又一次来到武昌樊口潘丙酒店。正好潘家叔侄三人都在店里。于是他把为武昌农夫写的禽言诗拿出来。手疾眼快的潘大临，一把接过去又吟又咏。

听了潘大临的吟诵，潘丙、潘大观二人拍手称好。虽然诗中所写之事过去好多天了，但再次听到这首自己写的诗，苏轼眼里还是一下子就湿润了，心里又涌起怜惜农夫之情。

稍微有点腼腆的潘大观这时鼓起勇气说：苏公什么时候能给我们打渔人也写首诗词呀？

苏东坡微笑着答道：俗话说，择日不如撞日。请听着，拿笔作记。一组酝酿已久的《渔父》词款款吟出：

一

渔父饮，谁家去。鱼蟹一时分付。酒无多少醉为期，彼此不论钱数。

二

渔父醉，蓑衣舞。醉里却寻归路。轻舟短棹任斜横，醒后不知何处。

三

渔父醒，春江午。梦断落花飞絮。酒醒还醉醉还醒，一笑人间今古。

四

渔父笑，轻鸥举。漠漠一江风雨。江边骑马是官人，借我孤舟南渡。

苏东坡一口气吟出的这四首《渔父》词，是他特意创作的“自度曲”。潘大观扬起所记词稿，高兴地跳了起来。

在这组词里，苏东坡把几年来住在黄州临皋亭里对江边渔父的细致观察，把他坐渔船过江的亲身经历，把跟潘大临、潘大观等打渔友人一起嬉戏饮酒时的感悟，通过渔父捕鱼时、闲暇中司空见惯的“饮”“醉”“醒”“笑”四个瞬间，进行了艺术化的精彩呈现。

组词第一首写渔父用自己捕捞的鱼蟹与酒家换酒喝，彼此不多计较，喝多少算多少。第二首写渔父醉卧渔舟，任其东西，醒来醉酒还未完全消失，不知身在何处。第三首写渔父在落花飞絮中醒来，已是中午时分，醒复饮，饮复醉，醉复醒。第四首写渔父在风雨中与江鸥相伴，逍遥自在，奔波的骑马官人常常借渔船孤舟渡江。

四首词既独立成篇，合起来又是一个整体，运用描写、记叙、议论的相互结合，以及景、事、理融合的方法，生动地展示了渔父超然物外、悠闲自得的情景和生活情趣。

如果说苏轼因躬耕东坡而更知农、恤农、悯农，那么从这组词可以看到，苏东坡因近距离接触观察渔父，进而结识捕鱼翁、感知打渔人，又使自己的“身与形”在潜移默化中发生深刻变化，直至跟他们融为一体，心灵相通，产生十分特殊的情感。他在《答李端叔书》中说自己得罪以来，深自闭塞，“扁舟草屦，放浪山水间，与渔樵杂处，往往为醉人所推骂”，就是其见证。

因此，苏东坡这组词写的不仅是渔父，词里何尝没有他自己的影子啊？何尝不是寄托他贬谪戴罪中的所思所求呀？难怪后来在黄州写告别词《满庭芳》时，苏东坡深情吟出“仍传语，江南父老，时与晒鱼蓑”这一祝福武昌渔父的词句。

六、推广“武昌秧马”

春耕时节见识独特扯秧工具

武昌、黄州虽然分处大江南北，却同属南国鱼米之乡。黄州在大别山南麓，地处古云梦泽东南，湖田不少，雨水也充沛，因而盛产稻米。

种稻是个辛苦活。农夫扯秧插田时两条腿深陷泥中，一直弯着腰劳作。这样种田除了费力气之外，一天下来还会使农人腰酸背疼，常常直不起身。

“耕田夫”，使苏东坡更知农、恤农、悯农。“识字耕田夫”，又使“空腹有诗衣有结”的他，在躬耕时比一般农夫更加喜爱观察琢磨。

元丰四年（1081）春天，苏东坡来到武昌樊口潘家酒店后，让潘丙陪着他到周边走走。路过一片稻田，那里的农人正热火朝天地扯秧、插秧。他停下来观看，发现跟黄州农人弯腰扯秧不同，这里农人似乎是坐着扯秧。这让苏东坡提起了兴趣，他当即让潘丙把秧田扯秧的农人叫过来。

这位花甲农人一来到身边，苏东坡迫不及待地向他请教：刚才我看见您老人家好像是坐在一个小凳子上扯秧，是吗？

老农笑了起来，说道：一看你就不是一个种田人，还是一个外地人。我扯秧时，坐的怎么可能是个小凳子呢？要是小凳子，我一坐下去它早就“偎到”（意为陷入）泥里去了，还怎么能扯秧？

潘丙连忙向这位老农介绍苏东坡的情况，请他将坐着扯秧的工具详细地介绍一下。

老农惊奇地盯着苏东坡，看了好一会儿才开口：您就是从皇帝老爷身边来对江黄州的苏大官人呀？我们这一带的人，都听说您是个有本事的人。大伙议论起来，还替您打抱不平呢。

苏东坡听到这里，连忙向这位老农鞠了一个躬，对农人的关心深表谢意。老农急忙扶起他，说：使不得，使不得，我一个老农夫经受不起苏大官人这么大的礼数。您想知道什么问题，我来回答。

苏东坡也不再客气了，一下子连发三问：那个东西到底是什么？你们是怎么做的？用起来感觉如何？

老农返回秧田拿来那个工具，指着它说：大家都叫它“秧马”。以前我们也是像黄州人那样扯秧，腰酸背疼，蛮不舒服。由于忙时种田，闲时到周边湖里、港里、江里打渔，在划渔船时得到启示。如果做个像小渔船一样的东西，放在秧田水面上，坐着扯秧多好。于是大家不断琢磨试验，就用屋旁村边的杨树、桐树等轻质木料，做成两头像小船翘起来那样的底板，放在秧田，前后平滑不“偎泥”，进退自如。再在底板上面固定一个跟小板凳差不多的座凳，坐在上面扯秧就有骑在马上的感觉，大家干脆就叫它“秧马”。

苏东坡恍然大悟：你们这“秧马”，实际上就是“小船”跟小板凳的结合呀！苏东坡迫不及待地下到秧田，坐在“秧马”上。在老农的指点下，他也试着扯了几把秧，发现果然比弯腰扯秧舒服多了。

回到田埂上，苏东坡迅疾比照“秧马”尺寸，草绘了一张“秧马”制作图。返回黄州，他当即安排人制作，向当地农人推广。

> 予昔游武昌，见农夫皆骑秧马。以榆枣为腹，欲其滑，以楸桐为背，欲其轻。腹如小舟，昂其首尾，背如覆瓦，以便两髀雀跃于泥中，系束藁其首以缚秧。日行千畦，较之伛偻而作者，劳佚相绝矣。

这段短文，是后来苏东坡在江西给老友曾安止（1048—1098）推介“武昌秧马”时写在《秧马歌并引》中的，专门介绍自己在武昌见识“秧马”的情形，以及它的形状特点和“日行千畦，较之伛偻而作者，劳佚相绝矣”的功效。

往事越千年。一直到现在，“武昌秧马”仍在黄州、鄂州农村使用。只不过随着“工厂化育秧”“稻种直接点种”等新型农业技术的大规模推广应用，使用“武昌秧马”种田的人自然越来越少了。“武昌秧马”开始成为鄂州民俗博物馆的收藏品。

尽心竭力推介“武昌秧马”

离开武昌后，对于“秧马”的推广应用，苏东坡可谓是一路尽心竭力。每到一地只要有需求，他都不厌其烦地去介绍、去传授。

> 过庐陵，见宣德郎致仕曾君安止，出所作《禾谱》。文既温雅，事亦详实，惜其有所缺，不谱农器也。

绍圣元年（1094）苏东坡写的《秧马歌并引》里，记述了他在江西庐陵（今江西吉安）介绍推广“武昌秧马”的起因。这一年，苏轼从华北平原定州被贬到距离南海不远处的惠州。途经庐陵时，遇见宣德郎曾安止。这位北宋致仕官员回到家乡，潜心研究水稻栽培，所著《禾谱》为我国古代第一部水稻品种专著，详述了五十多个水稻品种及其种植技术。见面后他送给苏轼一本《禾谱》。苏轼当即以“文既温雅，事亦详实”予以肯定。鉴于此书没有种植水稻的农具介绍，苏轼建议曾安止增补这方面内容，还把“武昌秧马”的图谱及制作尺寸毫无保留地送给他，并当即赋诗一首：

> 春云濛濛雨凄凄，春秧欲老翠剡齐。
> 嗟我妇子行水泥，朝分一垅暮千畦。
> 腰如箜篌首啄鸡，筋烦骨殆声酸嘶。
> 我有桐马手自提，头尻轩昂腹胁低。
> 背如覆瓦去角圭，以我两足为四蹄。
> 耸踊滑汰如凫鹥，纤纤束藁亦可赍。
> 何用繁缨与月题，揭从畦东走畦西。
> 山城欲闭闻鼓鼙，忽作的卢跃檀溪。
> 归来挂壁从高栖，了无刍秣饥不啼。
> 少壮骑汝逮老黧，何曾蹶轶防颠隮。
> 锦鞯公子朝金闺，笑我一生蹋牛犁，不知自有木駃騠。

此诗此引写于苏东坡遭受人生更大一次打击之时。贬谪黄州、扁舟武昌时，他只有四十来岁，谪居地是一个距离京城不太远的地方，未来还有翻身的希望。这一次苏东坡快六十岁了，年近花甲要去一个更遥远的岭南蛮荒之地，未来希望渺茫。但就是在这样的情况下，人们从他在庐陵有关“武昌秧马”的介绍推广中，看不见他丝毫的落魄和潦倒，有的是对老朋友的坦诚和无私，有的是对农事的关注、对农人的关心。

诗的起首四句，写的是“一年之计在于春”“朝分一垅暮千畦”的春种时节，农人于“春云濛濛雨凄凄”中扯秧插田的繁忙紧张情景。“腰如箜篌首啄鸡，筋烦骨殆声酸嘶”，说的就是农人弯腰扯秧的辛劳不适。“我有桐马手自提，头尻轩昂腹胁低。背如覆瓦去角圭，以我两足为四蹄。耸踊滑汰如凫鹥，纤纤束藁亦可赍”，说出了秧马的制作方法和使用方式。“何用繁缨与月题，朅从畦东走畦西。山城欲闭闻鼓鼙，忽作的卢跃檀溪”，谈了使用“武昌秧马”的妙处。“归来挂壁从高栖，了无刍秣饥不啼”，写“武昌秧马”使用后易于保管。“少壮骑汝逮老黧，何曾蹶轶防颠隮”，是说“武昌秧马”使用对象老少咸宜。诗末苏公又带着自豪的口气，幽默了一把：“锦鞯公子朝金闺”的京城高官贤达、纨绔子弟，只知道笑我是一个“一生蹋牛犁”的“识字耕田夫”，却不知我还藏有“武昌秧马”这一“木駃騠”宝贝呢！

说来也巧，在江西泰和县发现的一些文物，为考证近千年前曾安止跟苏东坡围绕“武昌秧马”所发生的故事提供了佐证。该县石山乡的《匡原曾氏族谱》，记载有曾安止与苏公的书信，以及有关《秧马歌》碑的摹刻情况。1983年，在该村曾氏祠堂中还发现了《秧马歌》碑。

另外通过史料发现，南宋中期曾安止后裔曾之谨专门撰《农器谱》，以补《禾谱》之缺，使苏东坡当年的建议落到了实处。

来到惠州，苏东坡发现这里也是水稻主产区，其农人同样是弯腰扯秧。于是他在多处推广“武昌秧马”，并连写了四篇《题秧马歌后》，记下具体情形：

惠州博罗县令林君抃，勤民恤农，仆出此歌以示之。林君喜甚，躬率田署制作阅试，以谓背虽当如覆瓦，然须起首尾如马鞍状，使前却有力。今惠州民皆已施用，甚便之。念浙中稻米几半天下，独未知为此，而仆又有薄田在阳羡，意欲以教之。适会衢州进士梁君琯过我而西，乃得指示，口授其详，归见张秉道，可备言范式尺寸及乘驭之状，仍制一枚，传之吴人，因以教阳羡儿子，尤幸也。本欲作秉道书，又懒，此间诸事，可问梁君具详也。试更以示西湖智果妙总禅师参寥子，以发万里一笑，尤佳也。绍圣二年四月二十二日，轼书。

这是绍圣二年（1095）四月二十二日苏东坡写的《题秧马歌后・一》，记述了他向惠州博罗县令林抃，向衢州（现属浙江）进士梁琯推介“武昌秧马”的情况。

原来，到惠州的第二年春，苏东坡见博罗县令林抃“勤民恤农”，就把在庐陵所写《秧马歌并引》和“武昌秧马”制作图，向其出示。林抃亲自跟田署官员一起试制推广，并认为秧马底板“然须起首尾如马鞍状，使前却有力”。按此进行改进后，“今惠州民皆已施用，甚便之”。

看见惠州推广“武昌秧马”的效果立竿见影，苏东坡又想起自己曾经外任过的杭州、湖州等浙中之地“稻米几半天下”，却不知有如此好用的扯秧工具。这时“适会衢州进士梁君琯”顺道来看他，苏东坡就把“武昌秧马”的制作使用方式“口授其详”，还告诉梁琯自己“有薄田在阳羡（今常州宜兴）”，让这位进士回去后，帮助一并传授推广。于是“武昌秧马”又发展到了浙中、常州一带。

林博罗又云：“以榆枣为腹患其重，当以梔木，则滑而轻矣。”又云：“俯伛秧田，非独腰脊之苦。而农夫例于胫上打洗秧根，积久皆至疮烂。今得秧马，则又于两小颊子上打洗，又完其胫矣。”

在这篇《题秧马歌后・二》里，苏东坡记述了林抃在博罗县推广的后续情况。林抃县令还发现，“以榆枣为腹患其重，当以梔木，则滑而轻矣”。鉴于“俯伛秧田，非独腰脊之苦。而农夫例于胫（小腿）上打洗秧根，积久皆至疮烂”，于是引导农人在秧马“两小颊子上打洗”，不仅使“武昌秧马”又多了一项功用，还使农人小腿免于疮烂。

翟东玉将令龙川，从予求秧马式而去。此老农之事，何足云者，然已知其志之在民也。愿君以古人为师，使民不畏吏，则东作西成，不劝而自力，是家赐之牛，而人予之种，岂特一秧马之比哉！

这篇《题秧马歌后·三》,记述的是苏东坡向即将担任龙川(现属广东河源)县令的翟东玉,传授"武昌秧马"的情况。苏东坡从翟东玉对此事的积极态度,认为"然已知其志之在民也",对他予以鼓励。文中他站在"以古人为师"的高度,希望通过推广"武昌秧马"来助民"东作西成,不劝而自力",让翟东玉进一步明白这样做的深层次意义。

吾尝在湖北,见农夫用秧马行泥中,极便。顷来江西作《秧马歌》以教人。近读《唐书·回鹘部族黠戛斯传》,其人以木马行水上,以板荐之,以曲木支腋下,一蹴辄百余步,意殆与秧马类欤?聊复记之,异日详问其状,以告江南人也。

苏东坡在这篇《题秧马歌后·四》中回忆见识推广"武昌秧马"的历程后,写了他读《唐书》时,发现回鹘部族"木马行水上""意殆与秧马类欤"。畅想着未来若有可能,将详细地将这一发现"告江南人"。

苏东坡进行这样的探究类比并不是第一次。他在庐陵写的《秧马歌并引》中也曾有这方面的记载:"《史记》禹乘四载,泥行乘橇。解者曰,橇形如箕,擿行泥上。岂秧马之类乎?"

这两则短文实际上记述的,是苏东坡在对"武昌秧马"进行历史溯源类比研究。它也充分说明,苏东坡在晚年颠沛流离的贬谪历程中,仍然一直不停地琢磨探究他的这个"木駃騠",心心念念地关注、推广。

一路推广中蕴含的精神情感

"武昌秧马"实际上是为农人扯秧时缓解劳累的一个小发明应用。苏东坡在《题秧马歌后·三》中也曾说,"此老农之事,何足云者"。但就是这一"何足云者"小事,他偏偏当成一件有益于民的大事,花费诸多心血研究推广。

探究苏轼为何这样做,不难发现躬耕东坡的亲身经历,使他对农事、农人产生了特殊情感。这是他一路尽心竭力做这件事的内在动力之一。他"志之在民"的为政做人追求,则是更深层次的精神动力。这在元丰七年(1084)七月他写给弟弟的《闻子由为郡僚所捃恐当去官》诗中有充分表达:

少学不为身,宿志固有在。虽然敢自必,用舍置度外。

天初若相我，发迹造宏大。岂敢负所付，捐躯欲投会。
宁知事大谬，举步得狼狈。我已无可言，堕甑难追悔。
子虽仅自免，鸡肋安足赖。低回畏罪罟，黾俛敢言退。
若人疑或使，为子得微罪。时哉归去来，共抱东坡耒。

开篇诗句“少学不为身，宿志固有在”，是苏东坡经过一番炼狱煎熬后把自己不变的“宿志”，向苏辙敞开心怀。他这是告诉弟弟，虽然我们都因被贬而“堕甑”，都仕途不顺，但“宁知事大谬，举步得狼狈”，也要以“岂敢负所付，捐躯欲投会”来激励鞭策自己。诗末他向弟弟表示，要像陶渊明那样，在“时哉归去来，共抱东坡耒”中怀揣、体现自己的“宿志”。

正是因为如此，在经历更大人生磨难时，苏东坡还在想方设法到处推广“武昌秧马”，一如既往地用实际行动去恤农、悯农、助农。

七、追求“遗爱于民”

苏东坡对武昌民生的忧乐与共，对武昌农人农事、渔父钓翁的倾情关注，既跟他的为官做人追求密切相关，也是他日益钟情适意武昌的具体表现。

一词二记话“遗爱”

若要用一个最简明贴切的词来概括苏东坡的为官做人追求，最合适的是“遗爱”。苏轼在自己的诗文中多次用这个词评价有为官员，用这个词鞭策激励自己。

贬谪黄州、扁舟武昌前，眉州建起远景楼。家乡人因眉州知州黎希声所做的这件雅事，托时为徐州知州的苏轼为该楼作记，以颂扬其政声。苏轼为此煞费苦心，在《眉州远景楼记》最后写到：

若夫登临览观之乐，山川风物之美，轼将归老于故丘，布衣幅巾，从邦君于其上，酒酣乐作，援笔而赋之，以颂黎侯之遗爱，尚未晚也。

此记妙就妙在苏轼并没有直接夸赞黎希声，而是设想未来有一天，自己“归老于故丘”，再登楼赏景唱和，“援笔而赋之，以颂黎侯之遗爱”。这样写，既避免落入纯粹歌功颂德之俗套，又作为两个知州的互勉。从此处还可以看到苏东坡为官的一个重要追求——“遗爱于民”。

来到黄州不久的元丰三年（1080）六月，对闻风而动、大刀阔斧拯救“溺婴”的鄂州知州朱寿昌，苏轼深受感动。为此他专门填词，将朱寿昌的所作所为，用“遗爱”一词作高度概括，发出“君是南山遗爱守”的赞叹。

元丰六年（1083）四月，对即将离任的黄州知州徐君猷，有感于他知黄期间的政绩，加上对自己一大家子的诸多帮助，苏东坡将黄州安国寺新建的竹间亭命名为“遗爱亭”，并在自己写的《遗爱亭记》中，对徐君猷的“遗爱”风范进行艺术化勾勒，对何为“遗爱”进行言简意赅的阐述：

> 何武所至，无赫赫名，去而人思之，此之谓“遗爱”。
>
> 夫君子循理而动，理穷而止，应物而作，物去而复，夫何赫赫名之有哉！
>
> 东海徐公君猷，以朝散郎为黄州，未尝怒也，而民不犯；未尝察也，而吏不欺；终日无事，啸咏而已。
>
> 每岁之春，与眉阳子瞻游于安国寺，饮酒于竹间亭，撷亭下之茶，烹而饮之。公既去郡，寺僧继连请名。子瞻名之曰“遗爱”。时（巢）谷自蜀来，客于子瞻，因子瞻以见公。公命谷记之。谷愚朴，羁旅人也，何足以知公？采道路之言，质之于子瞻，以为之记。

“有德于民”的苏大才子

苏东坡心中的“遗爱”内涵是什么？他在代巢谷写的《遗爱亭记》开篇，就以“无赫赫名，去而人思之”来作了明确、简练的回答。

苏东坡正是这样做的。几十年的从政生涯，一路不论起伏坎坷，也不论在一地的时间长短，有的地方甚至只是路过落个脚，苏东坡都能做到“去而人思之”。

这样的情形，在古今中外历史上极其罕见。细细探究起来，是因为苏东坡的崇高人格、卓越成就所形成的赫赫名气，他“奋厉有当世志”“官不在高，有为则善”的终身追求，以及他那乐观的性格、积极的人生态度所带来的走一路就爱一路、在一处就有为于一处，以及他那勤奋笔耕不怠、留痕遗墨不已的精神。

正是苏东坡对事关武昌民生诸事的倾情投入，忧乐与共，所以这座古城的老百姓都说他是“文中大学士，法外活菩萨”。《宋史·苏轼传》评价苏东坡则更为精辟：“有德于民。”

第七章

江南闻鼓　依依不舍

好在堂前细柳，应念我，莫剪柔柯。
仍传语，江南父老，时与晒渔蓑。

——苏轼《满庭芳·归去来兮》

清风弄水月衔山，幽人夜渡吴王岘。
黄州鼓角亦多情，送我南来不辞远。

——苏轼《过江夜行武昌山上闻黄州鼓角》

苏东坡贬谪黄州、扁舟武昌这段特殊经历，随着一封“量移汝州”御札的到来戛然而止。在找人谋划赴汝州行程时，他首先想到的人选便是武昌车湖刘郎洑的王氏兄弟；在托付离开黄州后的遗留之事时，他第一个想到的是武昌樊口潘丙；在东坡雪堂饮别中，他不忘“传语”包括武昌在内的江南父老朋友。其后一一辞别在武昌曾经流连眷顾过的地方，依依不舍地跟这座古城的新朋故友告别。

一、“传语江南父老”

接神宗手札后“甚有事欲面话”

“乌台诗案”中，宋神宗原本并不想把苏轼怎么样。他曾对王安石弟弟、尚书左丞王安礼（1034—1095）说：“朕不想深罪，召他对狱，考核是非，不久将放出。”但最终在此次事件中，苏轼还是被命运狠狠地捉弄了一番。

虽然如此，苏轼被贬到黄州后，宋神宗对他的一举一动还是很关注。每当获得苏轼的诗文，宋神宗便喜不自胜，阅读起来废寝忘食。有一次朝堂论古今人才时，不由自主地议到了苏轼。有近臣认为他“颇似李白”，宋神宗摇头说：“白有轼之才，而无轼之学。”

因此，宋神宗一直想尽快起用苏东坡。但“乌台诗案”就像激进小人给宋神宗下的一个“套”。宋神宗明知此事玄机，却碍于皇权威严不好反悔，不能轻易起用苏轼。这个“套”也就成了套在苏东坡颈子上的一个“死结”，害苦了他和受其连累的一大帮人。从元丰四年（1081）七月宋神宗有意让苏轼撰国史，到后来想让他担任著作郎、中书舍人、翰林学士、江州知州等官职，都被蔡确等激进小人“面有难色”而作罢。

到了元丰七年（1084）正月二十一日，宋神宗使出撒手锏，直接亲出手札：“责授检校水部员外郎，量移苏轼为汝州团练副使，本州安置，不得签书公事。”但仔细来看这一手札，宋神宗的决定还是做了不小让步，只是形式上让苏东坡到离京城稍近一点的地方——汝州（现属河南平顶山），以示皇恩眷顾。但除了不再押解前往外，其量移职位和待遇，跟他受贬到黄州完全一样。

宋神宗的手札三月上旬才到达苏东坡手中。见了御札，他不仅脸上没有半点喜色，而且打心里就不愿接受这样没有多少意义，反而带来“劳费百端”的安排。刚开始他还一度产生就此请退隐居的想法。

冷静下来后，苏东坡再仔细品味御札。宋神宗就量移理由写的“苏轼黜居思咎，阅岁滋深，人才实难，不忍终弃”这几句话，让他感到些许暖意。由此想来，说不定这是宋神宗给本人，也是给他的一个台阶。接受这一安排，说不定是自己“起死回生”的一次难得机会。再说受他连累的，包括苏辙在内的许多人，他们的命运与自己休戚与共。如果自己能就此走出困境，对他们也有好处。于是苏东坡按惯例向宋神宗上了《谢量移汝州表》。

到黄州时，苏轼和家人最关注的是什么时候能够离开黄州。真的要离开黄州了，一颗不舍之心又让他起伏难平。离开之前有多少准备事项要做，有多少告别礼仪要为？心里陡然六神无主起来。此时他迫切希望有一个人能跟自己一起好好相商，妥当安排。

过了几天，苏轼越来越觉得武昌车湖刘洑郎的王氏兄弟，正是自己充分信赖之人。于是他给王齐愈去信一封：

数日，不审尊候何如？前蒙恩量移汝州，比欲乞依旧黄州住，细思罪大责轻，君恩至厚，不可不奔赴。数日念之，行计决矣。见已射得一舟，不出此月下旬起发，沿流入淮，溯汴至雍丘、陈留间，出陆至汝。劳费百端，势不得已。本意终老江湖，与公扁舟往来，而事与心违，何胜慨叹，计公闻之，亦凄然也。甚有事欲面话，治行殊未集，冗迫之甚，公能两三日间特一见访乎？至望！至望！

从这封信开头所写“数日，不审尊候何如”，可以得知接到御札后，苏轼曾在几天前就向王齐愈兄弟俩写了一篇短文，通报了离黄赴汝消息。他在“数日念之”中“行计决矣”，则谈了接到御札后的思想纠结过程，以及三月下旬启程的打算和大致行程安排。接着对“本意终老江湖，与公扁舟往来”，却“事与心违”表示感叹。他想请王齐愈近两三天到黄州来一趟，有很多事要“当面话”。信中还连写两个“至望”，其事之急，其情之切，其对王齐愈的无比爱戴、信任之情，跃然纸上。

王齐愈兄弟接到这封“甚有事欲面话”的信，立即扁舟前往黄州。互诉即将离别之情后，他们二人用当年全家驾舟顺江来武昌车湖刘洑郎的过往经验，细致入微地帮助苏公安排行前走后的一应事项，郑重地建议苏公晚走几天。一方面把准备工作做得更充分完备些，另一方面多安排一点时间用于辞行，尽量不留遗憾。就此，王齐愈兄弟俩代表武昌诸友，请他一定过江喝饯行酒。最好是安排在离开黄州之后，避免大江两岸跑来跑去。为了在江南辞行时轻装简从，他们建议苏公先单身过江，家眷稍候再出发会合。

对两位老大哥的意见，苏东坡照单全收，定在四月七日启程离开黄州，然后顺道到武昌各地饯行告别。

饯别东坡雪堂的传语

苏东坡“量移汝州”的消息传开后，黄州和周边的新朋旧友都来送行。令他最感动的还是住在东坡雪堂附近的黄州父老乡亲。他们精心选在四月初一这天，拿出春秋社日祭祀土地神所用的好酒，杀猪宰羊，就在雪堂为苏东坡饯行。席间，大家共话在东坡劳作中互帮互助的趣事和友情，纷纷表达了舍不得、又不得不送他走的纠结矛盾心情。

喝着饯行酒，苏东坡诗兴大发，当场写下《满庭芳·归去来兮》：

归去来兮，吾归何处，万里家在岷峨。百年强半，来日苦无多。坐见黄州再闰，儿童尽、楚语吴歌。山中友，鸡豚社酒，相劝老东坡。　　云何！当此去，人生底事，来往如梭。待闲看，秋风洛水清波。好在堂前细柳，应念我、莫剪柔柯。仍传语，江南父老，时与晒渔蓑。

在词前序里，苏东坡记下此次饯行活动相关情况："元丰七年四月一日，余将去黄移汝，留别雪堂邻里二三君子。"

在这首令人动情伤感，带着浓浓告别意味的词中，苏东坡来到吴头楚尾的黄州已见两个闰月，家中小孩开始"尽楚语吴歌"。大家劝他就在黄州东坡终老。他何尝不想这样做哇！但君命难违，不得不走。"好在堂前细柳，应念我，莫剪柔柯"，表面上是说他在雪堂前后跟大家一起躬耕东坡的劳动成果是搬不走的，麻烦大家继续照看好。实际上苏东坡在这里要表达的是"人生底事，来往如梭"，说不定还有机会再来这里，跟所植细柳一起终老东坡。

坐在雪堂喝饯行酒，抬头就可看见武昌诸山。苏东坡就此吟出"仍传语，江南父老，时与晒渔蓑"。短短十二字，充分说明黄州贬谪生涯中，包括大江对岸武昌和兴国（现湖北阳新）在内的江南朋友，都一样在他心中留下深厚感情。此时在黄州雪堂以词表达分别不舍之情，怎么能忘了"江南父老"呀！他在这首词的序里还说"会李仲览自江东来别，遂书以遗之"，也就是说，苏东坡将此词书赠给江南朋友的代表、专程来黄州请他在赴汝途中到兴国叙别的李仲览。

此前，苏东坡还作了一首同样以《满庭芳》为词牌的词：

蜗角虚名，蝇头微利，算来著甚干忙。事皆前定，谁弱又谁强。且趁闲身未老，尽放我、些子疏狂。百年里，浑教是醉，三万六千场。　　思量。能几许，忧愁风雨，一半相妨。又何须，抵死说短论长。幸对清风皓月，苔茵展、云幕高张。江南好，千钟美酒，一曲满庭芳。

这一标志着苏东坡走出抑郁困顿，走向超然物外之作，从思想内容到所述场景，以及直抒胸臆的"江南好"词句，应该为黄州时期作品，完全有可能写于"善酿酒醇美"、出"千钟美酒"的江南武昌。但不论怎样，能够让苏轼宣泄苦闷，敞开心扉，在离开黄州前喊出"尽放我、些子疏狂"，这不是那个"老夫聊发少年狂""独有狂居士"的苏轼又重新回来了吗？

所以在东坡雪堂喝着饯行酒、再吟《满庭芳》时，“江南好，千钟美酒，一曲满庭芳”的美好词句，还萦绕在苏东坡心头。

二、重托樊口潘丙

离别黄州的这一天，终于来了。元丰七年（1084）四月初七上午，在临皋亭南堂，黄州知州杨寀带着一众官员、乡亲聚集在一起，为苏东坡送行。他口占一首《别黄州》，以“来时莫遣故人非”这半认真、半谐趣的诗句，送给惜别的黄州父老友朋，并由衷地表达“再见”之情。在陈慥、王齐愈、王齐万、参寥、赵吉等陪同下，就此登舟离开黄州码头。快船朝着江南武昌樊口划去。不一会儿船冲过中江激流，平稳地径自到达武昌樊口潘家酒店。店门口潘丙打头，潘大临、潘大观殿后，酒店厨子、店小二和附近有交情的人紧随其间，等待苏东坡前来话别。

武昌辞行首站有重托

武昌辞行的第一站之所以选在樊口，除了便于顺江而下，以及苏东坡兄弟俩结缘武昌是从二十年前落帆樊口开始等原因外，还有一件重要事情要在这里进一步落实。就是将黄州的诸多遗留事项，再一次当着潘丙的面托付给他和侄子们。这样安排自有理由：一来通过四年多的交往，他觉得潘家叔侄都是重情重义、值得托付之人；二来潘丙叔侄分居樊口、黄州两地，江两边经常走动，便于照看管护。

进入店堂，摆在第一位的托付之事自然是苏东坡乳母任氏之墓的照看。

任氏名采莲，十五岁进入苏公母亲娘屋的青神程家，看护十四岁的程夫人。后又陪同程夫人来到苏家。前前后后精心照料程夫人三十五年，又乳养苏轼和他的姐姐八娘，帮助苏东坡带大三个儿子苏迈、苏迨和苏过，在苏家度过五十五年。程夫人在世时，让苏轼兄弟俩将任氏视同母亲大人。程夫人走后，苏轼全家更加尊敬任氏。但过的好日子不多，却一路颠沛流离，最后跟他一起来到贬谪戴罪之地。到黄州不到三个月的八月十二日，任氏就撒手人寰。

这是苏轼到黄州后最为心痛的一件事。因此，他在黄州附近用葬母之仪安葬了任氏，并亲自撰写墓志铭，用一百余字将乳母任氏对苏家所做的奉献写得淋漓尽致，使人们对这位一生只为他人操劳、“工巧勤俭，至老不衰”的普通劳动妇女油然敬佩。最后苏公还特别用“生有以养之，不必其子也。死有以葬之，不必其里也。我祭其从与享之，其魂气无不之也”这几句铭，表达自己在异乡安葬乳母任氏的虔诚孝敬之心。

但苏东坡一家人走后若无人看护，任氏之墓就成了孤坟。这也是他最放不下心的一件事。他只好拜托潘丙叔侄代行看护之劳，每年清明节不忘代他们烧香祭奠，帮助清除墓上杂草。

对于此事，潘丙带着两个侄儿庄重表示，将不辜负苏东坡重托。后来潘家人正是这样做的，并代代相传。《乳母任氏墓志铭》碑完整保存至今，就有潘家人的世代功劳。

除此以外，苏东坡还把东坡雪堂等相关事一并交由潘家叔侄打理。潘丙一一应承。

行前赠墨填词寄厚望

这时，潘大临兄弟俩以若有所求的眼光看着苏公。苏东坡明白他们心中所想之事。原来几天前，兄弟俩听说苏东坡马上就要离开黄州，于是乘夜里人少之际来到临皋亭南堂，一是想抓住最后机会向他讨墨宝；二是当年是宋大比之年，而即将到来的元丰八年（1085），朝廷要举行三年一科的举进士考试，潘大临想请苏东坡再指点指点。因为当时已经夜深，苏东坡让兄弟俩先回去休息，表示自己再忙也不会忘了他们所言之事。

苏东坡让随行人员拿出自己写的《归去来辞》、前后《赤壁赋》。有感于贬谪黄州、扁舟武昌期间跟潘家结下的浓浓情缘，苏东坡郑重其事地题跋其后：

书“赤壁二赋”及《归去来辞》赠潘邠老潘大观跋

元丰甲子，余居黄五稔矣，盖将终老焉。近有移汝之命，作诗留别雪堂邻里二三君子。独潘邠老与弟大观复求书“赤壁二赋”，余欲为书《归去来辞》，大观、磐石欲并得焉。余性不奈小楷，强应其意。然迟余行数日矣。苏轼。

此外，苏东坡还特地作《蝶恋花》词一首，赠送给潘大临。这是他对潘大临请求科考指点所作的回应。其殷殷祝愿之情尽在词中：

别酒劝君君一醉。清润潘郎，又是何郎婿。记取钗头新利市。莫将分付东邻子。　　回首长安佳丽地。三十年前，我是风流帅。为向青楼寻旧事。花枝缺处留名字。

在词的上阕，苏东坡以历史上久负盛名的美男子潘安和“何郎婿”来指代潘大临，可见他对潘丙这个侄子极为看重。此词下阕又以自己三十年前经历，对潘大临即将到来的科举应试给予殷切期望，就是来年能在“花枝缺处留名字”，实现金榜题名。

由于潘丙曾是乡试解元，苏东坡也鼓励其在省试中一显身手。潘丙对苏东坡的关心鼓励表示由衷的感谢。

从“然迟余行数日”也要用“余性不奈”的小楷书赠墨宝，到填《蝶恋花》词寄寓厚望，再到对潘丙解元的殷切鼓励，苏东坡跟樊口大江两岸潘氏家族建立起的深厚情谊，一览无余。

这时，清香扑鼻的清蒸樊口鳊鱼已端上了酒桌。潘丙当即请苏东坡和随行贵客喝饯行酒。

苏东坡这时站起来说：开酒前有个想法跟大家商量一下。二十年前我和弟弟苏辙落帆樊口时的那个遗憾还未完全如愿。当年落帆樊口“寻绎故迹”时，得知孙权在大江试航“长安号”巨舰后，“落舶”开出新通道上樊山，到达武昌西山九曲岭，后人将其称为“吴王岘”。那时我们二人心中都特别想循着这一路径去登临探访。由于时间紧急，当时无暇前往。尽管四年前的六月初，我和弟弟登临古樊山之东，弥补了游览武昌西山的遗憾，但那次同样因为时间紧迫，没有从孙权所辟路径上西山吴王岘。原以为在黄州还有可能再等来弟弟，共同去一了前愿。未曾想现在自己就要离开此地，我不想把这一缺憾再留下去了。中午大家少劝一点酒，我们下午就专门去走走当年孙权开辟出来的樊山之径，从那里上西山吴王岘，好吗？

酒桌上的众人一齐站起来，端着酒杯，相互一碰，算是共同响应了。

三、以《调笑令》赠别

有了不多劝酒的约定，潘丙的这桌饯行宴在不失热情的气氛中很快结束。陪行人员或坐护送苏东坡的快船，或上潘大观兄弟的渔船。一行人来到武昌樊口湾的长江水域，只见江水先由北而南，在靠近樊山西北的大洄处，江水开始急转弯，又恢复其自西向东的走势。长江水连同汇合而来的樊川长港水，加上樊山之顶托，在此形成一个比一个大的旋涡。在熟悉水性朋友的指点下，苏公亲临其境地再一次领略了武昌樊口湾大洄处水急浪涌、漩涡多而大的独特魅力，自然联想到当年大风中孙权在芦洲、樊口汛江试航“长安号”巨舰时的惊险刺激场景。

船队冲出大洄，便来到处于樊山中部、雷山跟西山结合部的小洄处。这里江面上虽然还有一个接着一个的漩涡，但水势平缓多了，漩涡也越来越小。由于这里是樊口鳊鱼的最佳出产处，加上江里的鱼跟樊湖游出的鱼在这里汇聚，因此渔父、钓翁们往往在这里的小洄处撒网、垂钓，苏东坡就曾跟潘丙叔侄在临近小洄的武昌钓台“钓鳊野饮”。

苏东坡一行人在小洄附近的码头靠船上岸。

不知是谁透漏了风声，不少渔父和垂钓翁纷纷来到苏东坡的快船边，用不同方式表达着祝福、送行之意。这些人中，不少是四年多来帮他往来渡江，教他打渔、刺鱼、烹鱼，与他一起垂钓野饮、嬉憩游乐的熟悉面孔，还有很多是闻讯而来的陌生人。但在苏东坡眼里，这些人看上去，个个都亲切无比。

人越来越多，话语越来越热切。这样大的送别场面在苏东坡前前后后的辞行中，不说是绝无仅有，起码是非常少见。爱动感情的苏东坡想了想该如何答谢。马上就要离开武昌赴北方的汝州，不知道还有没有机会再跟江南渔父们这么亲密地接触交流。于是他将前不久仿效唐代诗人韦应物（737—792）体写的《调笑令》两首，深情地向大家吟诵：

一

渔父，渔父。江上微风细雨。青蓑黄箬裳衣。红酒白鱼暮归。归暮，归暮。长笛一声何处。

二

归雁，归雁。饮啄江南南岸。将飞却下盘桓。塞外春来苦寒。寒苦，寒苦。藻荇欲生且住。

《调笑令》第一首直接写渔父。全词运用对仗、叠句、偏正词、颠倒词等写作手法，描绘了一幅江南鱼米之乡渔父恬静悠闲的江湖生活图景。但在依依告别江南渔父之际，“归暮。长笛一声何处”，委婉道出苏东坡对前途不明、未来坎坷的隐忧。

第二首写归雁。全词描写春分之后，本应北归的鸿雁仍痴情地停留在长江南岸。“将飞却下盘桓”，直接表达了苏东坡此时告别武昌的彷徨心态。对地处北方汝州的“春来苦寒”，他发出“寒苦，寒苦”的无奈感叹。其结句“藻荇欲生且住”，表面意思是武昌友人想留下他不走，实际上是反映自己与江南渔父依依难舍的真实心境。

四、江南闻“出塞曲”

从孙权凿山之径来到吴王岘

告别渔父和钓鱼翁，陪行人员随着苏东坡来到位于武昌西山之中、樊水出江口附近的退谷，泛抔湖，绕过状如大石蛙、被人称作“蛙蹲石”（又名“抔樽石”“窊樽石”）的奇异巨石，然后从当年孙权汎江试航由樊口归武昌所“凿山通路”之径，经“石门开”翻过郎亭山，来到吴王岘。

春末夏初的武昌西山，虽然万木葱茏，但晴个几天，气温就马上升上来了。一行人翻上山，早就汗流浃背。在吴王岘，苏东坡见到了早已等候于九曲亭的武昌县令李观、主簿吴亮等官员。西山寺方丈让人用菩萨泉泡上酴醿花茶，为他们解凉止渴。

李观与苏东坡手拉着手，一起进入九曲亭，在已摆好的饯行宴桌子边坐了下来，一边慢慢品茶，一边尝着“东坡饼”，共话这几年的相交之情。谈着谈着，武昌县主簿吴亮就谈到了苏轼初到黄州结下的“三大铁杆粉丝”中的郭遘，也就是《东坡八首》诗里所写“郭生本将种，买药西市垣”的“郭生”。接着又聊到郭遘去年陪苏东坡寒食节游武昌寒溪，苏东坡为他改白居易诗的事。为了给众人助兴，李观让当时陪行的吴亮吟诵一下，顺便考考这位“苏粉”。

吴亮高兴地站起来，一字一句吐出苏公翻改白居易诗时写的序，吟出改出来的“挽歌”词：

与郭生游寒溪，主簿吴亮置酒，郭生喜作挽歌，酒酣发声，坐为凄然。郭生言：“吾恨无佳词。”因为略改乐天《寒食》诗，歌之，坐客有泣者。其词曰：

乌啼鹊噪昏乔木，清明寒食谁家哭。风吹旷野纸钱飞，古墓累累春草绿。　　堂梨花映白杨路，尽是死生离别处。冥漠重泉哭不闻，萧萧暮雨人归去。

在座者对白居易《寒食野望吟》不乏了解。大家发现，苏东坡只是将白诗一二句由“丘墟郭门外，寒食谁家哭”扩充修改为“乌啼鹊噪昏乔木，清明寒食谁家哭”,第五句由“堂梨花映白杨树”的“树”改为“路”,就将原诗改成《瑞鹧鸪》词，且改出来的词句有了不同意味。

这首应“喜作挽歌”的郭遘所求而作的翻改词，当时就引发“坐客有泣者”的效应。此词再从吴亮口中吟出，刚才还热烈附和的众人，顿时安静下来。对苏轼这位文采横溢又钟情眷顾武昌的大才子产生一股难舍之情。

在西山闻黄州鼓角而深情赋诗

言谈寒暄中，不知不觉到了共进饯行晚宴的时刻。武昌县衙随从已挑来武昌城酒店弄好的佳肴，潘丙把随身带来的“潘生酒”敬上。中午未放开畅饮的苏东坡主动举杯，深情感谢这别具一格的饯行宴，由衷感谢四年多来武昌官员和诸友对他的温情关爱，以及每一次前来的盛情款待。

酒过几巡，天完全黑了下来，四周越来越安静。苏东坡无意间抬眼，只见东边山下武昌城、山北江对岸黄州街都亮起万家灯火。微微清风里似乎还隐隐传来黄州城头“晨钟暮鼓”的鼓角之声。几载黄州生活、武昌过往，积淀在苏东坡内心深处的酸甜苦辣之情，一下子被激发出来。他欣然作《过江夜行武昌山上，闻黄州鼓角》：

清风弄水月衔山，幽人夜渡吴王岘。
黄州鼓角亦多情，送我南来不辞远。
江南又闻出塞曲，半杂江声作悲健。
谁言万方声一概，鼍愤龙愁为余变。
我记江边枯柳树，未死相逢真识面。
他年一叶溯江来，还吹此曲相迎饯。

人走情未了。苏东坡把在江南樊山吴王岘上听到的黄州鼓角之声，把武昌诸友在西山九曲亭饯行时的殷切话语，都作为激励自己更加勇敢前行的“出塞曲”。他向在座的朋友表示“我记江边枯柳树，未死相逢真识面”，还有可能“他年一叶溯江来”，再跟大家相聚。苏东坡希望，到那时“还吹此曲相迎饯”。

五、大风慰留坡仙

车湖刘郎洑的难眠之夜

四月七日夜，苏东坡一行人到达车湖刘郎洑王家歇息。夜深人静，回想起跟王齐愈兄弟叔侄的交往点滴，他夜不能寐。

这是因为，在苏东坡的武昌诸友中，他对车湖刘郎洑王氏兄弟有着十分特殊的情愫。他们之间既有故乡桑梓情，又有父辈故交情，来黄州后他跟两位老大哥还结下了兄弟情。因此，接到“量移汝州”御札第一个想到的事，就是尽快向两位蜀中老哥告诉这一喜忧参半之事。

三月九日苏东坡拿起笔，想到马上就要跟王齐愈兄弟俩分手了，依依惜别之情油然而生。四年前第一次在黄州见到登门探访的“长而髯者”王齐万的那一幕，至今仍历历在目。几年来跟两位故乡老大哥大量交往中的乡情友情，令苏东坡感慨万千。自忖此去汝州不知何日再能相会，于是他特将一千五百来天跟王齐愈兄弟的交往，以及此时自己百感交集的心情，写下《赠别文甫、子辩》，送给武昌车湖刘郎洑的两位老大哥。此文虽短却情深意长。文中细致入微地描写第一次在黄州送别王齐万的场景后，他感叹道：

> 尔后遂相往来，及今四周岁，相过殆百数。遂欲买田而老焉，然竟不遂。近忽量移临汝，念将复去此而后期不可必，感物凄然，有不胜怀者。浮屠不三宿桑下，有以也哉。七年三月九日。

苏东坡以“及今四周岁，相过殆百数”来凝练概括自己在黄州期间跟武昌车湖刘郎洑，跟王齐愈、王齐万绵密倾情的交往。想到在武昌西山或车湖刘郎洑“遂欲买田而老焉”的愿望，因一纸“量移汝州”御札而“然竟不遂”；想到“念将复去此而后期不可必”，苏东坡“感物凄然，有不胜怀者”。无奈伤感之中，他以《后汉书·襄楷传》“浮屠不三宿桑下”，也就是搬出佛语“不重住同一地方”，来作“有以也哉”的自然其说，劝慰两位老大哥和自己。

三月中旬，苏东坡又专门致信，请王齐愈到黄州当面相商离别安排。

四月六日，武昌车湖刘郎洑王氏兄弟俩提前赶到黄州，既参与苏东坡在黄州的最后告别，又接他到武昌辞行。然后从樊口到西山吴王岘，再到车湖，一路陪行。

这些难忘画面和更多难以言尽的情感，在苏东坡脑海里翻涌不息，一直到东方欲晓时方才入眠。

“今日无风，可去而我意欲留”

苏东坡此次到车湖辞行，王齐愈兄弟俩也意识到，这可能是他们今生最后一次在刘郎洑接待这位蜀中骄子、故乡大文人朋友了。为了表达万分不舍之情，他们倾其所有，周到安排，精心接待苏东坡和陪行贵客。

由于苏东坡已接到兴国军知军杨绘（1068—1116）的盛情相邀，下一站将前往兴国军所在的富川赴会，原打算只在车湖刘郎洑待一晚上。谁知第二天一早狂风大作，根本无法行船。苏公一行只好在车湖刘郎洑停留下来。好在第三天一早大风停息，可以登舟离去了。

由于后面行程是王齐愈兄弟俩帮助安排的，所以他们不好再挽留。苏东坡就此戏作《再书赠王文甫》：

> 昨日大风，欲去而不可。今日无风，可去而我意欲留，文甫欲我去者，当使风水与我意会。如此，便当作留客过岁准备也。

这篇短文看似信手拈来，诙谐幽默，然而却字字含情。苏东坡先是抱怨大风天气不与己意相合，佯装要跟自然天气对着干——“今日无风，可去而我意欲留”。接着又跟王文甫开玩笑，让他作“留客过岁准备”。这些实则是苏东坡对武昌、对车湖刘郎洑倾情眷念的曲意表白，对王齐万兄弟叔侄依依难舍的深情表达。

六、西塞辞别苏公

武昌最后告别地定在西塞山

大江两岸的朋友真正在武昌地界告别苏东坡，还是在元丰七年（1084）四月十四日这一天。告别地点选在武昌磁湖出江口附近、散花洲对岸的西塞山。

磁湖、西塞山这两个地方，明代以前都为古武昌县辖地。南宋王象之《舆地纪胜》就曾记载："散花洲在（武昌）县东西塞山下。"比西塞山更靠近武昌县核心地域的磁湖，其名称始见史料，是苏轼贬谪黄州、扁舟武昌的这一年，由北宋王存、曾肇、李德刍共同修撰成书的历史地理名著《元丰九域志》。该书将武昌县的白雉山、磁湖放在一起记述。

这两个地方从古武昌县划出，以及鄂州历史上相继析出阳新县、大冶县，大冶又析出黄石市这段历史，都跟鄂州千年地域变迁相关。

两千多年前的鄂州作为云梦泽的一部分，其境内基本上为一片泽国，主要陆地在幕阜山西北部余脉、靠近樊湖水域上游的丘陵岗地，也就是现在鄂州的东南边。随着云梦泽逐渐消失、樊湖地域抬升、长江河床北移，大约到了秦汉时，鄂州古代政治、经济、军事中心也随之逐渐北移到了樊山附近区域。原来地处南部的阳新、大冶，慢慢远离新的政治中心。这是其相继析出的诸多方面原因之一。

据《汉书·地理志》记载，东汉建安十九年（214）"分鄂县南，置阳新县"。三国蜀汉章武元年、魏黄初二年（221），孙权自公安迁都于鄂县（今鄂州），改鄂县为武昌县，同时设武昌郡，辖武昌、下雉、阳新、柴桑、沙羡、浔阳六县。唐末南方九国兴起。唐哀帝天祐二年（905），吴王杨行密（852—905）从武昌县划出一块地盘，与附近的永兴县一起，置青山场院，进行大规模采矿、开炉冶炼。宋乾德五年（967），以这里矿产丰富，冶炼业发达，又析出武昌县三乡与青山场院合并，新设一县，取此地自殷商时就"大兴炉冶"之意，定名为大冶县。据《鄂州市志》记载，"明代，将西塞山划属大冶"。

中华人民共和国成立后，历史上相继从鄂州析出的这几个地方"走"到了一起。1950 年 8 月 21 日，在原大冶县黄石港和石灰窑滨江集镇的基础上，建立省辖黄石市。后来大冶县、阳新县先后归其管辖。

苏轼来到黄州之前，就不乏对闻名遐迩的武昌西塞山的了解。“时复扁舟”武昌后，苏东坡对即将跟武昌、黄州诸友作最后告别的这个地方——西塞山的山名由来及其跟古武昌的密切关联，有了更为深入的了解。

西塞山岚横秋塞，山锁洪流。因为其山体北向插入长江中间，使河床突然收窄转弯，浩荡西来的江水直接冲击西塞山迎水面，后又急剧回流西塞山背水面，所以形成长江流域的一大独特奇观——“江曲连环”：

江水先在西塞山之西划出一个优美的U字形弯曲线；接着西塞山之北插入江中间的突出部分，又使江水连着划出一个倒U字形弯曲线；更绝的是，江水来到西塞山之东又连着划出一个U字形弯曲线。两个U字形曲线一前一后，一东一西，跟倒U字形曲线无缝对接。这一不可多见的独特景观，不论是从西塞山顶俯瞰，还是从大江上下游侧视、从江对面散花洲直击，都蔚为壮观。

如此山势、江势，除了给千秋万代留下一个绝美的长江胜景外，还因其形势险峻，使这里成了古代兵家必争之地。南宋祝穆（？—1255）编撰的地理类书籍《方舆胜览》所收集的《土俗编》云：“吴樊旧境。孙策击黄祖子射于此（指西塞山）”。其山名之“西塞”，顾名思义就是西边要塞的意思。这直接跟孙策之弟孙权建都武昌、迁都建业（现南京），跟三国孙吴兴亡相关联。

历史是公允的，对进取者与守成者的扬弃毫不留情，从不偏颇。武昌西塞山就见证了三国孙吴由封王称帝到国破家亡的历史。魏黄初二年（221），孙权为求“以武而昌”而定都武昌，还真的凭借纵横捭阖、捍御大江实力，实现了他和父兄在获得大汉传国玉玺后所形成的“受命于天，既寿永昌”宏愿，在这里封王称帝。为确保长江中下游安全和通畅，孙权还利用武昌都城东边的这处险峻之地，设置军事要塞。称帝后自以为差不多功成名就的孙权，经不起东吴享乐保守派的劝谏，迁都回到江东老巢。这个处于长江中游的军事要塞，自然就成为拱卫长江下游三国孙吴新国都——建业的“西塞”了。后来这个具有军事咽喉作用的要塞，也没有抵挡住孙吴被西晋的无情吞没。唐代诗人刘禹锡来到这里，道出了其中的历史缘由：

王濬楼船下益州，金陵王气黯然收。
千寻铁锁沉江底，一片降幡出石头。
人世几回伤往事，山形依旧枕寒流。
今逢四海为家日，故垒萧萧芦荻秋。

这首《西塞山怀古》诗，描述的是西晋太康元年（280），晋武帝司马炎（236—290）命王濬，也就是苏轼在《与朱鄂州书》中提到的在巴郡拯救“生子不举”的太守，以高大楼船载着由弃儿组成的“敢死队”，顺江而下征伐吴国的史实。东吴亡国之君孙皓，当时企图凭借长江“西塞”天险进行防御，在江中暗置铁锥，再用千寻铁链横锁江面，自以为是万全之计。谁料王濬水师用大筏数十冲走铁锥，以火烧毁铁链。然后顺流鼓棹，直取建业。吴大帝的不肖子孙不得不“一片降幡出石头（建业别称石头城）”，孙坚、孙策、孙权父子“既寿永昌”的帝王春秋大梦就此破灭。刘禹锡诗中形象概括的这段历史，确证了西塞山要塞在这一战役中，对于攻守双方所起到的极端重要作用。

此诗接着从这一上天所赐、精心打造，自以为万无一失的“西塞”也无法阻止吴国覆灭的惨痛历史教训中延展开来，说明国家统一是历史必然。战争博弈中，虚妄的“金陵王气”和天然地形、千寻铁链皆不足恃。刘禹锡还在《金陵怀古》中以“兴废由人事，山川空地形”阐发这一深刻道理，与《西塞山怀古》诗“山形依旧枕寒流”“故垒萧萧芦荻秋”相呼应。

两岸友人在便于泊船的磁湖汇聚

据孔凡礼《苏轼年谱》记载，苏东坡一行人从车湖刘郎洑登舟出发后，先前往兴国拜访好友杨绘，再来到磁湖，跟武昌、黄州诸友作别。

苏东坡之所以这样安排，是因为那时磁湖实际上是长江在武昌西塞山上游的一个江湖连通汇合水域，便于泊船。四年前，他的弟弟苏辙护送其家人来黄州时，因大风大浪不能行船，就曾在武昌磁湖泊船，停留了两天。苏轼派人前来这里迎接，还带来《今年正月十四日与子由别于陈州，五月子由复至齐安，以诗迎之》诗：

惊尘急雪满貂裘，泪洒东风别宛丘。
又向邯郸枕中见，却来云梦泽南州。
暌离动作三年计，牵挽当为十日留。
早晚青山映黄发，相看万事一时休。

苏辙人未见，却先见到哥哥从“云梦泽南州”——黄州送来的诗。感慨中作诗两首回应哥哥，题为《舟次磁湖，以风浪留二日不得进，子瞻以诗见寄，作二首答之，前篇自赋，后篇次韵》：

一

惭愧江淮东北风，扁舟千里得相从。
黄州不到六十里，白浪俄生百万重。
自笑一生浑类此，可怜万事不由侬。
夜深魂梦先飞去，风雨对床闻晓钟。

二

西归犹未有菟裘，拟就南迁买一丘。
舟楫自能通蜀道，林泉真欲老黄州。
鱼多钓户应容贳，酒熟邻翁便可留。
从此莫言身外事，功名毕竟不如休。

苏辙的第一首诗，既交代此次因“白浪俄生百万重”而泊船磁湖的缘由，又回忆能够见证他们兄弟情深的两件事情：年轻时的“风雨对床闻晓钟”和这次两人因受贬“扁舟千里得相从”。第二首诗则针对苏轼诗中流露出的落魄心绪，用“舟楫自能通蜀道，林泉真欲老黄州”“从此莫言身外事，功名毕竟不如休”等诗句，来劝慰“早晚青山映黄发，相看万事一时休”的哥哥。

由于苏辙泊船磁湖的经历，苏东坡对武昌磁湖易于泊船停留印象深刻，所以在安排武昌告别后续行程时，自然而然地选择这里泊船与大江两岸友人告别。

四月十四日，来到磁湖的苏东坡，会见了友人吴子上兄弟。因为其父吴职方跟苏轼伯父苏涣是同榜进士，又是父亲苏洵的好友。在这里，苏东坡非常有幸地看到了苏洵写给吴职方的墨宝，留下《跋先君送吴职方引》。接着他们一起轻松愉快地游览了磁湖“陈氏草堂”。苏轼细致地记下了这次游览中的情趣：

慈（通磁）湖陈氏草堂，瀑流出两山间，落于堂后，如悬布崩雪，如风中絮，如群鹤舞。参寥子问主人乞此地养老，主人许之。东坡居士投名作供养主，龙丘子欲作库头。参寥子不纳，云：“待汝一口吸尽此水，即令汝作。”龙丘子无对。

由此可见，苏轼兄弟俩分别为磁湖所写的三诗一文，也是最早见证“磁湖”名称的诗文大作。所以后人在磁湖湖心岛——鲢鱼墩上，刻其诗于碑，并称其为“苏公石”。

西塞山江畔吟词赋诗后登舟而去

十四日上午，武昌车湖刘郎洑的王齐愈、王齐万，带着子侄王禹锡、王天常、王天麟来到磁湖会合地点。随后武昌樊口的潘丙，带着弟弟潘原和侄子潘大临、潘大观，以及从蕲水县城过江赶来的潘家大哥潘鲠，一齐来到这里。不久，黄州的友人也相继到达。苏东坡在武昌磁湖吴子上兄弟等人的陪同下，对前来跟他作最后告别的大江两岸朋友，一一表示感谢之情。

随后苏东坡和前来送行的武昌、黄州友人，分别乘船来到西塞山江边，一齐登上西塞山顶，观山脚下“江曲连环”胜景，望眼前长江浩渺无涯，眺对江散花洲田野青翠，见江水回流处渔父撒网。在这一能够让人充分领略大自然无穷魅力的武昌西塞山上，一行人观景心潮澎湃，送别恋恋不舍，千言万语却不知从何开口。

苏东坡为了缓和气氛，向大家讲了一年前他游览西塞山时的观感，并吟诵了当时化用唐代诗人张志和（737—774）的《渔歌子》，点化西塞山周边景物所填的《浣溪沙》：

西塞山边白鹭飞，散花洲外片帆微。桃花流水鳜鱼肥。
自庇一身青箬笠，相随到处绿蓑衣。斜风细雨不须归。

苏东坡这首《浣溪沙》词，巧妙地以“散花洲外片帆微”这一武昌大江之畔的西塞山才能见到的独特风景，来跟张志和《渔歌子》吟咏湖州北通太湖的西塞山所写“西塞山前白鹭飞，桃花流水鳜鱼肥。青箬笠，绿蓑衣，斜风细雨不须归”词句相区别。众人再次品味这首完全契合武昌西塞山周边景物的点化词后，都对苏东坡出神入化的艺术创作功底深感钦佩。

下山后，苏东坡深情地对这些友人说：送君千里，终有一别。再赋诗一首，就此跟大家告别：

斜风细雨到来时，我本无家何处归。

仰看云天真箬笠，旋收江海入蓑衣。

苏东坡这首《西塞风雨》诗，以首句“斜风细雨到来时”，与上一年所写《浣溪沙》词结句“斜风细雨不须归”相互衔接映衬。这就将词中美好景致、愉悦心情带来的“不须归”，跟诗中风雨依旧、前路难卜心境所产生的“我本无家何处归”，进行强烈对比。这是因为，正是贬谪黄州、扁舟武昌这段特殊经历，让苏轼十分难得地跟武昌、黄州故交新友建立起深厚感情。此时眼前景物，恰恰与这段经历所产生的复杂情感高度契合：一边是风雨潇潇中的前路迷茫，一边是春意融融中的依依难舍。

接着苏轼又将张志和《渔歌子》词中纯粹描述景物的“青箬笠”“绿蓑衣”进行翻新拓展，吟出富有哲理诗意的“仰看云天真箬笠，旋收江海入蓑衣”。

从苏轼刚来时以诗迎接避风武昌磁湖的弟弟所写“早晚青山映黄发，相看万事一时休”，到此时在武昌西塞山告别所吟的“仰看云天真箬笠，旋收江海入蓑衣”，使送行的大江两岸友人，真切地看到了苏轼由贬谪戴罪之初的抑郁落魄，逐渐以超然豪放胸襟走向人生功业巅峰的转变轨迹。也让他们充分地感受到，山川地理绝妙、人文风情浓郁的武昌，对蛰伏蝶变、逆境升华的苏东坡所起到的慰藉助推作用。

看来有了武昌樊山下小洄码头边所吟《调笑令》“渔父”“归雁”的精心铺垫，苏东坡最终想得更清晰了。既然武昌、黄州非得离开不可，那就让大江两岸朋友更加放心地跟自己告别吧！一个经历贬谪磨难、蛰伏洗礼、已非“故我”的东坡居士，将像“斜风细雨不须归”的渔父那样，以“仰看云天真箬笠，旋收江海入蓑衣”的心态，更加坦然豁达地走向新的人生历程。

吟罢一词一诗，苏东坡登上远行的快船。挥手之中，东去的大江载着一叶小舟，在顺水但不太顺风的情形下，消逝在云水间。

第八章

唱和盛举　题画寄情

阳春一奏众争和，咸韶荡默群仙来。
虽然此亦外物尔，岂系两公乐与哀。

——孔武仲《次韵苏翰林西山诗》

江山清空我尘土，虽有去路寻无缘。
还君此画三叹息，山中故人应有召我归来篇。

——苏轼《书王定国所藏王晋卿〈烟江叠嶂图〉一首》

苏东坡虽然人走了，但眷念武昌的心始终没有离开。他跟潘丙、王齐愈等武昌诸友通信不断，时常表达来这座古城重聚的情感。他反复吟韵樊口、西山、车湖等流连驻足过的地方，饱含深情地为武昌上演了一个接着一个的唱和次韵赠答“大戏”。后来苏轼虽然步入越来越惨烈的命运颠簸之中，但依然将感激思念武昌之情怀揣心间。

一、难忘武昌诸友

“樊口江边耿耿参”寓含之情

还在“量移汝州”途中、尚未被朝廷起用之时，苏东坡就以他极为喜爱的梅花喻志言情，写出《忆黄州梅花五绝》。这组诗从挂念黄州“郪城山下梅花树”起句，接着道出苏公在“量移汝州”途中见到“姑山”东吴地、扬州“楚江畔”等处的梅花，一方面以“虽老于梅心未衰”“仙肌不怕苦寒侵”等诗句表达谪迁志向，另一方面以“忆梅”来表示思念黄州、武昌等地友人之情。

这组诗最值得令人玩味的是第五首：

玉琢青枝蕊缀金，仙肌不怕苦寒侵。
淮阳城里娟娟月，樊口江边耿耿参。

此诗的最后两句，其吟咏内容既跳出回忆对象黄州，也跳出赖以起兴的梅花，而以“淮阳城里娟娟月，樊口江边耿耿参”来压轴。仔细分析这样的铺陈安排，更见其心机情愫。这一结句从他第五次离开汴京城、押解前往黄州的第一站——淮阳“娟娟月”，写到离开黄州、奔赴汝州的第一站——樊口“耿耿参（星座名）”。这两个地方，正好暗含苏轼贬谪戴罪黄州一来一去两个具有特殊意义的时空节点及其历程。怀念的景物，是他在黄州、武昌自喻“幽人”在夜间方能见到的星和月。寥寥十四字便言尽其人生第一次大坎坷中的风风雨雨，也道尽其间跟武昌樊口结下的深深情感。由此可见，武昌及其所辖樊口等地，在苏东坡心中难以忘怀。

频密致信“三挚友”之首的潘丙

“樊口江边耿耿参”所寄寓的武昌情，为何如此打动苏东坡？其原因众多，但切入点和归结点却完全可以放在一个人身上。他就是苏东坡到黄州后结识最早、交情最深、离开黄州时给予重托的挚友樊口潘丙。

离开武昌后，苏公跟潘丙通信不绝，时不时通告近况，嘘寒问暖。从中择出几封，一一读来，就能够更加深切地感受到二人之间的情深意长。

别来思念不去心，远想起居佳安，眷爱各无恙。不见黄榜，未敢驰贺，想必高捷也。某两曾奉书，达否？屡梦东坡笑语，觉后惘然也。已买得宜兴一小庄，且乞居彼，遂为常人矣。公必已赴省试。谩发此书，不复覼缕。惟千万保爱。

这是苏东坡离开武昌的第二年初写于宜兴（北宋属常州，现属无锡）的信。原本“量移汝州”已是前路不明，上一年又刚遭遇幼子夭折之痛。这对他来说如同雪上加霜，他的身体也每况愈下。于是苏东坡向宋神宗上表，乞求常州居住。得到许可后，便在宜兴置房定居。

从这封信里，可见此前苏东坡已向潘丙连发了两封信。该信开头一句“别来思念不去心”，直白地告诉潘丙这位挚友，自己虽然人走了，但思念之心却始终未曾离去。“屡梦东坡笑语”，囊括了他日思夜想潘丙等武昌、黄州友人的千言万语。“不见黄榜，未敢驰贺，想必高捷也”“公必已赴省试”等语，是苏轼一直关注潘家叔侄参加科考省试情况的体现。

行役无定，久不奉书。至登州，领所惠书。承起居佳胜，甚慰思企。到郡席不暖，复蒙诏追，勉强奔走，愧叹不已。缅怀旧游，殆不胜情。承太夫人尊候如昨。昌言令兄亦蒙惠书，冗甚，未及答。且申意毅甫、兴宗、公颐，各为致区区。余万万自重。

元丰八年（1085）三月宋神宗驾崩，年仅十岁的宋哲宗赵煦（1076—1100）继位，苏东坡命运中又一位贵人——高太皇太后垂帘听政，五月便起用他为登州（治所在现山东蓬莱）知州。刚到任此职五日，又“复蒙诏追”返京任职。这封信就写于这个时候。信中“领所惠书”，言及已收到潘丙的书信。他回信简要说了自己“勉强奔走”的相关情况后，又表达“缅怀旧游，殆不胜情”，还提起“承太夫人尊候如昨”。他让潘丙一并告诉已来信的潘丙大哥潘鲠和另外三位朋友。

少事奉闻，吴待制谪居于彼，想不免牢落，望诸君一往见之，诸事与照管。某向者流落，非诸君相伴，何以度日。雪堂如要偃息，且与打揲相伴，使忘迁谪之意，亦诸君风义也。不罪！不罪！

在这封信里，苏东坡让潘丙关照此时被贬黄州的故交吴待制。他以自己贬谪黄州的亲身经历，感悟到此时异乡朋友的关心，对吴待制极为重要。信中一句“某向者流落，非诸君相伴，何以度日”，既是这方面的深刻体会，也是对潘丙等黄州、武昌友人的真诚感谢。他还交代，若这位落难朋友想在东坡雪堂歇息，请潘丙打扫、安排。苏东坡同情关心贬谪落难人的一片热心肠，对潘丙诸君“风义”的推崇，尽在信中。

辱书，喜承起居佳胜，眷聚各佳。某老病还朝，不为久计，已乞郡矣。何时扁舟还乡，一过旧栖，溷乱故人。旬日而去，言之怅然。大热，千万保爱。

从登州被召还朝的苏东坡任礼部郎中。元祐元年（1086）又连升三级，从七品服入侍延和殿，到起居舍人、中书舍人，再到翰林学士、知制诰。不久后因耿直个性而遭到洛党台谏官攻击。此时接到潘丙来信，得知武昌、黄州友人“喜承起居佳胜，眷聚各佳”。对此，苏大学士倍感欣慰。回信中，苏东坡告诉潘丙自己“已乞郡矣”。这一内心深处所思所想、不便外言之事，他却直白地向潘丙禀告，可见二人感情非同一般。信中还表示，如皇帝批准“扁舟还乡”，他将“一过旧栖”（指黄州、武昌）之地，待上十天半月，上门打搅故人。

久不闻问，方增渴仰。忽领手字，方知丈丈倾逝，闻之，悲怛不可言。比日追慕之余，孝履且支持否？某衰病怀归，梦想江上，又闻耆旧凋丧，可胜凄惋。未由往慰，惟冀节哀自重，以毕后事。

这是苏东坡在“久不闻问，方增渴仰”的情况下，从潘丙的来信得知其父潘革去世。“衰病怀归，梦想江上”的苏东坡听说后，“悲怛不可言”“可胜凄惋”，专门表达祭奠、慰问之情，并对“未由往慰”表示遗憾。其二人兄弟般的感情，从这件事上便看得出来。

东坡甚烦葺治，乳媪坟亦蒙留意，感戴不可言。令子各计安，宝儿想见颀然矣。郭兴宗旧疾，必全平愈。酒坊果如意否？韩氏园亭，曾与葺乎？若果有亭榭佳者，可以小图示及，当为作名写牌，然非华事者，则不足名也。张医博计安胜。一场灾患，且喜无事。风颠不少减否？何亲必安，竹园复增葺否？以上诸人，各为再三申意。仆暂出苟禄耳，终不久客尘间，东坡不可令荒茀，终当作主，与诸君游，如昔日也。愿遍致此意。

此信开头就感谢潘丙对自己离开黄州、武昌时所托付之事的尽心尽力。苏东坡接着对潘丙儿子成长情况和武昌樊口潘家酒店生意，对另一位黄州挚友郭遘病情和韩毅甫“韩园”等事一一关心。最后不忘嘱咐“东坡不可令荒茀”。

因为他此时虽然想“暂出苟禄”（意为出京外任），但“终不久客尘间”，仍然有“终当作主，与诸君游，如昔日”的打算。如有可能，他还会回到黄州，继续做东坡主人，继续跟往日朋友在东坡欢聚一堂。他让潘丙把自己的这一想法告诉大江两岸的朋友们。

近附黄兵书必达。比日孝履何如？刘全父来，颇闻动止，殊慰想念。京尘衮衮无佳思。缅怀昔游，怅惘而已。昌言及诸故人皆未及书，必察其少暇，伸意！伸意！乍暄，千万节哀自重。

苏东坡从来看他的友人刘全父那里对武昌和黄州友人的情况“颇闻动止”。聊了一番京城政事“衮衮无佳思”后，还是“缅怀昔游”，并让潘丙代他向其兄潘鲠等故交“伸意”。同时对于其父去世，再次表示“千万节哀自重”之意。

久不奉书，切惟起居佳胜。老拙凡百如旧。出守旧治，颇得湖山之乐。但岁灾伤，拯救劳弊，无复齐安放怀自得之娱也。彦明与故人诸公颇见否？何时会合，临纸惘惘。新春，万万自重。

从这封信的“出守旧治”“新春”等字眼可以看出，它应该是苏东坡写于元祐四年（1089）第二次到杭州，出任知州后的腊月底。老官新任，遇“岁灾”要“拯救劳弊”，完全没有“齐安放怀自得之娱也”。但他还是在百忙之中向潘丙和武昌、黄州诸友提前致以新春祝福。对外任无暇，未能落实之前信中提及的“一过旧栖，溷乱故人”“与诸君游，如昔日”意愿，表达“何时会合，临纸惘惘”的心情。

两儿子新妇，各为老乳母任氏作烧化衣服几件，敢烦长者叮嘱一干人，令剩买纸钱数束，仍厚铺薪刍于坟前，一酹而烧之，勿触动为佳。恃眷念之深，必不罪。干浼，悚息！悚息！

此信应写于清明寒食节前。苏东坡派人专程送来“两儿子新妇”为老乳母任氏所作“烧化衣服”。拜托潘丙帮助指点来人，严格按照礼仪扫墓。字字体现出其对乳母的一片孝敬怀念之情和对潘丙的充分信任。

辱书，感激无量。比日起居如何？别来不觉九年。衰病有加，归休何日？往来纷纷，徒有愧叹。知东坡甚葺治，故人仍复往还其间否？会合无期，临纸怅然。

这是一封写于颍州的信。元祐六年（1091）正月，苏东坡任礼部尚书，接着任翰林学士承旨兼侍读，后又于八月乞任龙图阁学士知颍州。从“别来不觉九年”来看，此信应该写于当年底或元祐七年（1092）初。他从潘丙的来信中得知“东坡甚葺治”后，表示“感激无量”，并询问武昌、黄州诸友是否还在东坡相聚。对自己跟大江两岸友人“会合无期”,流露出“临纸怅然”的抱憾心绪。

念念不忘车湖刘郎洑“江头路”

苏东坡离开黄州后，对王齐愈兄弟俩也念念不忘。他曾于京师致信给身在黄州的江敦礼秀才，专门写道：“曾过江游寒溪西山否？见邑人王文甫兄弟，为致意，近有书，必达之矣。”原来，此前江敦礼秀才因数次科举不利，求教于苏大学士。苏东坡回信鼓励，并请江敦礼向王氏兄弟代为致意。今后有跟王氏兄弟的往来书信，一定帮助送达。

北宋元祐元年（1086）十一月《武昌西山并叙》玉堂唱和后，苏东坡为兑现将唱和诗刻在武昌西山石壁上的承诺，第一个想到的拜托之人，便是王氏兄弟。他把收集到的诗文，连同专门书信，一并捎给王齐愈。

元祐四年（1089）三月，即将以龙图阁学士除知杭州的苏东坡，因思念武昌、黄州大江两岸朋友，作《和王晋卿送梅花次韵》：

东坡先生未归时，自种来禽与青李。
五年不踏江头路，梦逐东风泛蘋芷。
江梅山杏为谁容，独笑依依临野水。
此间风物君未识，花落翻天雪相激。
明年我复在江湖，知君对花三叹息。

在写此诗时，苏东坡自跋：“仆去黄州五周岁矣，饮食梦寐，未尝忘之。方请江湖一郡，书此一诗寄王文父、子辨兄弟，亦请一示李乐道也。”诗中“五年不踏江头路，梦逐东风泛蘋芷”“明年我复在江湖，知君对花三叹息”，说出了无法再到武昌车湖刘郎洑“江头路”，无法再在异邦面晤两位老大哥的遥念、遗憾、叹息之情。

纯朴布衣情缘带来青史留名回报

这些写给潘丙和王齐愈兄弟的信和诗文，只是苏东坡离开黄州、武昌后，给大江两岸诸友写的诗文书信中的一部分。细细品味还是让人非常清晰地看到，离开多年，他不论起伏沉浮、得意失意，都跟潘丙、王齐愈等武昌诸友互通音信不断；潘丙、王齐愈等人对苏公所拜托之事，认真践诺不悔；苏东坡想跟武昌、黄州朋友重新聚会于东坡雪堂中、武昌西山上、车湖江头路的心情，始终坚持不改。这是人世间多么难得的异乡挚友佳话啊！

潘丙、王齐愈等武昌诸友何其幸哉！他们都是一个个普普通通的布衣平民，却跟一位旷古罕见的大文豪紧紧地连在一起，并十分有幸地因苏东坡的诗文书信而留名青史。

之所以能够发生这一切，除了苏东坡因贬谪黄州、扁舟武昌而有缘结识他们外，还应该从中看到，恰恰是武昌这些布衣朋友对苏东坡不论是贬谪落难还是盘桓起伏，都一如既往地秉持纯朴清新、倾心尽力的特殊情感，直接带来的回报。

二、唱和《武昌西山》

两位学士拉开玉堂唱和大幕

如果说致潘丙、王齐愈的信和诗文，表明苏东坡离开后始终萦怀武昌故交新友之情，那么一首《武昌西山并叙》，则以其对武昌这座古城的深情眷恋而轰动一时，唱和近千年。

北宋元祐元年（1086）九月，回到朝廷的苏东坡由中书舍人迁翰林学士。十一月二十九日的这天晚上机缘巧合，两位跟武昌有缘分的翰林学士同时在玉堂当值。其中一位是曾经任职武昌县令的翰林学士承旨邓圣求（1027—1094），另一位是贬谪黄州时与武昌产生绵密情缘的翰林学士知制诰苏东坡。

邓圣求，原名润甫，字温伯。元祐时期宣仁太后帘听，为避讳以别字圣求为名。建昌（今江西永修）人。皇祐进士。嘉祐年间（1056—1063）为武昌县令。

两位跟武昌都有关联的翰林大学士相聚一堂，自然有说不尽、道不完的共同话题。但点燃他们心中腾腾火焰的，是二人都对武昌西山有着浓烈的念想。于是苏东坡率先写出《武昌西山并叙》：

春江渌涨蒲萄醅，武昌官柳知谁栽。
忆从樊口载春酒，步上西山寻野梅。
西山一上十五里，风驾两腋飞崔嵬。
同游困卧九曲岭，褰衣独到吴王台。
中原北望在何许，但见落日低黄埃。
归来解剑亭前路，苍崖半入云涛堆。
浪翁醉处今尚在，石臼抔饮无樽罍。
尔来古意谁复嗣，公有妙语留山隈。
至今好事除草棘，常恐野火烧苍苔。
当时相望不可见，玉堂正对金銮开。
岂知白首同夜直，卧看椽烛高花摧。
江边晓梦忽惊断，铜环玉锁鸣春雷。
山人帐空猿鹤怨，江湖水生鸿雁来。
请公作诗寄父老，往和万壑松风哀。

苏东坡在诗叙中详细记述了这次玉堂唱和的起因和畅想：“嘉祐中，翰林学士承旨邓公圣求为武昌令，常游寒溪西山，山中人至今能言之。轼谪居黄冈，与武昌相望，亦常往来溪山间。元祐元年十一月二十九日，考试馆职，与圣求会宿玉堂，偶话旧事。圣求尝作《元次山洼樽铭》刻之岩石，因为此诗，请圣求同赋。当以遗邑人，使刻之铭侧。”应该指出的是，叙中其所提《洼樽铭》中的“洼”应为“抔”的笔误。元结曾在道州（治所在今湖南永州道县）作过《洼樽铭》，在武昌西山写的是《抔樽铭》。苏东坡在诗中还写有“石臼抔饮无樽罍”诗句，即可印证。

此诗开篇数句，把苏东坡回忆当年“谪居黄冈，与武昌相望，亦常往来溪山间”的兴奋状态，通过“春江”“武昌官柳”“樊口春酒”“西山野梅”“九曲岭”“吴王台”“解剑亭”“樽罍”这些武昌独特景物，用明显带着喜色的语言向邓圣求一一呈现。接着笔锋转向稍许深沉，既交代邓圣求次韵浪翁元结《抔樽铭》一事，也为后面写对武昌西山的怀念作铺垫。两个“当时相望不可见”之人，如今一起夜值于玉堂，难免因思念武昌西山而共同生发“江边晓梦忽惊断，铜环玉锁鸣春雷。山人帐空猿鹤怨，江湖水生鸿雁来”的特殊情感。这时苏大学士直接请邓圣求写和诗，一起寄给武昌父老，共同表达“往和万壑松风哀”的幽思情怀。

当夜，邓圣求被苏东坡思念武昌西山的浓情所感染，立即写了《次子瞻〈武昌西山〉韵》，用同样的语气夸赞曾经任职过的地方：“武昌山水诚佳哉，当年五柳亲栽培。家家开门枕江水，春风照耀桃与梅。”

需要说明的是，这次玉堂唱和没过多久，邓圣求就跟苏东坡反目成仇。作为党争急先锋，他直接参与迫害过苏东坡及其弟子友人。当然这是后话。

但在当时，两位翰林学士在玉堂共同为武昌西山吟诗唱和的事，很快在京城政界文坛传开。朝廷重臣、文人雅士纷纷向他们二人索取唱和诗，第一时间争相以次韵为乐。身处江湖的骚人墨客，闻讯后亦次韵寄赠。

苏辙捷足先登次韵

哥哥跟邓圣求的玉堂唱和诗一出，时为起居舍人的弟弟苏辙捷足先登，写下《次韵子瞻与邓圣求承旨同直翰苑，怀武昌西山旧游》诗：

我游齐安十日回，东坡桃李初未栽。
扁舟乱流入樊口，山雨未止泾黄梅。
寒溪闻有古精舍，相与推挽登崔嵬。
山深县令嘉客至，寺荒蔓草生经台。
黄鹅白酒得野馈，藤床竹簟无纤埃。
可怜迁客畏人见，共怪青山谁为堆。
行惊晚照催出谷，中止乱石倾余罍。
古今相望两令尹，文词洒落千山隈。
野人岂复识遗趣，过客时为剜苍苔。
五年留滞屐齿秃，一朝挥手船头开。
玉堂却忆昔游处，笑问五柳应雕摧。
满朝文士蚤贵达，凭凌霄汉乘风雷。
入参秘殿出华省，何曾著足空山来。

漂流邂逅览遗躅，耳中尚有江声哀。

苏辙这首次韵诗，提笔便写自己六年前送兄长家眷到黄州后的亲身经历和感受。正因为当年跟哥哥同游武昌西山时，“乌台诗案”的阴云还笼罩在他们兄弟头上，对此他未能忘怀。所以苏辙的这首和诗主体格调跟哥哥诗相比较，明显少了喜色，多了一丝苦涩忧虑。从“桃李初未栽”到“扁舟乱流”“未止淫黄梅”“相与推挽”“寺荒蔓草”“可怜迁客畏人见”“共怪青山”“行惊晚照”“中止乱石倾余罍”，一连十四句诗，几乎句句用词清冷。这既是当年兄弟俩同游武昌西山时心境的真实写照，也是苏辙为人个性不同于哥哥那么乐观豁达的具体体现。还有可能是他有意以此诗提醒哥哥，虽然现在又重回朝廷，但风未平、浪不止，需痛定思痛，居安思危，应时时不忘被贬黄州时的难堪处境。

接下来诗句延续开篇基调。“古今相望两令尹（苏辙自注为元结和邓圣求），文词洒落千山限”，虽夸赞了这两人的文采，但又以“野人岂复识遗趣，过客时为剜苍苔”，来陈述邓圣求刻在武昌西山的《元次山抔樽铭》风光不再的事实。这时苏辙直接提醒哥哥，贬谪黄州“五年留滞屐齿秃，一朝挥手船头开”。如今“玉堂却忆昔游处，笑问五柳应雕摧。满朝文士蚤贵达，凭凌霄汉乘风雷”，不要忘了“入参秘殿出华省，何曾著足空山来”。最后苏辙以“漂流邂逅览遗躅，耳中尚有江声哀”诗句，道出往事不堪回首，至今耳中还有大江哀叹之声，以此跟哥哥一起自警自省。

实事求是地分析，苏辙诗中暗藏着对兄弟俩日后仕途不顺的预感，也或隐或现地对邓圣求这个人有不屑之意。后来的事实证明，苏辙此诗并非是无病呻吟、杞人忧天之作，恰恰透出了他的先见之明。

好友评点苏大学士此诗此举

专攻汉代历史的北宋史学家刘攽（1022—1088），因为苏东坡特别喜爱钻研《汉书》，两人成为意趣相投的好朋友。苏轼第一时间将自己跟邓圣求的玉堂唱和诗送给他。刘攽当即写下《邓圣求往为武昌令，刻石元次山洼尊。及苏子瞻谪官黄州，游武昌，见前刻。后同在翰林。因有诗示余，余为次韵和之》：

侧江小屋香酒醅，出林缭径丛花栽。
溪风暂过响修竹，岭雪未尽兼寒梅。

往游武昌值佳境，白云漫漫萦崔嵬。
孙家旧事颇可见，樊山杳霭临钓台。
赤壁楼船不馀烬，属车豹尾空尘埃。
埋名腐骨彼谁子，正见邱墟黄土堆。
三分割据亦徒话，今人尚为羞瓶罍。
谢公伏令首佳句，游衍相与期江隈。
次山孟宰继有作，洼尊取饮摩苍苔。
两公雄才又超拔，明珠照人眸睑开。
腾龙始知爪牙壮，挚鹰无复毛羽摧。
腰金佩鱼见官秩，不似迁客谈象雷。
朝廷一入不得出，丘壑何事烦公来。
南人歌声易慷慨，公诗感激成叹哀。

刘攽，字贡父，号公非。临江新喻（今江西新余）人。庆历进士，历任曹州、兖州、亳州、蔡州知州，官至中书舍人。一生潜心史学，治学严谨，曾助司马光纂修《资治通鉴》。

因不能奉行新法而贬监衡州（现湖南衡阳）盐仓的刘攽，于元丰五年（1082）九月特地绕道到黄州看望同为贬谪之人的苏东坡。正因为刘攽到过黄州，所以此和诗开篇便细致准确地描述彼时苏公在黄州“侧江小屋香酒醅”的居住生活环境，以及周边景物：“出林缭径丛花栽。溪风暂过响修竹，岭雪未尽兼寒梅。”

从“往游武昌值佳境，白云漫漫萦崔嵬”诗句开始，带来此诗笔墨着力点的转变。刘攽以一代史学家敏锐的洞察力，对跟武昌西山相关联的三个历史人物，一一评点。刘攽首先评点的，是派周瑜与刘备在鄂县樊口会师出征赤壁之战、在樊山“属车豹尾”、在武昌钓台“纳谏张昭”、在武昌城鼎定天下三分的孙权。“谢公伏令首佳句，游衍相与期江隈”两句诗，是刘攽评点跟武昌相关的第二位名人——南朝诗人谢朓（464—499），提及他在武昌所写《和伏武昌登孙权故城》中的“于役倘有期，鄂渚同游衍”诗句。刘攽以“次山孟宰继有作，洼尊取饮摩苍苔”评点的第三位名人，则是在武昌西山隐居过的大德贤儒——唐代诗人元结。

刘攽接着以其独特视角，将这三位历史名人放在一起评判。在他眼里，孙权在武昌的功业和遗迹都成了“徒话”般的过眼烟云，而对谢眺、元结在武昌西山的芳泽遗韵，刘攽则给予“两公雄才又超拔，明珠照人眸睑开”的高度评价。这实际上是说，看待历史上的名人，不能仅看其所建立的一时功业有多大，更要看他能为后人留下什么。

刘攽之所以这样写，恰恰是为接下来更好地评点苏东坡武昌西山情缘作铺垫。这集中体现在和诗的最后六句。苏东坡回归朝廷担任翰林学士是“腰金佩鱼见官秩”。但他不是“朝廷一入不得出”，也“不似迁客谈象雷”，而是不嫌不烦武昌西山“丘壑”之事，以感激之情来不忘“易慷慨”的“南人歌声”。对苏东坡诗中洋溢着的对武昌感激怀念之情，刘攽由衷赞叹。

还有一位次韵者，极其敏锐地对苏、邓两位大学士的玉堂唱和盛举进行概括评点。这个人就是当年以湘潭县令赴京任秘书省正字的途中，乘船顺江东下，乘兴游览黄州、武昌胜迹的孔武仲（1042—1097）。他在《次韵苏翰林西山诗》中写道：

黄州水米宜新醅，东坡好花公自栽。
折花倒酒送流景，不念春风飘落梅。
醉投青山上九曲，吴王故宫压崔嵬。
寒潭已无昔光景，凉殿欻变今楼台。
南阳翰林当此日，力探奇险祛尘埃。
西江雪浪接溪国，巨石森起繁如堆。
手披荒榛得突兀，中有窳处成樽罍。
漫疑踪迹尘埃暗，从此出跃樊山隈。
大贤坎轲终必用，古剑双蛰生莓苔。
忽抛光芒万丈去，星斗辟易青天开。
欃枪枉矢莫妄动，以汤滴雪谁先摧。
披奇振淹自明主，区区识宝非张雷。
阳春一奏众争和，咸韶荡默群仙来。
虽然此亦外物尔，岂系两公乐与哀。

孔武仲，字常父，今江西吉安峡江县人，孔子第四十七代孙。嘉祐进士。任国子监司业、集贤院校理时，奏请朝廷改革科举制度，恢复以诗赋取士，选贤举能。后因朝廷党派斗争激化被免职，定居池州（治所在今安徽贵池）。从此专事文学研究。与欧阳修、苏轼、苏辙、黄庭坚等人过从甚密，诗词唱酬，信书不绝。

同样是由于亲身游历过黄州、武昌，孔武仲以“黄州水米”“东坡好花”“折花倒酒”“春风落梅”“醉投九曲”“吴王故宫”来细致描写苏东坡在黄州、武昌之事。然后写自己游览武昌西山的所见所闻。诗的中间部分，以元结隐居武昌西山之事起兴，道出自己曾跟苏东坡一样经历的仕途蹭蹬、羁旅宦游之苦。因此孔武仲在诗中有“大贤坎坷终必用”的期盼，有“披奇振淹自明主，区区识宝非张雷”的呼唤。

这首次韵诗的精彩部分，是对苏东坡《武昌西山并叙》引起的唱和次韵盛况，作了“阳春一奏众争和，咸韶荡默群仙来”的生动概括。不仅如此，孔仲武还站在更高的角度、更大的范围来评点苏东坡、邓圣求的玉堂唱和盛举。“虽然此亦外物尔，岂系两公乐与哀”作为全诗的收束诗句，简略解读是说，对于大好河山胜景，对于人间美好情感，岂能只是苏、邓两公的“乐与哀”。其深层次含意，则是对两公玉堂唱和之所以能够引发如此盛况的缘由，进行深入解析。他认为两位大学士唱和武昌西山的诗作，不仅仅是在抒发个人情感，还因为其蕴含着更深层面的精神追求、更丰富的人文旨趣，所以引起“群仙来”“众争和”。孔武仲由此呼唤更多的人来和诗、来赞叹！

“苏门四学士”感同身受回应

在唱和次韵的雅士中，自然少不了苏东坡的学生和倾慕者。

纵观苏东坡的一生，他最看重的弟子还是黄庭坚、晁补之、秦观、张耒四人。贬谪黄州、扁舟武昌时，苏东坡曾在《答李昭玘书》中说：“轼蒙庞粗遣，每念处世穷困，所向辄值墙谷，无一遂者。独与文人胜士，多获所欲，如黄庭坚鲁直、晁补之无咎、秦观太虚、张耒文潜之流，皆世未之知，而轼独先知之。”“轼独先知之”的这四个人被称为“苏门四学士”。也是由于师生关系，苏东坡谪居黄州时，他们相继受到牵连。所以对老师发起的玉堂唱和，四人更有切身感受来回应。

黄庭坚写了《次韵子瞻武昌西山》诗：

漫郎江南酒隐处，古木参天应手栽。
石坳为尊酌花鸟，自许作鼎调盐梅。

平生四海苏太史，酒浇不下胸崔嵬。
黄州副使坐闲散，谏疏无路通银台。
鹦鹉洲前弄明月，江妃起舞袜生埃。
次山醉魂招彷佛，步入寒溪金碧堆。
洗湔尘痕饮嘉客，笑倚武昌江作罍。
谁知文章照今古，野老争席渔争隈。
邓公勒铭留刻画，刳剔银钩洗绿苔。
琢磨十年烟雨晦，摸索一读心眼开。
谪去长沙忧鹏入，归来杞国痛天摧。
玉堂却对邓公直，北门换仗听风雷。
山川悠远莫浪许，富贵峥嵘今鼎来。
万壑松声如在耳，意不及此文生哀。

黄庭坚，字鲁直，自号山谷道人，晚号涪翁，洪州分宁（今江西修水）人。英宗治平进士。曾任地方官和国史编修官。在党争中以修《神宗实录》不实罪名被贬。以诗文受知于苏东坡。其诗宗法杜甫，并有“脱胎换骨”“点石成金”“无一字无来处”之论。开创了江西诗派，在两宋诗坛影响很大。词与秦观齐名，晚年词风接近苏东坡。又擅长行、草书，为“宋四家”之一。

该诗开头四句以写别号漫郎的元结起兴，顺势围绕武昌西山，既大赞作为“平生四海苏太史”的恩师才德，又以“黄州副使坐闲散，谏疏无路通银台”来为恩师贬谪戴罪黄州鸣不平。本来苏东坡“文章照今古”，却不得不跟“野老争席渔争隈”。接着次韵诗以叙述邓圣求在武昌西山“勒铭留刻画”，引出《武昌西山并叙》唱和之事。作为精明的政治家、北宋大文人，又是苏东坡得意大弟子，黄庭坚跟苏辙一样，通过观察眼前动荡的朝政，从恩师不改初衷、仍不按常理出牌的“归来杞国痛天摧”，发出“山川悠远莫浪许，富贵峥嵘今鼎来”的关切劝勉之意。

非常有意思的是此诗结句，不仅道出了黄庭坚对武昌西山的垂青与向往，还有意无意为其后到武昌西山创作七言古风《武昌松风阁》诗书，作了提前铺垫。

晁补之（1053—1110）虽然此前并没有到过武昌西山，但读他的《次韵苏公翰林赠同职邓温伯怀旧作》这首诗，可见他对恩师这段贬谪戴罪行迹的高度关注：

雪堂蜜酒花作醅，教蜂使酿花自栽。
堂前雪落蜂正蛰，恨蜂不采西山梅。
漫浪饮处空有迹，无酒可沃胸崔嵬。
不知几唤樊口渡，五见新历颁清台。
邓公昔叹不可挽，素衣未化京洛埃。
□□□□□□□，□□□□□□□。
山中相邀阻筇杖，天上对直同金罍。
只今江边春更好，渔蓑不晒悬墙隈。
百年变化谁得料，剑光自出丰城苔。
老儒经济国势定，近臣献纳天颜开。
蜀公亭上别公处，花柳未逐东风摧。
尚容登堂谭落屑，不愧索米肠鸣雷。
因知流落本天命，何必挽引须时来。
九关沉沉虎豹静，无复极目江枫哀。

晁补之，字无咎，号归来子，济州巨野（今属山东菏泽）人，曾任吏部员外郎、礼部郎中。工书画，能诗词，善属文。与张耒并称“晁张”。其散文语言凝练、流畅，风格近柳宗元。诗学陶渊明。其词格调豪爽，语言清秀晓畅，近苏东坡。

这一和诗从苏东坡雪堂酿蜜酒写起。晁补之以蜂为媒，写出“教蜂使酿花自栽。堂前雪落蜂正蛰，恨蜂不采西山梅”诗句，巧妙地将黄州雪堂跟武昌西山连起来了。“不知几唤樊口渡，五见新历颁清台”，把恩师贬谪黄州近五年间“时复扁舟”武昌，爱上樊口、西山、寒溪进行生动概括。晁补之还从恩师离开黄州时写的“仍传语，江南父老，时与晒鱼蓑”词句，想到“只今江边春更好，渔蓑不晒悬墙隈”。和诗由此笔锋一转，重点写对苏公的关切。“蜀公亭上别公处，花柳未逐东风摧”，是以“蜀公亭”指代武昌西山九曲亭，引出“因知流落本天命，何必挽引须时来”，表达他写和诗时，对恩师可能面临新的疾风暴雨的隐忧。结句“九关沉沉虎豹静，无复极目江枫哀”，颇让人回味。既是晁补之在提醒恩师，也是在祈祷“乌台诗案”那样的悲剧不要再发生了。

虽然此诗现存版本从“素衣未化京洛埃”到“山中相邀阻筇杖”之间缺了

两句，但还是可以感觉到晁补之在次韵诗中对恩师虔诚的敬重关切之情。

“苏门四学士”中直接步恩师后尘的是张耒（1054—1114），他后来三次被谪迁到黄州。人们都说性格决定命运。从他写的《次韵苏公武昌西山》诗之厚重质朴，就可见其秉性：

灵均不醉楚人醅，秋兰蘼芜堂下栽。
九江仙人弃家去，吴市不知身姓梅。
东坡先生送二子，一丘便欲藏崔嵬。
脱遗簪笏玩杖屦，招揖鱼鸟营池台。
西山寂寥旧风月，百年石樽埋古埃。
洗樽致酒招浪士，荒坟空余黄土堆。
但传言语古味在，一勺玄酒藏山罍。
邓公叹息为摩抚，重刻文字苍崖隈。
五年见尽江上客，两屐踏遍空山苔。
谢公富贵知不免，醉眼来为苍生开。
长虹一吐谁得掩，六翮故在何人摧。
横翔相与顾鸿雁，宝剑再合张与雷。
山猿涧鸟汝勿怨，天遣两公聊一来。
岂如屈贾终不遇，诗赋长遣后人哀。

张耒，字文潜，号柯山，人称宛丘先生、张右史。宋神宗熙宁进士，历任临淮主簿、著作郎、史馆检讨。哲宗绍圣初，以直龙图知润州（现属江苏镇江）。宋徽宗（1101—1125）初，召为太常少卿。受唐音影响很深。诗学白居易、张籍（766—830），平易舒坦，不尚雕琢。其词风格与柳永（984—1053）、秦观相近。

张耒虽然在此诗中也对恩师贬谪黄州期间与武昌西山相关的逸迹佳话一一回应，但与众不同的是，其起句“灵均不醉楚人醅，秋兰蘼芜堂下栽”和末句“岂如屈贾终不遇，诗赋长遣后人哀”，则将苏东坡与曾“行吟鄂渚”的屈原放在一起咏叹。这样写既高屋建瓴、气势非凡，又将恩师推上了新的历史高度，同时还间接地盛赞了武昌西山厚重的历史人文底蕴，可谓“一箭三雕”。除此之外，恩师和屈原同样都是高洁大德之士，都有贬谪坎坷经历。但屈原最终因怀才不遇、国破家亡而投江自刎。因此，张耒次韵诗末句，重点是期冀恩师不重蹈屈子覆辙，能为当世大用。

用前韵回谢诸贤众杰

对诸贤众杰踊跃参与此次唱和并形成引起朝野轰动的骚坛盛事，苏东坡感到万分荣幸，他作《〈西山〉诗和者三十余人，再用前韵为谢》作回应：

朱颜发过如眷醅，胸中梨枣初未栽。
丹砂未易扫白发，赤松却欲参黄梅。
寒溪本自远公社，白莲翠竹依崔嵬。
当时石泉照金像，神光夜发如五台。
饮泉鉴面得真意，坐视万物皆浮埃。
欲收暮景返田里，远泝江水穷离堆。
还朝岂独羞老病，自叹才尽倾空罍。
诸公渠渠若夏屋，吞吐风月清隅隈。
我如废井久不食，古甃缺落生阴苔。
数诗往复相感发，汲新除旧寒光开。
遥知二月春江阔，雪浪倒卷云峰摧。
石中无声水亦静，云何解转空山雷。
欲就诸公评此语，要识忧喜何从来。
愿求南宗一勺水，往与屈贾湔余哀。

众贤杰次韵唱和诗所表达的情感，既有明快热切，也有低沉抑郁，这引起苏东坡的深思。朝廷政局越来越诡异，使他又忧心忡忡。因此，这首答谢诗跟此前所写《武昌西山并叙》比较起来，透出的心境完全不一样了，诗风及其内涵也随之变得凝重起来。所以答谢诗回忆自己被贬黄州前，是“朱颜发过如眷醅，胸中梨枣初未栽”。被贬黄州后，无论是在武昌葛山“丹砂未易扫白发”之悟道，还是在“赤松却欲参黄梅”的禅宗五祖寺礼佛，以及在武昌寒溪寺、西山寺和庐山西林寺、东林寺追随慧远感悟“石泉”“金像”之灵异，虽然也有“饮泉鉴面得真意”的收获，但更多的是“坐视万物皆浮埃”的感觉。

“欲收暮景返田里，远泝江水穷离堆”，是说自己当时已经有了急流勇退，欲返回蜀中故里退隐远祸的想法。然而就在这个时候，自己又回到了朝中，出现了“还朝岂独羞老病，自叹才尽倾空罍。诸公渠渠若夏屋，吞吐风月清隅隈。我如废井久不食，古甃缺落生阴苔”等憋屈的感觉。

最后对“数诗往复相感发”中的不同情思，苏东坡用一组诗句进行分析探讨。在“汲新除旧寒光开”的情形下，“要识忧喜何从来”。其“愿求南宗一勺水，往与屈贾湔余哀”的结句，就是他找寻“忧喜何从来”的思考。苏东坡想从佛道里面，从历史前贤屈原、贾谊那里获得真谛。

托车湖兄弟在武昌西山践诺

苏东坡是个追求“言必信，行必果”之人。在《武昌西山》诗叙中，他向邓圣求表达了“当以遗邑人，使刻之铭侧”的畅想。不久，武昌樊口潘丙的父亲潘革因事到京城顺便看望苏东坡。他将《武昌西山并叙》唱和、答谢诗，以及三十余人的次韵诗册托付给潘革，请他转交给老朋友王齐愈，并附上书信一封：

> 多时不奉书，思仰不去心。比日履兹酷暑，体中佳胜。数日，以伏暑下府，初安乏力，而潘二丈速行，略奉此数字，殊不尽意。《西山》诗一册，当今能文之士多在其间，并拙诗亲写与邓圣求诗同纳上。或能为入石安溪，亦佳。不然，写放壁中可也。

在这封信的末端，苏东坡恳请王齐愈兄弟俩将“当今能文之士多在其间”的墨迹摹刻于石，并镶嵌于西山寒溪石壁之间。万一条件不允许，也可就将这些诗文抄录存放“壁中”，希望能像“鲁壁藏书”那样流传后世。

王齐愈兄弟俩收到苏东坡的信和所托付的诗作后欣喜万分。他们全家尽心竭力，立即落实这一意义非凡的重任。

对此，南宋王象之写成于嘉定十四年（1221）的《舆地纪胜》，在卷八十一荆湖北路寿昌军的“碑记”门下有“西山唱和石刻，在武昌”的记述。这说明，距离玉堂唱和盛举一百三十五年后，苏东坡《武昌西山并叙》的唱和诗石刻还在武昌西山石壁上。这也是苏东坡信守诺言、武昌车湖王氏兄弟不负所托的见证。

三、追和绵延千年

唱和盛举巨大魅力之源

《武昌西山并叙》玉堂唱和之所以能形成“阳春一奏众争和，咸韶荡默群仙来”的盛况，除了苏东坡的声名影响外，还因为诗中牵涉到他和参与其间的众贤儒在“乌台诗案”中的命运起伏。在北宋末年那个党争不已的年代，许多人直接或间接地经历过迁谪沉浮命运。因此，苏、邓的唱和诗不仅让更多人了解了他们共同的武昌西山情缘，而且也勾起了次韵唱和、吟诗品诗人对旧游往事、盘桓起伏经历的回忆思考。在当时政局翻新的特殊时期，人们通过参与或关注玉堂唱和盛事互相慰藉，相互鼓励，呈现出积极的人生态度与高尚的士子精神。

正是在这样的历史大背景下，唱和次韵《武昌西山并叙》一时引起轰动，“当今能文之士多在其间”，成为雅谈。也因此，玉堂唱和盛举及其产生的一批诗作就不仅蕴含着非常高的艺术价值，还融汇了十分深刻丰富的人文价值和史学价值。

所以这一发生在北宋元祐元年（1086）、蕴含巨大魅力的《武昌西山并叙》唱和次韵雅事，并未随着北宋的消亡而画上句号。从南宋到元明清，绵延近千年，追和总相随。

追和《武昌西山》不绝如缕

南宋嘉定年间，邓圣求的孙子邓廷将其祖父亲笔抄录的《武昌西山并叙》，敬献当朝翰林学士楼钥（1137—1213）。

楼钥，字大防，号攻媿主人。庆元道鄞县（今属浙江宁波）人。南宋诗人、文学家。历官温州教授，起居郎兼中书舍人。宋宁宗即位之初掌内外制，迁给事中兼实录院同修撰、直学士院、权吏部尚书兼侍读。韩侂胄（1152—1207）见诛，朝廷以翰林学士召见，历官同知枢密院事，参知政事。

嘉定四年（1211）九月重阳节，楼钥在攻媿斋于万千感慨中写追和诗一首，并跋其后：

党论一兴谁可回，贤路荆棘争先栽。
窜流多能擅笔墨，囚拘或可为盐梅。
雪堂先生万人杰，论议磊落心崔嵬。
向来罗织脱一死，至今诗话存乌台。
凭高望远想宏放，眼界四海空无埃。
黄冈踏遍兴未尽，绝江浪破琉璃堆。
漫浪神交信如在，石为窳樽胜金罍。
邓侯先曾访遗迹，铭文深刻山之隈。
山荒地僻分埋没，二公前后搜莓苔。
元祐一洗人间怨，天地清宁公道开。
玉堂同念旧游胜，笔端万物挫欲摧。
时哉难得复易失，弟兄远过崖与雷。
北归天涯望阳羡，买田不及归去来。
我为长歌吊此老，恸哭未抵长歌哀。
嘉定四年重阳日，四明楼钥书于攻媿斋。

楼钥追和诗首先阐述了苏东坡一生坎坷的历史缘由——“党论”，然后分述苏东坡走过的“荆棘”之路。苏东坡作为“万人杰”“论议磊落心崔嵬”，但还是因“向来罗织脱一死”而被抓进乌台大狱，才有了“黄冈踏遍兴未尽，绝江浪破琉璃堆”的机缘，得以“时复扁舟”武昌西山，实地游览“漫浪神交信如在，石为窳樽胜金罍。邓侯先曾访遗迹，铭文深刻山之隈”等逸迹。“元祐一洗人间怨”不久，又因宋哲宗“绍术”之事，苏轼兄弟俩相继被贬至海南儋州与广东雷州。最后“北归天涯望阳羡，买田不及归去来”，在常州毗陵去世。楼钥诗最后以“我为长歌吊此老，恸哭未抵长歌哀”，表达了对苏东坡的哀思。

宋末元初诗人陈杰（生卒年不详）游览武昌西山，联想到当年苏东坡玉堂唱和雅事，以及后来苏东坡拜托王齐愈兄弟设法将唱和次韵诗刻于武昌西山石壁的轶事；也想到了玉堂唱和主角之一的邓圣求后来参与迫害苏门一脉的事。绍圣年间因党派之争，邓圣求以“元祐”“绍圣”之事陷害苏东坡及其门徒，使他被贬到南荒之地惠州。陈杰于感慨悲怆中以《苏东坡〈西山〉诗，前后和者五十余篇，暇日登览怆然，有感于元祐、绍圣之事，僭亦用韵》为题，作诗追和：

槛外春江如酦醅，槛前松株逐番栽。
西门巡得陶氏柳，西岭并无坡老梅。
惟余荒磎入烟雾，曾载辙迹行崔嵬。
洼樽其多一卷石，清风千丈严濑台。
人间此事固不朽，山高唐业澌成埃。
干戈五季乱离瘼，帝命封之白云堆。
余三百年付迁客，眼底盆盎得古罍。
每登胜绝不忍去，往往拂枕眠其隈。
毁书灭迹坐再闰，杖筇双屐印藓苔。
无端玉堂牵清梦，九虎乍放天门开。
武昌旧令偶同直，得句一粲金莲摧。
那知白头不同趋，首倡绍述蚊成雷。
凭高为吊千古恨，魂兮可招傥一来。
并持公案徵漫叟，立尽落日山灵哀。

陈杰，字焘夫，丰城县（今属江西宜春）人。南宋淳祐十年（1250）进士，授赣县（现属江西赣州）主簿，后任工部郎中、江西提刑司置制司参谋，转工部主事，召赴行在（杭州），未成行而宋亡。入元，隐居南昌城中东湖以终，著有《自堂存稿》。《四库提要》以为其诗“风姿峭蒨，颇参以石湖、剑南格调。视宋末江湖一派气含蔬笋者戛然有殊，在黄茅白苇之中，不可不谓之翘楚”。

这首追和诗开端，以描写斗转星移、物是人非的一连串诗句，来为此诗想要表达的主题作铺陈。接着便毫不留情地揭开邓圣求先跟苏东坡玉堂唱和，后“白头不同趋”、落井下石的老底。“首倡绍述蚊成雷”，说的就是玉堂唱和七年后，邓圣求于绍圣元年（1094）二月为尚书右丞，附和中书侍郎李清臣，“首倡绍述”，焚毁元祐法，迫害苏轼、苏辙及其门徒友人之事。

陈杰于伤怀感叹中道出了他追和次韵《武昌西山并叙》的旨意：“凭高为吊千古恨，魂兮可招傥一来。”诗末他以“并持公案徵漫叟，立尽落日山灵哀”诗句，说明公道自在人心，后世之人对功业不朽的苏东坡无不哀思怀念。

明代武宗朱厚照正德八年（1513）七月四日，著名文学家、书法家、大诗人李东阳（1447—1516），有幸见到苏辙亲家岑象求、南宋楼钥题跋的《武昌西山并叙》墨迹原件，遵收藏者宫保都宪陆全卿（1458—1526）所嘱，题“东坡诗翰”四字于卷首，又以《苏子瞻书〈武昌西山〉赠邓圣求诗迹》为题，追和一诗，记述其流传过程：

有松自作中山醅，有橘欲向江南栽。
未画东坡满堂雪，且赏西山千树梅。
探奇览胜遍吴楚，直泛浩渺登崔嵬。
偶来此地骋遐瞩，风景不论凌虚台。
酒酣一吸汉江水，净洗万解胸中埃。
神交远到玉堂署，归梦忽惊金粟堆。
挥毫日对掌纶孛，话旧夜共开尊罍。
遗篇断墨半流落，不见山巅还山隈。
何人传袭得此本，幸免石壁漫苍苔。
因怀故乡访旧迹，使我一见心神开。
人才绝代可指数，仕路触眼多倾摧。
谁令青蝇点白璧，已听夜蛰鸣春雷。
终为列星上天去，或化孤鹤横江来。
文章气节两不朽，安用吊古生悲哀。

李东阳，字宾之，号西涯。祖籍湖广茶陵（今属湖南株洲），长期生活在北京。明英宗天顺八年（1464）进士，官至太子少保、礼部尚书兼文渊阁大学士，为朝廷重臣。著有《怀麓堂集》《怀麓堂诗话》等。

李东阳的追和诗，以北国定州的“松”和出自南国的“橘”起兴，既盛赞苏东坡的才德，又交代苏东坡最后由北到南的贬谪生涯。“未画东坡满堂雪，且赏西山千树梅”言明苏东坡墨迹长卷的衍生之地。“遗篇断墨半流落，不见山巅还山隈”，似乎是说此时在武昌西山“山巅”和“山隈”，不见《武昌西山并叙》唱和诗刻。“何人传袭得此本，幸免石壁漫苍苔。因怀故乡访旧迹，使我一见心神开”，写出了作者惊见劫后幸存的苏东坡诗书墨宝真迹时的惊叹心情。李东阳不吝笔墨，以“人才绝代可指数，仕路触眼多倾摧。谁令青蝇点白璧，已听夜蛰鸣春雷”诗句，来赞颂苏东坡不同凡响的盖世功业。

“终为列星上天去，或化孤鹤横江来。文章气节两不朽，安用吊古生悲哀”，既表达自己对苏东坡不朽功业的无限景仰，同时也是李东阳对南宋楼钥追和诗

“我为长歌吊此老，恸哭未抵长歌哀”、宋末元初陈杰追和诗“凭高为吊千古恨，魂兮可招傥一来”的积极正面回应：既然苏公功业不朽，后人就不必“吊古生悲哀”了。

清人祁寯藻（1793—1866）在《曼九亭集》卷十六中，记述自己曾参与乾隆年间的《石渠宝笈》书画校点，因而有幸见到苏东坡《武昌西山并叙》墨宝，特写出追和诗《观东坡〈武昌西山〉诗墨迹，次韵纪之（时恭校〈石渠宝笈〉书画）》：

西清书画饱眼福，插架万轴山崔嵬。
坡公此书更超绝，世俗所见真舆台。
长剑玉佩正兼跋，古香溢纸无纤埃。
岑跋感叹具颠末，峻增五岳胸中堆。
后之作者楼与李，讵免赝鼎充云罍。
当时金銮对玉署，白头忆就西山隈。
作歌远继猗玎子，径欲铲彼苍崖苔。
如何承旨老而饽，绍述之论从兹开。
邓李比周党祸起，朝野正气遭残摧。
公诗豫防猬鹤怨，重以友谊敦陈雷。
请看行间气郁勃，墨沈犹挟松涛来。
愿公且勿吊屈贾，黄鹤鹦鹉同堪哀。

祁寯藻，字叔颖，山西寿阳人。清朝大臣，三代帝师。嘉庆十九年（1814）进士，累官至体仁阁大学士、太子太保。谥号文端。

由于校点《石渠宝笈》，祁寯藻得出对苏东坡诗书的评价：“坡公此书更超绝，世俗所见真舆台。”在“岑跋感叹具颠末”后加注“诗尾岑象求跋”。同时在“后之作者楼与李，讵免赝鼎充云罍”后又注“楼攻媿、李怀麓两诗俱次苏韵，李诗似赝书”，交代他对此墨宝流传过程中的真伪判断。接着以“如何承旨老而饽，绍述之论从兹开。邓李比周党祸起，朝野正气遭残摧”诗句，对邓圣求、李清臣两人以“绍述之论”，陷害苏东坡及其弟子友人的丑行大加挞伐。祁寯藻还提醒后世鉴赏此墨宝者：“请看行间气郁勃，墨沈犹挟松涛来。”

祁寯藻追和诗的收束诗句“愿公且勿吊屈贾，黄鹤鹦鹉同堪哀”，也许是受张耒和诗“岂如屈贾终不遇，诗赋长遭后人哀”、苏东坡答谢诗“愿求南宗一勺水，往与屈贾湔余哀”的影响。但祁隽藻这两句诗想要表达的意思却是在屈原、贾谊和“黄鹤鹦鹉”祢衡面前，人们对苏公没有丝毫“湔余哀”的必要。因为苏轼和历史上的“屈贾”等骚坛俊杰一样，都是值得千秋万代哀思赞美的大德前贤。

直至近现代，仍有不少文人墨客追和苏东坡的《武昌西山并叙》，可谓余音袅袅，不绝如缕。

四、题《烟江叠嶂图》

为武昌上演题画赠答“连续剧”

历史悠悠的武昌西山，在其接纳的无数文人墨客中，苏东坡可谓独树一帜。他对武昌西山的深情反复吟韵，演绎出一个又一个空前绝后的“大声响”。《武昌西山并叙》唱和盛举并不是他对武昌眷念吟咏的绝唱。两年零四个月后，苏东坡又为武昌继续上演了一部题画赠答复韵的“连续剧”，留下北宋“画诗书三绝”的传世杰作和佳话。

这件事的诱因，是元祐四年（1089）三月十日，在好友王定国（1048—1117）家中共同欣赏其收藏的一幅画时，再一次令多才多艺的苏大学士触景生情。这幅画便是王晋卿（1048—1104）所作《烟江叠嶂图》。

王晋卿是北宋左卫将军、驸马都尉、大画家王诜的字。他是太原府人，后迁汴京（今河南开封）。熙宁二年（1069）娶英宗女、神宗同母妹秦国大长公主。擅画山水，亦能书，善属文。其词语言清丽，情致缠绵，音调谐美。所画山水多为烟江远壑、柳溪渔浦、晴岚绝涧、寒林幽谷、桃溪苇村等“诗人难状之景”。尤擅长画小景山水。能画墨竹，师法文同。苏东坡非常喜爱王晋卿的画。他在《与宝月大师》五首之二中，对其画艺评价甚高：“驸马都尉王晋卿画山水寒林，冠绝一时，非画工所能仿佛。”

《烟江叠嶂图》为王晋卿名作。开卷绘重峦叠嶂陡起于烟雾弥漫、浩渺空旷的大江之上，空灵的江面和雄伟的山峦形成巧妙的虚实对比。奇峰耸秀，溪瀑争流，云气吞吐，草木丰茂，显得蓬勃富有生气。王晋卿绘此画时，以墨笔皴山画树，惟妙惟肖；用青绿重彩渲染，烟波浩渺。此画后段则奇嶂叠起，笔墨细润，设色典雅。

在绘画方面，苏东坡以“悬崖竹一枝倒悬，飞舞跌宕，如其诗如其文”和“胸中元自有丘壑，故作老木蟠风霜”的枯木竹石画，雄踞北宋画坛巅峰，并以有力推进文人画发展而对中国绘画史做出巨大贡献。见画而激起苏东坡诗兴大发的缘由，除了王晋卿这幅《烟江叠嶂图》确实画得好外，更重要的是这幅画的意境不仅把他和王定国、王晋卿三人因“乌台诗案”同时被贬谪流放的往事勾连在了一起，而且还跟苏东坡此时已再次乞求外任的复杂心境相吻合。

原来，苏东坡和王定国、王晋卿三人不单单是好友，还是情投意合、志向一致、沉浮与共的异性兄弟。元丰二年（1079）苏轼深陷“乌台诗案”，王晋卿这个驸马爷因是他的铁杆朋友也未能幸免落难，还第一批受牵连贬谪。元祐元年（1086），苏东坡在《和王晋卿并引》中具体地记叙了两人的贬谪因果和回京时作诗相互鼓励的情形：

> 元丰二年，予得罪贬黄州，而驸马都尉王诜亦坐类远谪，不相闻者七年。予既召用，而诜亦还朝，相见殿门之外，感叹之余，做诗相属。词虽不慎工，然托物悲慨厄穷而不怨，泰而不骄，怜其贵公子有志如此，故和其韵。

与王晋卿相比，王定国被贬时更惨，几乎家破人亡。即使这样，王定国仍按孔子“不怨天，不尤人”之所言行事。这让苏东坡觉得更亏欠于他。元丰六年（1083）苏东坡在《王定国诗集叙》中这样写道：

> 定国以余故得罪，贬海上三年，一子死贬所，一子死于家，定国亦病几死。余意其怨我甚，不敢以书相闻。而定国归至江西，以其岭外所作诗数百首寄余，皆清平丰融，蔼然有治世之音，其言与志得道行者无异。幽忧愤叹之作，盖亦有之矣，特恐死岭外，而天子之恩不及报，以忝其父祖耳。孔子曰：“不怨天，不尤人。”定国且不我怨，而肯怨天乎！余然后废卷而叹，自恨期人之浅也。

元祐元年（1086）苏东坡和王晋卿、王定国先后被起用。面对老友绘制于贬谪地均州（治所在今湖北十堰丹江口）武当山的自然风景佳作，面对劫后余生却因党争不已、无法脱身而又求外任，苏东坡感慨万千，一下子由此画联想到当年被贬黄州时，自己坐在江畔的临皋亭中，所观江对岸武昌诸山和山前大江景况。特别是春夏梅雨时节呈现的雨雾蒙江，秋冬之际弥漫的大雾横江，这些画面与此时所观画景高度契合。苏东坡实在是抑制不住自己的思念感怀之情，故挥毫在画作背面题诗，名之为《书王定国所藏王晋卿画〈烟江叠嶂图〉一首》：

江上愁心千叠山，浮空积翠如云烟。
山耶云耶远莫知，烟空云散山依然。
但见两崖苍苍暗绝谷，中有百道飞来泉。
萦林络石隐复见，下赴谷口为奔川。
川平山开林麓断，小桥野店依山前。
行人稍度乔木外，渔舟一叶江吞天。
使君何从得此本，点缀毫末分清妍。
不知人间何处有此境，径欲往买二顷田。
君不见武昌樊口幽绝处，东坡先生留五年。
春风摇江天漠漠，暮云卷雨山娟娟。
丹枫翻鸦伴水宿，长松落雪惊醉眠。
桃花流水在人世，武陵岂必皆神仙。
江山清空我尘土，虽有去路寻无缘。
还君此画三叹息，山中故人应有招我归来篇。
元祐四年三月十日

苏东坡开篇便细致入微地描写浓密的“云烟”笼罩着大江和江对岸的“千叠山”，以及云开雾散后一幕幕无法忘怀的那山、那岩、那泉、那川、那桥、那店、那人和那江上渔舟。这是画中之景，还是苏东坡心中所思，已无法分得清。在“使君何从得此本，点缀毫末分清妍。不知人间何处有此境”的问诘揣摩中，他又想起首次游览武昌西山时“径欲往买二顷田”的夙愿。

到此，“君不见武昌樊口幽绝处，东坡先生留五年”这一情真意切、萦于胸怀的十七字肺腑之言，脱口而出。清末名臣曾国藩（1811—1872）评曰：“‘君不见’十二句，言樊山胜境亦不减于图中之景。”此诗接下来六句，以春之“春风摇江天漠漠”，夏之“暮云卷雨山娟娟”，秋之“丹枫翻鸦伴水宿”，冬之“长松落雪惊醉眠”，写尽武昌四季江山胜景；又以“桃花流水在人世，武陵岂必皆神仙”，尽情描述武昌如同人间仙境之美妙。南宋祝穆（？—1255）说“翻鸦落雪”之句，“虽画工不能尽也”。

面对武昌这么好的地方，已向宋哲宗乞求外任的苏东坡却在诗中无奈发出“江山清空我尘土，虽有去路寻无缘”的感叹。这是因为身处官场，身不由己。但接着他写下“还君此画三叹息，山中故人应有招我归来篇”。这最后四句，正是全诗主旨之所在。苏东坡在此想表达的意思是，拥有美好胜景、美妙仙境的武昌，就是自己外任退隐的最好“去路”之一，虽然因自己无法选择决定而“寻无缘”，但武昌“山中故人”应该欢迎他“归来”。这实际上是他真心想重返武昌之意。

人们常说患难见真情。在即将面对又一次仕途坎坷、已乞求外任的特殊时刻，观名画、思旧情的苏东坡，在此诗中通过尽情描述武昌的江山胜景、人间仙境，发出一句比一句眷恋痴情的直白、深情款款的呼唤。这充分说明苏东坡对武昌的倾情之深。

王晋卿由衷敬佩次韵回谢

看到这位同样是丹青妙手的苏东坡以“点缀毫末分清妍”“不知人间何处有此境”，高度赞赏自己的画作，王晋卿倍感欣慰。对这位面临波浪起伏般人生仕途，始终持积极乐观态度的苏东坡，王晋卿由衷敬佩。他也在《烟江叠嶂图》背面题上次韵赠答诗：

帝子相从玉斗边，洞箫忽断散非烟。
平生未省山水窟，一朝身到心茫然。
长安日远那复见，掘地宁知能及泉。
几年漂泊汉江上，东流不舍悲长川。
山重水远景无尽，翠幕金屏开目前。
晴云幕幕晓笼岫，碧嶂溶溶春接天。
四时为我供画本，巧自增损嫫与妍。
心匠构尽远江意，笔锋耕偏西山田。
苍颜华发何所遣，聊将戏墨忘余年。
将军色山自金碧，萧郎翠竹夸婵娟。

风流千载无虎头，于今妙绝推龙眠。
岂图俗笔挂高咏，从此得名因谪仙。
爱诗好画本天性，辋口先生疑宿缘。
会当别写一匹烟霞境，更应消得玉堂醉笔挥长篇。

王晋卿被苏东坡对武昌的怀念眷顾情感打动，在这首次韵赠答诗前半部分，他将自己被贬时的心路历程进行了剖析。从“帝子相从玉斗边”的皇亲国戚，到一瞬间“洞箫忽断散非烟”。由于“平生未省山水窟”，所以“一朝身到心茫然”。接下来他写了那几年的颠沛流离生活。但他认为，恰恰是这一特殊经历，为自己提供了“山重水远景无尽，翠幕金屏开目前。晴云幕幕晓笼岫，碧嶂溶溶春接天。四时为我供画本，巧自增损媸与妍”这样美的创作素材和“心匠构尽远江意，笔锋耕偏西山田。苍颜华发何所遣，聊将戏墨忘余年”的创作心境，由此得以进入“岂图俗笔挂高咏，从此得名因谪仙。爱诗好画本天性，辋口先生疑宿缘”的境界，以此回应苏诗中“使君何从得此本，点缀毫末分清妍。不知人间何处有此境”的揣摩诘问。

此诗结句“会当别写一匹烟霞境，更应消得玉堂醉笔挥长篇”，字面意思是说，应当再画一幅烟霞仙境图，让苏东坡为自己的新画作再来一次“玉堂醉笔挥长篇”。从深层次看，则有表达自己今后的追求和祝愿苏东坡有美好未来的意思。

离京之际复韵往来见真情

就在苏东坡题诗于王晋卿《烟江叠嶂图》上的第二天，他的外任御诰下达，出知杭州。很快，王晋卿的次韵赠答诗也到了苏东坡手中。于是在即将离京的情形下，苏东坡专门抽出时间给王晋卿写下复韵诗：

山中举头望日边，长安不见空云烟。
归来长安望山上，时移事改应潸然。
管弦去尽宾客散，惟有马埒编金泉。
渥洼故自千里足，要饱风雪轻山川。
屈居华屋啖枣脯，十年俯仰龙旗前。
却因病瘦出奇骨，监车之厄宁非天。

风流文采磨不尽，水墨自与诗争妍。
画山何必山中人，田歌自古非知田。
郑虔三绝君有二，笔势挽回三百年。
欲将岩谷乱窈窕，眉峰修嫮夸连娟。
人间何有春一梦，此身将老蚕三眠。
山中幽绝不可久，要作平地家居仙。
能令水石长在眼，非君好我当谁缘。
愿君终不忘在莒，乐时更赋囚山篇。

在复韵此诗时，苏东坡特地先写序交代其回复动机：“王晋卿作烟江叠嶂图，仆赋诗十四韵，晋卿和之，语特奇丽。因复次韵，不独纪其诗画之美，亦为道其出处契阔（意为久别）之故。而终之以不忘在莒之戒，亦朋友忠爱之义也。”

因这首复韵诗写于拿到外任御诰、即将再次跟王晋卿“出处契阔”的告别之时，所以与前诗相比，此诗便多出了一份厚重深邃，一份关爱叮嘱。他让王晋卿注意“归来长安望山上，时移事改应潸然”，改改以前驸马爷的性子，做到“渥洼故自千里足，要饱风雪轻山川。屈居华屋啖枣脯，十年俯仰龙旗前。”他还以“画山何必山中人，田歌自古非知田”“山中幽绝不可久，要作平地家居仙”，叮嘱王晋卿珍惜眼前来之不易的局面。

最后苏东坡所写“愿君终不忘在莒，乐时更赋囚山篇”诗句，特地用了一个典故和一篇赋来提醒王晋卿。这个典故就是齐桓公（？—前643）避祸莒国（国都在今山东省莒县）的“在莒之戒”，这篇赋则是柳宗元写的《囚山赋》。

柳宗元，字子厚。唐代文学家、哲学家。河东（今山西运城解州镇）人，世称柳河东。唐德宗贞元进士，授校书郎，调蓝田尉，升监察御史里行。因参与王叔文集团，被贬为永州（现属湖南）司马。其《囚山赋》，就写于被贬永州时。该赋明面上是写贬谪之地群山环绕，宛如牢笼景象，实则是作者落难十年幽怨激愤的宣泄。全赋一韵到底，一气呵成，通过借喻的手法，突破传统的以朝市为笼，把永州的群山比作狴牢，以极为奇特的构思，巧妙而强烈地表达了作者的困顿愤慨心情。

苏东坡之所以要在诗末郑重地提及“在莒之戒”和《囚山赋》，因为他写这首复韵诗就是想在离开京城前，向王晋卿叮嘱几句肺腑之言，以体现“朋友忠爱之义也”。“愿君终不忘在莒”，是让王晋卿铭记“在莒之戒”，注意避祸；“乐时更赋囚山篇”，是让这位驸马爷经常用柳宗元《囚山赋》提醒自己乐不忘忧、居安思危。诗中对王晋卿的谆谆关切之情、殷殷“忠爱之义”，读来字字令人感动。

王晋卿此时应该已经得知苏东坡的外任信息。看到苏东坡复韵诗中的真情关切，他当即作跋，倾吐对苏东坡厚爱关心的感悟：“子瞻再和前篇，非唯格韵高绝，而语意郑重，相与甚厚，因复用韵答谢之。”

忆从南涧北山边，惯见岭云和野烟。
山深路僻空吊影，梦惊松竹风萧然。
杖藜芒履谢尘境，已甘老去栖林泉。
春篮彩术问康伯，夜灶养丹陪稚川。
渔樵每笑坐争席，鸥鹭无机驯我前。
一朝忽作长安梦，此生犹欲更问天。
归来未央拜天子，枯莇敢自期春妍。
造物潜移真幻影，感时未用惊桑田。
醉来却画山中景，水墨想像追当年。
玉堂故人相与厚，意使嫫母齐联娟。
岂知忧患耗心力，读书懒去但欲眠。
屠龙学就本无用，只堪投老依金仙。
更得新诗写珠玉，劝我不作区中缘。
佩服忠言匪论报，短章重次木瓜篇。
元祐己巳正月初吉，晋卿书。

在这首回复诗里，王晋卿表示：当年贬谪中“杖藜芒履谢尘境，已甘老去栖林泉”等困苦情形，至今历历在目；回京后“归来未央拜天子，枯莇敢自期春妍。造物潜移真幻影，感时未用惊桑田。醉来却画山中景，水墨想像追当年”的亲身感悟，不可能忘怀。对苏东坡复韵诗的字字珠玑，他回以“更得新诗写珠玉，劝我不作区中缘。佩服忠言匪论报，短章重次木瓜篇”，表达出自己对苏东坡“忠言”“忠爱”的心领神会与由衷敬佩。

画诗书共存一帛的佳话与杰作

历史应该感谢苏东坡。他因观赏《烟江叠嶂图》而对武昌樊山和山前大江触景生情，引发赋诗题画、次韵复韵赠答。这样就在《烟江叠嶂图》这一名作上，留下了苏东坡用行书写的诗并序和复韵诗，以及王晋卿的复韵赠答诗并跋。由此衍生出由“一幅画＋两大家＋四首诗”构成的北宋文坛佳话和“画、诗、书三绝”共存于同一绢帛的杰作。

武昌在感谢苏东坡痴情眷恋其胜绝山水、温情人文并助其千古扬名的同时，也应该对衍生这一佳话杰作有直接影响而自豪！

目前，这幅濡满历史烟云的手卷绢本水墨《烟江叠嶂图》，作为国宝级作品藏于上海博物馆。

五、武昌常在胸间

思念赞美情使武昌成为北宋瞩目地

元祐元年（1086）十一月的玉堂唱和盛举，元祐四年（1089）三月的题画赠答佳话，不约而同地围绕着同一个吟咏对象——武昌的山水人文，也诉说着同样的思念赞美之情。

从《武昌西山并叙》中的“忆从樊口载春酒，步上西山寻野梅”，到《书王定国所藏王晋卿画〈烟江叠嶂图〉一首》中的“君不见武昌樊口幽绝处，东坡先生留五年”“人间何处有此境”“山中故人应有召我归来篇”，这些饱含深情、脍炙人口的诗句，以及北宋政界文坛众贤诸杰唱和次韵、复韵赠答的一系列诗文和伴随其间的佳话韵事，不仅具有极其深厚的人文旨趣和精神内涵，还是北宋贬谪文人山水情怀的集中大展示。

除此之外，苏东坡和参与唱和次韵的一大批骚客名流，用丰富多彩的诗文，把武昌江山胜景、人文逸迹的声誉提升到了前所未有的高度，使北宋元祐年间的武昌一下子成为文人士大夫的瞩目之地。

可以这样说，正是由于苏东坡怀有对武昌的思念感激之情，才演绎出玉堂唱和盛举和题画赠答佳话。这为武昌的人文历史增添了闪光的一页，也为苏东坡多姿多彩的人生功业增添了浓墨重彩的一笔。

惨烈颠簸中仍怀揣思念之心

写下《烟江叠嶂图》题画诗和复韵诗后，苏轼就以龙图阁学士、充两浙西路兵马、钤辖知杭州军州事，来到乞求外任之地。元祐五年（1090）秋，他跟友人袁毂、刘季孙赋诗唱和时，眼见杭州美丽山水，不由自主地想到武昌西山之下、大江之滨、吴大帝城南端的庾亮楼（又名南楼、庾楼、古楼），想起李白游此楼时，借庾亮"乘兴坐胡床"吟诗述怀的雅事。于是，他当即填下《点绛唇·闲倚胡床》：

> 闲倚胡床，庾公楼外峰千朵。与谁同坐。明月清风我。　　别乘一来，有唱应须和。还知么。自从添个。风月平分破。

此后的苏东坡，虽然人生仕途很快进入更加跌宕起伏的新阶段，但他怀念感激武昌的心，在其后越来越惨烈的颠簸命运之中，始终未曾改变。用他写给武昌潘丙、王齐愈信中的话来描述，是"别来思念不去心""思仰不去心"。

元祐七年（1093）九月初三，主持"元祐更化"九年之久、将苏东坡从第一次贬谪漩涡中重新重用的命中贵人——高太皇太后仙逝，他的仕途上升通道也由此悄然关闭。九月十三日，宋哲宗赵熙（1077—1100）亲政不到十天，便诏令苏轼出知"重难边郡"定州。九月二十六日辞行离开京城时，宋哲宗对这位翰林侍读学士的老师，连面都不肯见。

在赴定州途中，苏东坡作《渔家傲·临水纵横回晚鞚》这首词，用对比强烈的画面，艺术化地记述这段冷暖自知的思想情感：

> 临水纵横回晚鞚。归来转觉情怀动。梅笛烟中闻几弄。秋阴重，西山雪淡云凝冻。　　美酒一杯谁与共。尊前舞雪狂歌送。腰跨金鱼旌旆拥。将何用，只堪妆点浮生梦。

此词悲壮苍凉，诗魂飘渺。上片写自己在大自然中威风凛凛地游览后，再回到现实中所形成的强烈反差。其起首词句凸现苏东坡的豪壮气势。"临水纵横回晚鞚"，是写他奔驰在水滨，无拘无束，一直到晚上才勒住马缰驶向归程。"归来转觉情怀动"，这时远远听到《梅花落》的"几弄"笛声。因十月的北方气候转冷，顿时感到"秋阴重，西山雪淡云凝冻"，一种莫名的压抑凄凉感涌上心头。

下片着重描绘壮行送别的激动场面和个人的抑郁心态。壮行的"美酒""狂歌”，加上“腰跨金鱼旌旆”，这些豪华、体面、威严的排场又有什么用呢？在又一次经受仕途颠簸的苏东坡眼中，这些只是妆点世间虚浮无定的梦境罢了。特别是跟自己第一次贬谪黄州时相比，这一次到定州，他还不是贬谪戴罪之人，头上还顶着“端明殿学士、翰林侍读学士、左朝奉郎、定州安抚使兼马步军度总管、知定州军事及管内劝农事上都尉、赐金鱼袋”这风风光光且史无前例的四十六字身份。但苏东坡通过半生坎坷挫折经历得到的感受是，这些表面上的风光，难掩暗地里“山雨欲来风满楼”之势。

就是在这样的情况下，苏东坡在此词中专门写到了“雪淡云凝冻”的西山。虽然词中西山并非武昌西山。但就像跟西湖有缘一样，他与西山也结下很深的情分，时常见之于笔端。后来他在定州，又在《中山松醪赋》中写道：“望西山之咫尺，欲褰裳以游遨。跨超峰之奔鹿，接挂壁之飞猱。”

苏东坡反复吟咏眼前西山时，说不定在他的心里，自觉不自觉地把北国定州和江南武昌的两座“西山”连在了一起。事实正是这样。苏东坡离开武昌后，有一次看见西边苍翠山岚，就情不自禁地写下《怀望西山》：

双峰何处白云悠，赤壁千年战未休。
纵使长江澄碧玉，谁将梅子落黄州。

这首七绝，苏东坡开篇便对武昌西山“双峰”发出“何处白云悠”的呼唤。其对武昌山、武昌人的怀念之情，在诗题里、在诗句中，一一显现。

来到定州，苏东坡从陶侃“武昌整军”中得到启发，有的放矢又卓有成效地开展“定州整军”。但半年后的绍圣元年（1094）四月，苏东坡就被罢去端明殿翰林学士，贬知广东英州（治所在今广东英德）。赴任途中，他又接到被贬宁远军节度副使、惠州安置的诰令。从四月十一日到闰四月二十二日，四十一天时间里苏东坡接连接到五道贬谪圣旨，由正三品降为从八品。这可谓是另一个方面的史无前例，也印证了苏东坡几个月前赴定州途中的预感有先见之明。

即使这样，苏东坡过江西庐陵时，见到曾安止的《禾谱》，马上就想到了武昌的“秧马”。于是特意作《秧马歌并引》，来传授推广。

来到惠州，苏东坡不仅一次又一次地推广“武昌秧马”，还将在武昌寻绎樊山时对陶侃及其曾孙陶渊明进一步加深的敬慕追思情，将对葛洪道家养生著述的兴趣，带到惠州的生活中，并在这个南荒之地广为传播，形成很大影响。

2018年12月8日，当地人在苏东坡故居旧址建成的“惠州苏东坡祠”里，特意为道家仙翁葛洪、退隐诗人陶渊明、旷古文豪苏轼立了“三贤祠”。

苏东坡人生最后的贬谪流放地儋州，不仅地处海角天涯，而且所经受的禁锢迫害也越来越惨烈。在这样的情形下，他再直接跟武昌诸友联系是一件非常难的事了。但苏东坡把在武昌寻访先贤逸迹所受到的启示影响，在武昌西山寺礼佛时曾经探究的慧远净土宗理念，在武昌葛山问道时深悟的葛洪《抱朴子》等典籍理义，跟其晚年落魄时的诗文创作、修身养性、养生健体，应用自如地融合在一起，让其一直伴随着他到达生命的终点——常州毗陵。

第九章

适意武昌 “有乐于是”

盖天下之乐无穷，而以适意为悦。

惟其无愧于中，无责于外，而姑寓焉。此子瞻之所以有乐于是也。

——苏辙《武昌九曲亭记》

凡物皆有可观。苟有可观，皆有可乐，非必怪奇伟丽者也。哺糟啜醨皆可以醉；果蔬草木，皆可以饱。推此类也，吾安往而不乐？

——苏轼《超然台记》

苏东坡贬谪戴罪黄州，为何这么钟情适意武昌，并“有乐于是”？通过苏东坡“友爱弥笃”又相知的弟弟苏辙的观察，以及他自己的相关表述，结合他们兄弟俩都非常喜爱的武昌山川地理、历史人文，作一番探究分析，就可进一步明白其中缘由。

一、“知兄莫若其弟”

旷古罕见兄弟情带来的相知

“知兄莫若弟”，意思是兄弟之间对彼此的喜怒哀乐、性格喜好，一般情况下是了如指掌的，更何况苏东坡跟苏辙的感情非同一般。《宋史·苏辙传》给出这样的评价：“辙与兄进退出处，无不相同，患难之中，友爱弥笃，无少怨尤，近古罕见。”看看苏辙的人生经历及其功业成就，就可见证《宋史》这一评价的贴切精当。

苏辙年少时跟哥哥一起进士及第，中年又一起在“乌台诗案”中被贬谪迁，后来差不多同起同伏。其学问深受父兄影响，以散文著称，擅长政论和史论；其诗力图追步其兄，风格淳朴无华；其书法跟哥哥一样潇洒自如。

> 我少知子由，天资和而清。好学老益坚，表里渐融明。
> 岂独为吾弟，要是贤友生。

这首《初别子由》是苏轼初仕凤翔、第一次跟弟弟分别时所作。诗中倾吐了他与苏辙的亦弟亦友相知情。苏辙晚年则在《亡兄子瞻端明墓志铭》里，用“我初从公，赖以又知。抚我则兄，诲我则师”，来表达哥哥与他亦师亦友的特殊兄弟情。

历史上兄弟反目、手足相残的事屡见不鲜。但像苏轼跟苏辙这样的“兄弟＋师友＋志同道合＋同起同伏”特殊关系，以及最终以唐宋文坛翘楚携手进入华夏文学艺术最高殿堂的特殊成就，确实在古今中外极为罕见。正因为如此，他们之间生发的感情，才演绎吟诵出《水调歌头·明月几时有》所表达的兄弟情：

> 丙辰中秋，欢饮达旦，大醉，作此篇，兼怀子由。
>
> 明月几时有？把酒问青天。不知天上宫阙，今夕是何年。我欲乘风归去，又恐琼楼玉宇，高处不胜寒。起舞弄清影，何似在人间？　转朱阁，低绮户，照无眠。不应有恨，何事长向别时圆？人有悲欢离合，月有阴晴圆缺，此事古难全。但愿人长久，千里共婵娟。

南宋胡仔（1110—1170）《苕溪渔隐丛话》这样评价此词：“中秋词，自东坡《水调歌头》一出，余词尽废。”借用这一评语，也可以这样说：《水调歌头·明月几时有》写尽世上兄弟情。

因此，通过弟弟苏辙相关诗文来解析哥哥苏东坡钟情适意武昌的缘由，应该是最佳选择。

鞭辟入里探析哥哥情感依归

正是因为苏轼、苏辙从小到大所形成的特殊兄弟情，所以苏轼贬谪黄州期间，他们俩的诗文书信交往绝大部分有思想情感交流，其中包含了苏辙对哥哥一言一行的观察透视。这其中的《黄州快哉亭记》《武昌九曲亭记》，可以说鞭辟入里地叙述了哥哥贬谪黄州、扁舟武昌时的思想情感变化及其依归，概括极为精准，记述有真知灼见。

先来看苏辙写于元丰六年（1083）的《黄州快哉亭记》。

这一年，与苏东坡同时期谪居黄州的张梦得（生卒年不详）为览观江流，在住所西南角建造了一座亭子。苏东坡将它命名为“快哉亭”，并填词《水调歌头·黄州快哉亭赠张偓佺》：

落日绣帘卷，亭下水连空。知君为我新作，窗户湿青红。长记平山堂上，攲枕江南烟雨，杳杳没孤鸿。认得醉翁语，山色有无中。　　一千顷，都镜净，倒碧峰。忽然浪起，掀舞一叶白头翁。堪笑兰台公子，未解庄生天籁，刚道有雌雄。一点浩然气，千里快哉风。

张梦得，字怀民，一字偓佺。苏辙应张梦得之请，于当年十一月初一专门写来《黄州快哉亭记》：

江出西陵，始得平地。其流奔放肆大，南合沅湘，北合汉沔，其势益张。至于赤壁之下，波流浸灌，与海相若。清河张君梦得，谪居齐安，即其庐之西南为亭，以览观江流之胜，而余兄子瞻名之曰“快哉”。

盖亭之所见，南北百里，东西一舍。涛澜汹涌，风云开阖。昼则舟楫出没于其前，夜则鱼龙悲啸于其下，变化倏忽，动心骇目，不可久视。今乃得玩之几席之上，举目而足。西望武昌诸山，冈陵起伏，草木行列，烟消日出。渔夫樵父之舍皆可指数。此其所以为快哉者也。至于长洲之滨，故城之墟，曹孟德、孙仲谋之所睥睨，周瑜、陆逊之所骋骛，其流风遗迹，亦足以称快世俗。

昔楚襄王从宋玉、景差于兰台之宫，有风飒然至者，王披襟当之，曰：“快哉，此风！寡人所与庶人共者耶？”宋玉曰：“此独大王之雄风耳，庶人安得共之！”玉之言，盖有讽焉。夫风无雌雄之异，而人有遇不遇之变。楚王之所以为乐，与庶人之所以为忧，此则人之变也，而风何与焉？士生于世，使其中不自得，将何往而非病？使其中坦然，不以物伤性，将何适而非快？

今张君不以谪为患，窃会计之余功，而自放山水之间，此其中宜有以过人者。将蓬户瓮牖无所不快，而况乎濯长江之清流，揖西山之白云，穷耳目之胜以自适也哉！不然，连山绝壑，长林古木，振之以清风，照之以明月，此皆骚人思士之所以悲伤憔悴而不能胜者，乌睹其为快也哉！

元丰六年十一月朔日，赵郡苏辙记。

哥哥为何以“快哉”命亭名？苏辙开宗明义，通过十八年前落帆武昌樊口、三年前到黄州跟哥哥携手同游武昌大江两岸的见闻，对建亭者、命名者的用意加以发挥，认为其秘诀便藏在此亭可“览观江流之胜”里面。

《水调歌头·黄州快哉亭赠张偓佺》结句“一点浩然气，千里快哉风”，读来令人难忘。就此，苏辙对快哉亭上可见到的自然景物进行艺术化描绘，对可联想到的历史典故进行演绎点化，由此进一步分析“快哉”的深刻含义，探究“一点浩然气，千里快哉风”的来由及其对哥哥和张梦得的特殊重要意义。

在此记第二段，苏辙受哥哥词中所写“欹枕江南烟雨”等景象的启示，由此亭可“西望武昌诸山，冈陵起伏，草木行列，烟消日出。渔夫樵父之舍皆可指数”，得出“此其所以为快哉者也”的结论，认为这是哥哥命名缘由之一。

接着苏辙认为见到这些景物，可令人联想到与武昌、黄州赤壁相关联的历史人文轶事：“长洲之滨，故城之墟，曹孟德、孙仲谋之所睥睨，周瑜、陆逊之所骋骛，其流风遗迹，亦足以称快世俗。”他认为，这是哥哥命名缘由之二。

苏辙还在记中第三段以哥哥词中“堪笑兰台公子，未解庄生天籁，刚道有雌雄”词句，引出昔楚襄王从宋玉、景差于兰台之宫这一“快哉之风”典故出处。然后在记中第四段，苏辙又通过感叹“而况乎濯长江之清流，揖西山之白云，穷耳目之胜以自适也哉！不然，连山绝壑，长林古木，振之以清风，照之以明月，此皆骚人思士之所以悲伤憔悴而不能胜者，乌睹其为快也哉”，来细致描述武昌江山胜景所蕴含的“快哉之风”，来考证哥哥命亭名的第三个缘由和哥哥词中“千里快哉风”的具体来由。

苏辙这篇记，将武昌山川地理、历史人文作为叙述立论的关键素材。这样写，一方面对苏轼来说具有很强的针对性。因为从大自然中汲取前行力量，获得快乐源泉，是父亲苏洵给他们兄弟俩的言传身教。苏老泉“少年喜奇迹，落拓鞍马间”，不到十六岁就首次离开家乡远游，倾情山水，以求“纵目视天下，爱此宇宙观”。受此影响，苏轼终身钟情祖国大好河山，始终热爱美好生活，不论何时何地，不论遭遇什么境况，都能积极乐观豁达、情趣广博高雅。苏辙认为其“快哉”真谛就在于此。另一方面，他撰写这篇记的一个动机，是鼓励哥哥和张梦得，落魄时更应该多从大好河山胜景中去寻求“快哉之风”和快乐之源。

正是因为武昌的山川地理、历史人文对苏轼给予诸多慰藉和丰富滋养，所以苏辙把它们作为探究分析哥哥命名“快哉亭”缘由、寻求“千里快哉风”来由的两大透视“窗口”。再来追溯一年前苏辙《武昌九曲亭记》的创作脉络，就会发现他探析哥哥扩建九曲亭“于是最乐”，剖析哥哥“适意为悦”“有乐于是”的逆境胸襟时，其切入“窗口”也是这两个方面。

不仅如此，通过对苏辙这两篇记的条分缕析，抽丝剥茧，很容易让人品味出苏东坡钟情适意武昌、“有乐于是”的个中缘由。也就是说，是这座古城的独特优美山水、厚重文化底蕴吸引着他的哥哥，是好客的武昌人打动了哥哥这位落魄大文人，使他将一颗钟情适意之心留在了武昌。苏辙还在《武昌九曲亭记》中直言，哥哥“以此居齐安三年，不知其久也”。

二、独特山川地理

“朝游湖北暮淮西”影响苏公情感

再从山川地理这一“窗口”观察，苏辙在探究哥哥命名“快哉亭”缘由、寻求“千里快哉风”来由时，实际上是站在武昌、黄州所共同拥抱的大江之上来俯瞰透视的。

这两座古城因夹拥长江所形成的独特地理格局，出现了两个古今独特现象。历史上，苏东坡贬谪黄州、扁舟武昌，在大江两岸、分处两路的两座古城，同时留下重大影响。这在苏东坡一生之中是极其独特的现象。当今，黄冈市、鄂州市的中心城区，通过发展已无缝相连，这在全国地级市中也是非常独特的现象。如此地理格局，无形中对落难的苏轼思想情感带来明显影响。最直接的一点，便是他自己概括的“朝游湖北暮淮西”特殊经历和感受。

元丰三年（1080）六月初，在陪同弟弟游武昌西山时，苏轼写给苏辙的诗句“朝游湖北暮淮西”，实际上是向弟弟透出他首次扁舟武昌后，感悟的一个十分奇特的游历情趣。日后他越来越感觉到，武昌、黄州这一独特区位，对自己在贬谪戴罪过程中思想生活的影响虽无法言明，却是实实在在、无处不见。

"朝游湖北暮淮西"字面意思是说：我们早上游览地处江南的荆湖北路武昌县，晚上就回到了江北贬谪地——淮南西路黄州。这一诗句，准确地写出了两座古城的行政地理区位，即一江两岸分属两路（路相当于后来的省）。正是这个原因，在中国古代封建社会的高度集权统治下，苏轼在两地官员眼里有说不清道不明的细微区别。这两个地方对贬谪戴罪的苏东坡来说，心中感受更是完全不同。用一句现代语言来形容，黄州是"贬谪地的天，阴暗的天"，武昌则是"非贬谪地的天，明亮的天"。

仔细研究苏东坡在黄州期间的生活习惯和所作诗文特点，会发现一个奥秘。回眸近千年前，苏东坡身在赤壁大江畔，实现了人生功业的"黄州突围"，写出了七百多篇诗文，但其中很多是"夜游之作"。从刚到黄州时的"月夜偶出"，到多次夜游赤壁，其间还发生夜醉于回黄州的道中，月夜醉酒被谣传到朝廷的"挂冠服江边树上，乘小舟不知去向"事件等。苏东坡在黄州"夜游"多，所以他既幽默又无奈地称自己为"幽人"。

这其中的原委就是苏东坡在黄州之地的身份。尽管黄州人上自州府官员，下到平民百姓，对他都很敬重和关心。但无法改变的现实是，苏公在黄州就是一个贬谪戴罪之人。这一无时无刻置于他的头上、能压死人的身份，在日常生活中，无论如何都不可能让苏东坡自由自在，心里舒服。他在黄州的所作所为，感觉像是被一个无形框框束缚着。因此，自称"幽人"也好，时复"夜游"也罢，这都是苏东坡彼时内心感受、实际境况的自然表现。

"诗家不幸黄州幸。"正是在黄州高产的"夜游之作"中，苏轼写出了前后《赤壁赋》这样流传千古的优美大作和"一蓑烟雨任平生""小舟从此逝，江海寄余生"这样数不胜数的诗词绝句。

与在黄州的心态不同，从临皋亭登上到武昌的江边小船，苏东坡的心情顿时像换了一个频道。跨过江心，便瞬间身处江南武昌，他立马就变成了深受武昌人敬重的坡仙、"苏贤良"、苏大文豪。因此，他跟远方关心自己的友朋谈及武昌的心情感受时，跳出来的词汇不是"时复扁舟"，就是"径棹店下""相过殆百"等语。让人一见，便知其轻松向往之意，便能感觉出他经常流连此地后的自由自在、快乐愉悦。

即使在武昌的地界，苏东坡也曾将自己的"幽人"身份写入诗里，不过是在离开黄州之时。他写的这句"幽人夜渡吴王岘"，主要用来交代作此诗的时间、行程。其表达的意思是，“量移汝州”的身份改变，以及此时已开启的“由黄赴汝”之旅，带来自己的心境变化。正因为如此，再站在武昌西山吴王岘上听闻那隐隐传来的江对岸黄州鼓角之声，苏轼此时的心理感受是“鼍愤龙愁为余变”，变出的是“江南又闻出塞曲”，是“黄州鼓角亦多情，送我南来不辞远”。

苏东坡是一个重情重义之人。离开黄州后他不仅吟出《黄州梅花五绝》，元祐二年（1087）冬春之交，他还将贬谪期间对黄州人的浓浓情怀写进《如梦令·寄黄州杨使君二首》词中：

一

为向东坡传语，人在玉堂深处。别后有谁来？雪压小桥无路。归去，归去。江上一犁春雨。

二

手种堂前桃李，无限绿阴青子。帘外百舌儿，惊起五更春睡。居士，居士。莫忘小桥流水。

在这两首写给时任黄州知州杨寀的词中，“归去，归去。江上一犁春雨”“居士，居士。莫忘小桥流水”，道尽苏东坡对黄州的殷殷思念之情。这也充分说明，他贬谪戴罪黄州时，并非不爱黄州之地和黄州之人，而是不爱与贬谪戴罪身份紧紧捆绑在一起、被政治化了的戴罪被贬之地。

由武昌、黄州独特地理区位带来的“朝游湖北暮淮西”特殊心理感受，使并非贬谪戴罪之地的武昌在苏东坡眼里，成了涸泽之鱼身前的浩荡之水、笼中鸟儿身边的浩渺天空。这为苏东坡钟情眷顾贬谪地江对岸的这座古城增添了砝码，使他心中“适意为悦”的天平自然而然地倾斜于武昌。

这也是苏轼贬谪黄州、扁舟武昌，在大江两岸同时留下巨大历史影响的重要原因。

形胜之地催生垂青之意与创作激情

“大江 + 大湖 + 名山 + 名城”自然相依地交汇在一起，这是武昌山川地理的又一个绝妙之处，也是苏东坡对武昌产生垂青适意之心的主要缘由之一。

不幸处在贬谪戴罪境况中的苏东坡，恰恰在天天居住的临皋亭里，在“时复扁舟”的过程中，非常有幸地对武昌的地理人文胜景一览无余。这为其缓解苦闷困顿心情，开拓豁达豪放心境，激发文学艺术创作灵感，实现“黄州突围”，起到了不可替代的重要作用。《念奴娇·赤壁怀古》的横空出世，就是突出的例证。

大江即长江。它从三峡奔涌而出后，相继接纳清江、洞庭湖、汉江等江河湖泊水系，在两湖平原间汇聚成古时的云梦泽。远古时期的云梦泽非常大，涵盖了秦巴山脉、武陵山脉、幕阜山脉、桐柏山脉、大别山脉之间的低洼之地，每年汛期更是汪洋一片。长江上游的泥沙在云梦泽逐渐沉积，慢慢地形成了江汉平原，云梦泽的面积随之缩小。即便是这样，在唐代大诗人孟浩然眼中，这里还是有“气蒸云梦泽，波撼岳阳城”的浩阔气势。

大湖即古樊湖（今梁子湖流域）。尽管近千年后面积锐减，该湖还是湖北省容水量第一、水域面积第二的湖。它原本是古云梦泽东南端的一部分。宋代大诗人陆游从老家浙江绍兴入蜀，过武昌所写的《武昌感事》诗，就有“烟雨凄迷云梦泽，山川萧瑟武昌宫”的诗句。正是因为长江由西到东横穿古云梦大泽时，在武昌樊口、黄州赤壁这一带跟古樊湖相拥，所以大别山南部余脉的黄州与幕阜山北部余脉的武昌，通过这片壮阔无比水域而紧密相连。也因此，苏轼在以诗迎接护送家人前来的弟弟时，把黄州称为“云梦泽南州”，后来又在《水龙吟·小舟横截春江》词中，吟出“云梦南州，武昌东岸”。

名山即古樊山，北宋亦称武昌西山。

名城，就是江北的黄州城，江南的武昌县城。

大自然鬼斧神工般地将大江、大湖、名山安排在黄州、武昌这两座名城之间相交相会，并迎来苏东坡在此疗伤舔血、蛰伏蝶变。从这一点上看，老天爷对“性喜临水”的苏东坡不仅不薄，而且还十分偏爱，让他得以在此“踏平坎坷成大道，斗罢艰险又出发”。

事实上有了十五年前落帆武昌樊口的铺垫，苏轼一来到黄州就观察到了武昌山川地理的绝妙之处。他向友人回报平安的信中，就有“所临居大江，望武昌诸山咫尺”的介绍。他还在《书临皋亭》中这样写道：

> 东坡居士酒醉饭饱，倚于几上。白云左绕，清江右洄，重门洞开，林峦坌入。当是时，若有思而无所思，以受万物之备，惭愧！惭愧！

这虽然是苏东坡刚贬谪到黄州之初写的苦闷自嘲之语，但从“惭愧！惭愧！”中还是能感觉到，他把“白云左缭，清江右洄，重门洞开，林峦岔入”的视觉享受和“当是时，若有思而无所思”的心灵感受，视为“以受万物之备”。通俗而言，即认为这是老天爷对他这个贬谪戴罪之人完备充分的垂青眷顾。

坐拥如此绝妙的江山形胜之地，苏东坡怎会无动于衷呢？何况刚来黄州那年弟弟苏辙所写的《赤壁怀古》诗，自己一直未写同题诗词回应。对此，他时时记在心间。

至元丰五年（1082），苏轼来到黄州两年多了。东坡垦荒躬耕，逐步解决了他们一大家子缺衣少食的“寒饿”问题。越交越多的朋友，越走越远地纵情山水，加上时间这一最好的“沉淀池”，使他逐渐走出苦闷困顿，焕发出创作激情。此时苏东坡清楚地知道，贬谪戴罪黄州的闲人、“散人”“幽人”身份自己无法改变，快意创作就成了他在黄州摆脱贬谪戴罪禁锢的主要突破口。用苏东坡跟朋友说的话，就是“某平生无快意事，唯做文章”。因此，他觉得该动动笔墨，还两年前弟弟苏辙《赤壁怀古》的和诗欠账了。

由于无数次扁舟到武昌樊口，对这处大江、大湖相交相汇，黄州赤壁、武昌西山隔江相望的胜景，苏东坡越来越熟悉，对两岸风土人情、历史掌故也有了更多的了解。心里想创作一个与此相关联作品的冲动也越来越强烈。他想与潘家叔侄再找一个合适的地方看看、聊聊，以便进一步充实创作素材，为写好回应弟弟《赤壁怀古》的同题诗词，寻求最佳的创作切入点。

带着这样的想法，元丰五年（1082）七月，正是江湖水涨浪涌的汛期，苏东坡又过江来到潘丙酒店。潘丙跟两个侄儿商量后，觉得有一个地方是满足苏大文豪要求的绝佳之地。他们马上携酒带菜，请苏东坡跟着他们一起出发。苏东坡问：去什么地方？潘丙说：您去后就知道了，保您满意。

不一会，他们来到地处武昌樊山之西峰的雷山顶，找到樊山戍古燧台遗址，拿出携带的酒菜，一行人席地而坐。

苏东坡环顾四周，东边的武昌县城，西北边的黄州赤壁，西南边的樊口和樊湖，山脚下由北而南又东去的长江，尽收眼底，真是一个观江山胜景、钩历史幽思的好地方。端起“潘生酒”，拈起武昌鱼，苏东坡说：如此绝佳观景、饮酒、雅谈之地，怎么能喝闷酒呀！哪个先开头？

这次潘大观首先开口，讲在这段大江捕鱼过程中，他亲见耳闻的事情。由于常年出没风波里，潘大观自然对黄州、武昌所拥大江的两岸地形地貌、人文历史比较熟悉。他发现武昌沿江有许多古代打仗用的烽火台，有的是用土筑墩而成，有的是利用江边山顶、矶头设置，当地人称其为烟墩或燧台。比如在黄州对岸，大江上游有武昌三江口烟墩，大江下游有武昌燕子矶燧台，正对面是设在武昌县城和樊口古镇之间的樊山戍燧台。一遇到战事，这些墩、台接力点火起烟，向长江上下游示警报信，成为那个时代的“信息高速公路”。而樊山戍在设置地位上就高于一般的墩台，战时既作为传递烽火的中转站，又作为军情研判处理和作战指挥的区域中心。西晋陈寿《三国志》注引《江表传》云，孙权都武昌，“浮江万艘，带甲百万”，进驻重兵把守。这一格局至少沿袭了千百年，从中也可以看到武昌樊山在长江流域的重要战略地位。

潘大临举起手，接着说跟弟弟话题相关的战争之事：在樊山戍这里论战事，就其影响力和争议性，首推赤壁大战。无论那场大战发生地在哪里，都更改不了孙刘联军赤壁大战前会师、出征于武昌樊口的历史。站在这里，就不能不让人产生对赤壁大战的丰富联想。我先班门弄斧，吟诵一首拙诗：“西山连虎穴，赤壁隐龙宫。形胜三分国，波流万世功。沙明拳宿鹭，天阔退飞鸿。最羡鱼竿客，归舡雨打篷。”

听了两位侄子的一番议论和所吟诗作，也是读书人、中过解元的潘丙，看到苏东坡炯炯有神地目视着江中沙洲的情形，他似乎一下子想到了一个能够引起大家都感兴趣的话题。潘丙对苏东坡说：您正在注视的这个洲子，古时曾以“芦洲”扬名。现在的名字叫“得胜洲”，说不定它能为赤壁大战发生在这一江段，作间接证据。苏东坡一听，马上问道：何以见得？潘丙将他知道的关于这个洲子的前世今生，和盘托出。

春秋末年伍子胥弃楚奔吴时的藏身之洲，在东晋元兴三年（404）又发生了一场跟赤壁之战有非常相似过程和结果、事关东晋生死存亡的遭遇战。这一战也是强势的一方居江之上游，同样是江之下游弱势的一方依仗东南风火攻取胜。当时这个洲子已叫“峥嵘洲”。

《晋书·桓玄传》记载：东晋元兴二年（403），桓玄（369—404）逼迫晋安帝（382—419）让位。元兴三年（404）二月，北府兵将领刘裕（363—422）从京口（今江苏镇江）向建业杀来讨伐。桓玄西逃，五月又挟持安帝，率领新招的两万余兵将顺江东下，想杀回建业。当桓玄的船队出武昌三江口时，却见一路追杀的刘裕船队在峥嵘洲江段迎面而来。

峥嵘洲那时的面积很大，上抵武昌粑铺以上，俗称“洲头”；下抵武昌樊口，俗称“洲尾”。上下十五里，宽约五里，尽是芦苇丛林。刘裕看到桓玄的战船塞满江道，又已在峥嵘洲上筑起营寨，同时兵将两倍于己，顿生退意。但其手下大将刘毅（？—412）却坚持要与桓玄大军决一死战。

此段大江的突出特点，是江水从武昌三江口开始，流向由从西向东变成自北而南。加上在此接纳大别山南麓大量河水，江水更加湍急。而峥嵘洲尾下游，江水接连遭遇樊川港水的对冲和武昌樊山的顶托，被迫转向东流。唐代诗人元结以“樊水欲东流，大江又北来。樊山当其南”，来描述这段江势。因此，这里特别有利于东南风火攻。大概是老天爷也要帮刘毅的忙，这时江面上刮起了东南风。《晋书·卷八十五》以“战于峥嵘洲。毅乘风纵火。尽锐争先，玄众大溃，烧辎重夜走”，记载了这场遭遇战的结果。

峥嵘洲之战还有一说是发生在武昌三江口上游的新洲双柳（古属黄州，现属武汉）。但不论哪一说，这场遭遇战江北都在黄州赤壁附近，江南都属武昌。它不仅可以说明这段大江火战利用东南风的极端重要性，而且还可以作为黄州争取三国火烧赤壁之地的间接证据。为了纪念这场战争，后人将“峥嵘洲”改成“得胜洲”。芦洲村东边靠近樊口的村子，从此以“得胜”为名，沿袭至今。

在潘家叔侄争相表示自己看法时，苏东坡一边给予微笑鼓励，一边陷入沉思。看到苏公这个样子，他们停下话语，默默食鱼饮酒。

苏东坡察觉后就说：从第一次落帆武昌樊口，到贬谪来到黄州，再到刚才登上樊山的雷山顶，余无数次观看这段大江，每次都产生一种被震撼的感觉。你们猜猜，这最震撼人心的东西是什么？

见潘家叔侄互相观望，苏东坡就自问自答：是这段大江浩阔似海、摄人心魄的气势。先从黄州赤壁那里看，长江突然在武昌三江口由东流转向南下，不仅江面更浩阔，而且江流更湍急。如雪的白浪像势不可挡的海潮一样，直接拍击“石脚插水下”的黄州赤壁矶头，多么惊心动魄！你们再从武昌雷山脚下看，长江跟樊湖在汛期相互拥抱，横无际涯，像敞开了更宏大的胸怀一样，多么震撼人心！但桀骜不驯北来的大江，在“樊山当其南”面前没有怒号蹉跎，而是顺势又东流而去。更何况古往今来，在这段大江上有多少风流人物，于其波澜壮阔之中逞英豪。每每想到这些，万丈豪情在胸中翻腾奔涌。

听着苏东坡如诗如画、激情澎湃的一番表述，潘家叔侄不约而同地被“震撼”住了。

无独有偶，还有一个人对这段大江有着同样的心理感受。这个人就是十八年前跟苏轼一起落帆过武昌樊口，苏公到黄州后陪他一起畅游过赤壁、一起“千摇万兀到樊口”的人，即苏辙。共同成长经历的相似眼光，加上一同游历过后所形成的差不多相同感受，在写《黄州快哉亭记》时，苏辙得以畅快表达：“南合沅湖，北合汉沔，其势益张。至于赤壁之下，波流浸灌，与海相若。”“南北百里，东西一舍。波涛汹涌，风云开阖。”

还需要说明的是，历史上从樊口到靠近武昌三江口的沿江地段，也就是与大江由北而南又东流正好相伴的长江右岸这一段，在二十世纪之前基本没有长江大堤，汛期江水完全跟樊湖相拥。大江水位最高时，比内湖要高出七八米以上。一到汛期江湖连在一起，“南北百里，东西一舍”，成为面积达数千平方千米的泽国，自然就“与海相若”了。汛后江水回落，内湖高地露出，低洼处形成一个个湖泊。湖北千湖之省、鄂州百湖之市的美名由此产生。这就是史书中所说的“时令湖泽”现象：“冬即干涸，夏则洪涛澜汗，江湖汇一。”洞庭湖、鄱阳湖湖口跟大江相连的区域，至今还是年年如此。

二十世纪二十年代后，樊口一带陆续修筑江堤、闸坝，彻底将长江跟樊湖隔断。虽然在这里再也看不到“与海相若”这一壮观胜景了，但樊湖地区基本实现了旱涝保收。仅凭这一点，就足以让人产生“当惊世界殊”的感叹！

游览武昌樊山戍后不久，苏东坡又来到黄州赤壁大江。浩阔江风吹拂下，他中流望赤壁，矶头观江天，俯仰瞰古今。从弟弟苏辙吟出《赤壁怀古》诗后，心中早就开始酝酿的一曲千古绝唱，以《念奴娇·赤壁怀古》为词名，喷涌而出：

> 大江东去，浪淘尽，千古风流人物。故垒西边，人道是，三国周郎赤壁。乱石穿空，惊涛拍岸，卷起千堆雪。江山如画，一时多少豪杰。 遥想公瑾当年，小乔初嫁了，雄姿英发。羽扇纶巾，谈笑间，樯橹灰飞烟灭。故国神游，多情应笑我，早生华发。人生如梦，一尊还酹江月。

面对大江奔逝，世事如烟，苏东坡虽然在词中流露了“人生如梦，一尊还酹江月”的思考，但他在如同“樊山当其南”的“乌台诗案”后，尽管人生仕途进入“小舟从此逝，江海寄余生”的轨迹，却没有因此沉沦蹉跎，而是如同这里的大江顺势东流一般，就此揭开人生功业的崭新篇章。因此“故国神游”时，“多情应笑我，早生华发”的苏大文豪，才生发出“大江东去，浪淘尽，千古风流人物”的豪情。

武昌、黄州这一由“大江＋大湖＋名山＋名城”所形成的绝妙独特胜景，在苏东坡心中激起的巨大创作激情，应该是他写出《念奴娇·赤壁怀古》这一笑傲古今杰作的众多缘由之一。事实上，通过“时复扁舟”，苏东坡早就把武昌城、黄州赤壁和樊口古镇，把武昌西山和山前大江，跟三国赤壁大战联系在一起了。后来他在《怀望西山》中所吟的“双峰何处白云悠，赤壁千年战未休”，就是佐证之一。因此，2020年9月，中国苏轼研究学会副会长涂普生在一次研讨会上说：“鄂州是赤壁大战获胜地，因而是苏东坡赤壁怀古素材来源地，这是毫无疑义的。”

《念奴娇·赤壁怀古》这首豪迈奔放、清新洒脱的词，既是苏轼将北宋豪放派词风推向成熟繁荣期的代表作，也是他贬谪黄州、扁舟武昌后走出失意困顿、迎来创作大突破、佳作名篇接踵而出的临界点。从实际上看，苏东坡在黄州，乃至一生的扛鼎之作“一词二赋一帖”，均是在此前后的元丰五年（1082）破茧而出的。他的弟弟苏辙在《亡兄子瞻端明墓志铭》中，用“驰骋翰墨，其文一变，如川之方至”形容哥哥此时的巨大变化和艺术创作进入炉火纯青、日臻完善的美妙境况。

今天的鄂州应毫无愧色地为拥有“大江＋大湖＋名山＋名城”这样的形胜之地而充满自豪，从中便可更清晰地看到由此对旷古奇才苏东坡在“黄州突围”中的积极巨大影响，以及对他所产生的强大吸引力！苏东坡钟情适意武昌的个中缘由就深藏其间。

三、浓郁人文气息

古城引来苏公“异乎寻常”对话

通过历史人文这一“窗口”来探析苏东坡钟情适意武昌的个中缘由，确实也是一条有效途径。因为作为历史文化名城，武昌厚重的历史底蕴不仅体现在四次立国的辉煌历史大戏上，还体现在无数帝王豪杰、文臣武将、墨客骚人、迁客隐士在今天的鄂州大地上留下的无数遗韵芳泽。

余秋雨在《苏东坡突围》中认为，苏轼贬黄期间难言的孤独，“使他彻底洗去了人生的喧闹，去寻找无言的山水，去寻找远逝的古人。在无法对话的地言寻找对话，于是对话也一定异乎寻常。”苏东坡在“时复扁舟”武昌时，不经意间便能跟自己早就仰慕追崇的诸多大德名流跨时空相会。这当中也有跟东坡居士一样饱经磨难的贤儒。他们或因受贬落难，或因避难退隐来到古武昌。在瞻仰这些大德名流在武昌的逸迹时，对苏东坡在黄州期间的蛰伏蝶变、浴火重生产生了巨大影响。

这是武昌这座古城在苏东坡心里具有无穷吸引力的又一个重要砝码，是他钟情适意武昌有分量的秘诀之一，也是助其“黄州突围”的力量源泉之一。

与鄂渚行吟的屈原隔空相会

在武昌浓浓的人文气息中，苏东坡跨时空相会的一位大德名流，就是后世品味苏东坡不朽名作《赤壁赋》时，能从中窥见其巨大人文魅力的屈原。

屈原，战国时期楚国诗人、政治家。芈姓，屈氏，名平，字原，又自云名正则、字灵均。出生于楚国丹阳（今湖北秭归），楚武王熊通（？—前690）之子屈瑕（？—前699）的后代。早年受楚怀王（？—前206）信任，任左徒、三闾大夫，兼管内政外交大事。是吴起（前440—前381）之后楚国又一主张变法的政治家。提倡“美政”，主张对内举贤任能，修明法度，对外力主联齐抗秦。因遭排挤毁谤被先后流放至江汉沅湘流域。公元前278年，得知秦将白起（？—前257）攻破楚都郢（今湖北荆州）后悲愤交加，怀石自沉于汨罗江，以身殉国。屈原被誉为“中华诗祖”“辞赋之祖”、中国浪漫主义文学奠基人，1953年被世界和平理事会确定为世界四大文化名人之一。

战国末年，屈原被贬谪流放时来到古时的鄂渚，留下《九章·涉江》：

余幼好此奇服兮，年既老而不衰。
带长铗之陆离兮，冠切云之崔嵬，被明月兮佩宝璐。
世溷浊而莫余知兮，吾方高驰而不顾。
驾青虬兮骖白螭，吾与重华游兮瑶之圃。
登昆仑兮食玉英，与天地兮同寿，与日月兮同光。
哀南夷之莫吾知兮，旦余济乎江湘。
乘鄂渚而反顾兮，欸秋冬之绪风。
步余马兮山皋，邸余车兮方林。
乘舲船余上沅兮，齐吴榜以击汰。
船容与而不进兮，淹回水而疑滞。
朝发枉陼兮，夕宿辰阳。

苟余心其端直兮，虽僻远之何伤。
入溆浦余儃佪兮，迷不知吾所如。
深林杳以冥冥兮，猿狖之所居。
山峻高以蔽日兮，下幽晦以多雨。
霰雪纷其无垠兮，云霏霏而承宇。
哀吾生之无乐兮，幽独处乎山中。
吾不能变心而从俗兮，固将愁苦而终穷。
接舆髡首兮，桑扈裸行。
忠不必用兮，贤不必以。
伍子逢殃兮，比干菹醢。
与前世而皆然兮，吾又何怨乎今之人。
余将董道而不豫兮，固将重昏而终身。
乱曰：鸾鸟凤皇，日以远兮。
燕雀乌鹊，巢堂坛兮。
露申辛夷，死林薄兮。
腥臊并御，芳不得薄兮。
阴阳易位，时不当兮。
怀信侘傺，忽乎吾将行兮。

诗中“乘鄂渚而反顾兮，欸秋冬之绪风”这一佳句，明确记载了屈原在涉江济湘的流放行程中曾在鄂渚行吟，也描述了他当时登上鄂渚高岸，反顾故国郢都，凄凉的心犹如被秋冬寒冷之风吹拂刺痛。

对于鄂州古时曾迎来屈原鄂渚行吟，历代都有考证咏叹。东汉王逸（89—158）在《楚辞章句》中注释《九章·涉江》的这两句诗：“言己登鄂渚高岸，还望楚国，向秋冬北风，愁而长叹，心中忧思也。”樊山正是鄂渚边上的高岸。后人就是按照这首诗所描述的情景，在武昌西山顶上修建了一座“望楚亭”。在此向西正好可近眺山脚下浩浩荡荡的樊楚大江和樊湖，远望云水浩渺之外的郢都和古云梦泽。

后世不少诗文大家直接将鄂渚跟古武昌有关地名联系在一起。南朝萧齐谢朓（464—499）的《和伏武昌登孙权故城》，虽主要写的是三国孙吴兴衰之事，但“钓台临讲阅，樊山开广宴”“于役倘有期，鄂渚同游衍”等诗句，认定鄂渚就在三国孙吴故都武昌一带，并跟武昌钓台、樊山连在一起。南朝梁元帝萧绎（508—555）《玄览赋》中的“经钓台而高迈，过鄂渚而西浮”，也将鄂渚跟武昌钓台联系起来写。明代曹学佺（1574—1646）的《名胜志》，直接认定古武昌为“鄂渚樊楚”之地。

也许是机缘巧合，在大江上游出生的苏东坡，因贬谪黄州而与长江中游的武昌结下终生难忘的缘分。他登临武昌西山时，多次实地领会感悟屈原行吟鄂渚时的心境。

这两位同是长江流域的英才赤子，同样因忠耿直言而流落江畔，又因隔空相会带来隔空对话。屈原流放途中写出《离骚》《九章》等传颂千古的名篇。苏东坡贬谪戴罪中扁舟武昌、浩歌赤壁，同样用宏阔的浪漫主义激情，表达忧国忧民情怀。这其中跟武昌、跟屈原直接关联的名篇便是《赤壁赋》。

苏东坡写于元丰五年（1082）七月十六日的《赤壁赋》，一般人认为的写作背景，是当天他跟蜀中道士杨世昌携酒肴、带洞箫，月夜游黄州赤壁后所作。这样说并没有错，却不全面。请看《赤壁赋》：

壬戌之秋，七月既望，苏子与客泛舟游于赤壁之下。清风徐来，水波不兴。举酒属客，诵明月之诗，歌窈窕之章。少焉，月出于东山之上，徘徊于斗牛之间。白露横江，水光接天。纵一苇之所如，凌万顷之茫然。浩浩乎如冯虚御风，而不知其所止；飘飘乎如遗世独立，羽化而登仙。

于是饮酒乐甚，扣舷而歌之。歌曰：“桂棹兮兰桨，击空明兮溯流光。渺渺兮予怀，望美人兮天一方。”客有吹洞箫者，倚歌而和之。其声呜呜然，如怨如慕，如泣如诉；余音袅袅，不绝如缕；舞幽壑之潜蛟，泣孤舟之嫠妇。

苏子愀然，正襟危坐，而问客曰：“何为其然也？”客曰：“‘月明星稀，乌鹊南飞’，此非曹孟德之诗乎？西望夏口，东望武昌，山川相缪，郁乎苍苍，此非孟德之困于周郎者乎？方其破荆州，下江陵，顺流而东也，舳舻千里，旌旗蔽空，酾酒临江，横槊赋诗，固一世之雄也，而今安在哉？况吾与子渔樵于江渚之上，侣鱼虾而友麋鹿，驾一叶之扁舟，举匏樽以相属。寄蜉蝣于天地，渺沧海之一粟。哀吾生之须臾，羡长江之无穷。挟飞仙以遨游，抱明月而长终。知不可乎骤得，托遗响于悲风。”

苏子曰："客亦知夫水与月乎？逝者如斯，而未尝往也；盈虚者如彼，而卒莫消长也。盖将自其变者而观之，而天地曾不能以一瞬；自其不变者而观之，则物与我皆无尽也，而又何羡乎！且夫天地之间，物各有主。苟非吾之所有，虽一毫而莫取。惟江上之清风，与山间之明月，耳得之而为声，目遇之而成色，取之无禁，用之不竭，是造物者之无尽藏也，而吾与子之所共适。"

客喜而笑，洗盏更酌。肴核既尽，杯盘狼藉。相与枕藉乎舟中，不知东方之既白。

仔细研读《赤壁赋》，就会发现通篇洋溢着浓郁的武昌历史人文气息，其中就饱含屈原行吟鄂渚的遗韵。不仅如此，这些内容还成为该赋议论、感慨的对象和素材。这些充分说明苏东坡写《赤壁赋》时，还带着武昌的山川人文情愫，带着对屈原行吟鄂渚大江的幽思。

此赋起首段落就点出"白露横江，水光接天"的大江南岸、赤壁之东的东山——武昌西山上升起的明月，进而以"纵一苇之所如，凌万顷之茫然。浩浩乎如冯虚御风，而不知其所止；飘飘乎如遗世独立，羽化而登仙"，引出苏东坡用吟歌的方式，跟中国第一位伟大爱国诗人屈原的跨时空对话："桂棹兮兰桨，击空明兮泝流光。渺渺兮予怀，望美人兮天一方。"

苏轼所吟的这段词，不仅直接用屈原所开创的"楚辞体"创作，而且从屈原《九歌·湘君》"桂櫂兮兰枻（意为短桨），斲冰兮积雪。采薜荔兮水中，搴芙蓉兮木末"诗句中，不难见到前后沿袭、推陈出新的印迹。另外词中的"桂棹""兰桨""泝流光""渺渺""予怀""美人""天一方"，还可在屈原《离骚》《九章》等作品里寻到情怀相似的词句。

更为关键的是，他们二人都用"兰桂"自喻其圣洁品质，用"美人"代表自己所追求的美好理想。他们都身处不被君王理喻的贬谪逆境，屈原在《九章·涉江》中表达"余将董道而不豫兮，固将重昏而终身""吾不能变心以从俗兮，固将愁苦而终穷"的坚定意志，在《离骚》中发出"路漫漫其修远兮，吾将上下而求索"的绝唱；苏轼在《赤壁赋》中的吟歌，何尝不是他在贬谪逆境中仰慕追怀屈原伟大人格和百折不挠志向的深情表白？

苏东坡在接下来的赋中，以所吟之歌切入主题，又举出跟武昌、黄州赤壁密切相关的赤壁大战主要历史人物曹操、周瑜，发出"固一世之雄也，而今安在哉”之问。接着从纵横天地、窥视历史的角度，引发出他对人生的感慨。其主旨是通过古与今、变与不变的辩证思考，告诉人们不要去羡慕长江之无穷，哀叹人生之短暂，而要尽情去领略、欣赏、享受“江上之清风，山间之明月”，这些是造物者提供的“取之无禁，用之不竭”，能使人们“共适”的资源。这实际上是苏轼从贬谪失意困顿心境中解脱出来，开始转向逆境升华的宣示。

武昌这座江南古城，历史赋予其令人艳羡的历史机缘——左挽“世界四大文化名人”之一的屈原、右携上一个千年“世界十二位历史名人”中的苏轼，并见证他们相继捧起中国乃至世界文坛的珍珠璧玉。

诗仙劫后诗文让坡仙豁然开朗

苏轼隔空相会的另一位饱经磨难的大德名流，是与其气质秉性、创作风格、艺术成就接近的唐代诗人李白（701—762）。

李白，字太白，号青莲居士，又号谪仙人。《新唐书》记载他为十六国西凉兴圣皇帝李暠（351—417）九世孙，与李唐诸王同宗。唐代著名的浪漫主义诗人，被后人誉为“诗仙”。与杜甫并称为“李杜”，为了与唐代“小李杜”（李商隐与杜牧）区别，亦称“大李杜”。

据考证，诗仙李白在前后三十多年的时间里，曾经四次游历武昌，留下了大量诗文和美好故事。此前落帆樊口，苏轼就在雷山樊姥庙旁的望夫石景点，读过李白在樊山写的《望夫石》诗：“仿佛古容仪，含愁带曙辉。露如今日泪，苔似昔年衣。有恨同湘女，无言类楚妃。寂然芳霭内，犹若待夫归。”陪弟弟苏辙游西山路过武昌钓台时，苏轼吟诵过李白在天宝十一年（752）首次游此台写下的《送黄钟之鄱阳谒张使君序》。苏辙则将李白二度携友游武昌钓台写的《送客归吴》，回给哥哥：“江村秋雨歇，酒尽一帆飞。路历波涛去，家惟坐卧归。岛花开灼灼，汀柳细依依。别后无余事，还应扫钓矶。”

李白在武昌留下的人文轶事给苏轼带来巨大冲击的，是江綖县令跟苏东坡讲的安史之乱后，李白在武昌创作一诗一文时所发生的事。

唐天宝十四年（755）安史之乱爆发，李白避居庐山，始终存在着退隐与济世两种思想的矛盾纠结。恰在此时，唐玄宗（685—762）第十六子永王李璘（？—757）出师东巡，李白应邀入幕。他认为天下乱局已定，此时的大唐犹如东晋永嘉南渡情形，正是藩王割据江南的大好时机，因此力劝永王直取会稽。永王不久败北，李白也因之被系浔阳（今江西九江）狱。御史中丞宋若思极力为其奔走营救，把他从浔阳大狱解救出来，并召入他设在武昌的军幕府作幕僚。

五十七岁的李白这次来武昌，时为唐至德二年（757），不久就是中秋节。劫后余生的诗仙随宋若思登临武昌南楼，饮酒赏月，谈古论今。李白以历史上的“南楼赏月”雅事起兴，当即写下《陪宋中丞武昌夜饮怀古》：

清景南楼夜，风流在武昌。庾公爱秋月，乘兴坐胡床。
龙笛吟寒水，天河落晓霜。我心还不浅，怀古醉余觞。

这首诗前四句，点出古武昌“南楼赏月”的起源。

南楼的前身是三国孙吴武昌城的谯楼。自那时起，历经两晋、宋、齐、梁、陈六朝，武昌皆为江南军事重镇，朝廷一直派重臣武将镇守。东晋大将军、三朝元老庾亮（289—340）坐镇武昌时，招来殷浩、王羲之（303—361）、王胡之等青年才俊任参军。东晋咸和九年（334）中秋夜，殷浩邀几个好友来到武昌南楼，边赏月品茶、边清谈吟诗，好一派儒雅风流气氛。忽然楼道传来“嗒嗒嗒”的木屐声。他们一听，好像是庾亮大将军走路的声音，年轻小将们都忙着回避。庾亮带着王羲之登上南楼后说：南楼赏月这等雅事怎能少了老夫。来，大家一起坐胡床，继续赏月唱和。后来“南楼赏月”就成了享誉海内外的风流韵事。武昌南楼因此有了“庾亮楼”“庾公楼”“庾楼”的雅称。

跟着庾亮上楼的王羲之，后来当上了江州（今江西九江）刺史、右将军，还登上了“书圣”宝座。其代表作《兰亭序》被誉为“天下第一行书”。因此，武昌南楼成了王羲之初出茅庐的宝地之一。又因为“南楼赏月”蕴含着庾亮、王羲之等名将雅士的风流佳话，所以这座楼闻名遐迩。

李白诗的后四句，则道出了李白在刚刚经历人生巨大磨难后仍持有的豪情与抱负。刚从乌台大狱出来的苏轼，再读李白从浔阳大狱出来后写下的这首诗，一定百感交集。自言“我本楚狂人，凤歌笑孔丘”的李白，饱经磨难仍“我心还不浅”“风流在武昌”。其任何时候都阳光灿烂、豪放超脱的人格及其不同凡响的诗作，不仅是他登临诗坛绝顶、摘下诗仙桂冠的强大支撑力量和厚实基础，而且是他作为大唐盛世恢宏气象绝佳代言人的有力标志。

作为同样劫后余生、平素乐观豪气、自称“独有狂居士”的大文豪，苏轼刚到黄州就对如何尽快走出失意困顿心境而求索。此时，在武昌再品味谪仙诗人刚从浔阳大狱出来不久写于此地的这首诗，苏轼心中应该有了更加豁然开朗的感觉。后来苏东坡出知杭州，还忘不了李白登武昌庾楼即席赋诗的这一幕，在跟友人填词唱和时饱含深情地吟出“闲倚胡床，庾公楼外峰千朵。与谁同坐。明月清风我”。

李白这次在武昌所写的一文，是应当地民众邀请，为刚卸任的武昌县令韩仲卿（？—770）撰写的《武昌宰韩君去思颂碑》。碑文末端颂曰：

峨峨楚山，浩浩汉水。黄金之车，大吴天子。
武昌鼎据，实为帝里。时艰世讹，薄俗如毁。
滂注王泽，犹鸿得春。和风潜畅，惠化如神。
韩君作宰，抚兹遗人。刻石万古，永思清尘。

韩仲卿，唐河内河阳（今河南孟县）人，唐代文学家韩愈是其第三个儿子。说来也巧，后来他的这位儿子跟柳宗元一起打起唐代古文运动大旗。苏东坡则和恩师欧阳修同为宋代古文运动核心人物，并成为唐宋古文运动集大成者，由此一齐入列“唐宋八大家”。

韩仲卿在任武昌县令兼摄永兴（今湖北阳新县）、鄱阳（今属江西省）县令和秘书郎时，据李白所写《武昌宰韩君去思颂碑》记载，“未下车，人惧之；既下车，人悦之。惠如春风，三月大化。奸吏束手，豪宗侧目”。在安史之乱“时艰世讹”，各地人口普遍锐减的情况下，他“滂注王泽，犹鸿得春”，所辖区域“居未二载，户口三倍”，走后“人多怀恩”于这位有为县令。

所谓“去思颂碑文”，是古代地方为那些才能突出、政绩卓著的离职官员所写的思颂之文。能打动桀骜不驯、平素不屑于歌功颂德的李白，让其作思颂碑文的，是韩仲卿乱中遗爱、乱中有为，而不是因其大名鼎鼎的三子韩愈。因为李白死后六年韩愈才出生。这也从侧面反映出，李白并不是一个不食人间烟火的人，而是推崇爱民济世、敢作敢为的好官。从中既充分体现了他积极有为的人生态度，也是他刚走出牢狱就洋洋洒洒地为一个小小县令写“去思颂碑文”的深层次缘由。

李白在武昌留下的遗韵芳泽对激励苏东坡从贬谪戴罪中尽快振作起来不仅大有帮助，而且还更加激起他对李白的仰慕追崇。不久后苏轼为朱寿昌所写词的最后，就将李白作为人生楷模，吟出“愿使君，还赋谪仙诗，追黄鹤”。后来苏轼也有跟李白留芳武昌的相似之举。

李白这位青莲居士，劫后以“去思颂碑文”夸赞“和风潜畅，惠化如神”“抚兹遗人”的武昌离任县令韩仲卿；苏轼这位东坡居士，在黄州给留下良好口碑的离任知州徐君猷作《遗爱亭记》。

李白作为中国历史上指点江山、激扬文字的文学艺术大家之一，在四度游历武昌时，对这座古城产生浓烈情感，用笔下诗文将武昌的景物、人文盛赞到极致。纵观华夏五千年文明史，论评点鄂州历史文脉之雅韵悠长，难超出李白《陪宋中丞武昌夜饮怀古》中的“清景南楼夜，风流在武昌”之清新畅达、简练精辟；论概括鄂州历史地位之博大宏阔，莫过于李白《武昌宰韩君去思颂碑》中的“峨峨楚山，浩浩汉水。黄金之车，大吴天子。武昌鼎据，实为帝里”之大气磅礴、站位高远。

苏东坡在两度畅游遍访武昌大地的过程中，不仅时时吟咏夸赞这座古城的山川秀美、人文厚重，而且离开后还用大量诗文来表达他对武昌的感激眷恋之情。其对古武昌寄寓情感之浓郁深沉，可以说在游历这座古城的文人墨客中无出其右。

这些充分说明，两位性格乐观豁达，诗文狂放不羁，被分别尊称为“谪仙”的李白、“坡仙”的苏轼，跟武昌都结下了深厚的情缘。

由此看来，苏东坡“时复扁舟”武昌的过程，就是从屈原、陶侃、李白、元结等大德名流在武昌大地上留下的遗润芳泽中，汲取无穷深邃智慧和源源不绝前行力量的过程。这也是他越来越钟情适意武昌的历史人文缘由。

四、解析适意“密钥”

探究武昌这座古城如何给“黄州突围”中的苏轼以慰藉滋养，最直接、最有说服力的方式，还是应该从他本人的作品中去寻找“密钥”。

《超然台记》阐述快乐适意两要素

苏轼的《超然台记》创作于北宋熙宁八年（1075），也就是贬谪黄州、扁舟武昌五年前，他为自己写下的仕途人生感言：

> 凡物皆有可观。苟有可观，皆有可乐，非必怪奇伟丽者也。铺糟啜醨，皆可以醉；果蔬草木，皆可以饱。推此类也，吾安往而不乐？

夫所为求福而辞祸者，以福可喜而祸可悲也。人之所欲无穷，而物之可以足吾欲者有尽。美恶之辨战乎中，而去取之择交乎前，则可乐者常少，而可悲者常多，是所谓求祸而辞福。夫求祸而辞福，岂人之情也哉？物有以盖之矣。彼游于物之内，而不游于物之外。物非有大小也，自其内而观之，未有不高且大者也。彼挟其高大以临我，则我常眩乱反复，如隙中之观斗，又焉知胜负之所在？是以美恶横生，而忧乐出焉，可不大哀乎！

余自钱塘移守胶西，释舟楫之安，而服车马之劳；去雕墙之美，而蔽采椽之居；背湖山之观，而行桑麻之野。始至之日，岁比不登，盗贼满野，狱讼充斥；而斋厨索然，日食杞菊。人固疑余之不乐也。处之期年，而貌加丰，发之白者，日以反黑。予既乐其风俗之淳，而其吏民亦安予之拙也。于是治其园圃，洁其庭宇，伐安丘、高密之木，以修补破败，为苟全之计。而园之北，因城以为台者旧矣，稍葺而新之。时相与登览，放意肆志焉。南望马耳、常山，出没隐见，若近若远，庶几有隐君子乎？而其东则庐山，秦人卢敖之所从遁也。西望穆陵，隐然如城郭，师尚父、齐桓公之遗烈，犹有存者。北俯潍水，慨然太息，思淮阴之功，而吊其不终。台高而安，深而明，夏凉而冬温。雨雪之朝，风月之夕，予未尝不在，客未尝不从。撷园蔬，取池鱼，酿秫酒，瀹脱粟而食之，曰："乐哉游乎！"

方是时，余弟子由，适在济南，闻而赋之，且名其台曰"超然"，以见余之无所往而不乐者，盖游于物之外也。

这篇记提笔就阐述其非同寻常的快乐观。接着用出知密州时，在艰难困苦中日益乐观豁达的经历，将福与祸、物与欲、喜与忧的对立转化关系论述得简明而透彻，达到了超然物外的境界。更为关键的是，他在此记里坦露心迹，解析自己之所以快乐适意的两个极为关键又非常简单的要素。

第一个要素体现为该记的开篇语，侧重向内、从自身心理层面进行论述。这段话字面意思是自己眼中的"可乐"之景物，"非必怪奇伟丽者也"；自己"安往而不乐"的缘由是"铺糟啜醨，皆可以醉；果蔬草木，皆可以饱"。从深层次看，这段话道出了苏轼乐观豁达的内因——从简单平凡中寻求快乐。这也是他对"适意为悦"积极人生态度的具体阐释。用苏东坡自己的话来说，就是凡物

"皆有可乐""吾安往而不乐"。

再来看第二个要素，苏轼以密州的亲身感受为例，侧重从外部环境层面进行论述。由繁华富庶的钱塘杭州来到荒僻落后的胶西密州（治所在今山东潍坊诸城），苏轼经历"去雕墙之美，而蔽采椽之居；背湖山之观，而适桑麻之野"的巨大环境差异。此时于公，面临"盗贼满野，狱讼充斥"的工作困难；于私，经受"斋厨索然，日食杞菊"的生活困苦。刚到密州时"人固疑余之不乐也"。但经历过这些艰难困苦之后，他从"处之期年，而貌加丰，发之白者，日以反黑"中得到感悟。之所以能这样，他认为其关键是"予既乐其风俗之淳，而其吏民亦安予之拙也"。也就是说，淳朴的生活环境、和睦的人际关系是他能超然物外、苦中有乐的重要外部条件，也是他爱上这里的关键原因。概括而言就是"乐其风俗之淳"。

从苏东坡走过的人生之路来看，可以说这篇记既是即将进入不惑之年的他思想开始走向成熟的标志，也是他为日后应对大灾大难所作的思想准备，还是他为今后人生走向树立的重要"航标塔"。

《答秦太虚书》袒露逆境景况和心迹

要全面准确地了解苏东坡到黄州后经受了什么样的失意困顿，武昌对他从失意困顿中走出来产生了什么影响，以及这座古城缘何让他产生钟情适意、感激着恋之心，有必要完整地读读元丰三年（1080）十二月，也就是苏轼贬谪黄州、扁舟武昌十个月后，写给秦观（1049—1100）的回信：

轼启：五月末，舍弟来，得手书，劳问甚厚。日欲裁谢，因循至今。递中复辱教，感愧益甚。比日履兹初寒，起居何如。

轼寓居粗遣。但舍弟初到筠州，即丧一女子，而轼亦丧一老乳母，悼念未衰，又得乡信，堂兄中舍九月中逝去。异乡衰病，触目凄感，念人命脆弱如此。又承见喻中间得疾不轻，且喜复健。

吾侪渐衰，不可复作少年调度，当速用道书方士之言，厚自养炼。谪居无事，颇窥其一二。已借得本州天庆观道堂三间，冬至后，当入此室，四十九日乃出。自非废放，安得就此？太虚他日一为仕宦所縻，欲求四十九日闲，岂可复得耶？当及今为之，但择平时所谓简要易行者，日夜为之，寝食之外，不治他事。但满此期，根本立矣。此后纵复出从人事，事已则心返，自不能废矣。此书到日，恐已不及，然亦不须用冬至也。

寄示诗文，皆超然胜绝，娓娓焉来逼人矣。如我辈亦不劳逼也。太虚未免求禄仕，方应举求之，应举不可必。窃为君谋，宜多著书，如所示《论兵》及《盗贼》等数篇，但似此得数十首，皆卓然有可用之实者，不须及时事也。但旋作此书，亦不可废应举。此书若成，聊复相示，当有知君者，想喻此意也。

公择近过此，相聚数日，说太虚不离口。莘老未尝得书，知未暇通问。程公辟须其子履中哀词，轼本自求作，今岂可食言。但得罪以来，不复作文字，自持颇严，若复一作，则决坏藩墙，今后仍复衮衮多言矣。

初到黄，廪入既绝，人口不少，私甚忧之，但痛自节俭，日用不得过百五十。每月朔，便取四千五百钱，断为三十块，挂屋梁上，平旦，用画叉挑取一块，即藏去叉，仍以大竹筒别贮用不尽者，以待宾客，此贾耘老法也。度囊中尚可支一岁有余，至时别作经画，水到渠成，不须顾虑，以此胸中都无一事。

所居对岸武昌，山水佳绝。有蜀人王生在邑中，往往为风涛所隔，不能即归，则王生能为杀鸡炊黍，至数日不厌。又有潘生者，作酒店樊口，棹小舟径至店下，村酒亦自醇酽。柑桔椑柿极多，大芋长尺余，不减蜀中。外县米斗二十，有水路可致。羊肉如北方，猪牛獐鹿如土，鱼蟹不论钱。岐亭监酒胡定之，载书万卷随行，喜借人看。黄州曹官数人，皆家善庖馔，喜作会。太虚视此数事，吾事岂不既济矣乎！欲与太虚言者无穷，但纸尽耳。展读至此，想见掀髯一笑也。

子骏固吾所畏，其子亦可喜，曾与相见否？此中有黄冈少府张舜臣者，其兄尧臣，皆云与太虚相熟。儿子每蒙批问，适会葬老乳母，今勾当作坟，未暇拜书。岁晚苦寒，惟万万自重。李端叔一书，托为达之。夜中微被酒，书不成字，不罪不罪！不宣。轼再拜。

秦观，字少游，一字太虚，别号邗沟居士，高邮军武宁乡左厢里（今江苏高邮三垛镇少游村）人。善诗赋策论，尤工词，被尊为婉约派一代词宗。少从苏轼游，以诗见赏于王安石。元丰八年（1085）进士。元祐初因苏轼荐，任太学博士，迁秘书省正字兼国史院编修官。绍圣元年（1094），坐元祐党籍，出通判杭州。又被劾以“影附苏轼，增损《实录》”，贬监处州酒税。继迭遭贬谪，编管雷州。元符三年（1100），复命为宣德郎，放还横州（治所在今广西横县），卒于藤州（治所在今广西藤县）。

苏轼因“乌台诗案”被谪黄州后，秦观几次来信，“劳问甚厚”，并用“以先生之道，仰不愧于天，俯不怍于人，内不愧于心，某虽至愚，亦知无足忧者”等温情关心之语来宽慰他。对此，苏轼深受感动，“日欲裁谢”。待情况有所好转，苏轼把贬谪黄州、扁舟武昌后的具体际遇和境况，非常全面细致地写在了这封《答秦太虚书》中。

此信用先抑后扬的方法，开头尽述“寓居粗遣”“异乡衰病，触目凄感”，以及谪居过程中遭遇的种种不幸与困顿。在叙述中，苏东坡乐观豁达的性情渐渐显露。虽异乡谪居生活清苦，又接连遭遇痛失亲人的打击，但他仍然自得其乐。入道观养炼，与山水为伴，与友人同乐，其安之若素的豪情令人肃然起敬。全文行语亲切自然，于平凡琐碎叙述之中，尽显苏东坡的超凡洒脱和胸襟博大。

值得注意的是，此信由抑到扬的转折点，是从介绍“所居对岸武昌，山水佳绝”，以及栖居武昌车湖的“蜀人王生”和“作酒店樊口”的“潘生”温情故事开始的。信里苏东坡用愉悦、亲切、快意的语言，一一叙述了武昌人、武昌事、武昌物：

“有蜀人王生在邑中，往往为风涛所隔，不能即归，则王生能为杀鸡炊黍，至数日不厌”，是写他到武昌车湖刘郎洑跟王齐愈兄弟交往时，接受的倾情款待。

“又有潘生者，作酒店樊口，棹小舟径至店下，村酒亦自醇酽”，是道武昌樊口潘丙叔侄的酒好人更好。

“柑桔椑柿极多，大芋长尺余，不减蜀中。外县米斗二十，有水路可致。羊肉如北方，猪牛獐鹿如土，鱼蟹不论钱”，是说这里物产丰饶，价廉物美，南北货物，四通八达，应有尽有。

“太虚视此数事，吾事岂不既济矣乎！欲与太虚言者无穷，但纸尽耳。展读至此，想见掀髯一笑也”，是以上述如意之事回应弟子来信“亦知无足忧者”后，又还原幽默、豁达一面的表现，也是他逐渐从抑郁困顿窘境中走出来的自然流露。

此信是苏东坡贬谪戴罪黄州期间，第一次全面、细致、具体地向友人坦露逆境中的生活景况、心路历程，也是他第一次真情实意、系统全面、淋漓尽致地夸赞武昌的人和事。苏东坡钟情适意、感激眷念武昌之情，在信里展露无遗。

再结合《超然台记》中阐述的快乐适意内外两大关键要素，对苏东坡在此信中表达的思想情感进行深入剖析，其钟情适意、感激眷念武昌的缘由就能更加明了。

从凡物“皆有可乐”“吾安往而不乐”这一内在要素看，苏东坡是一位热爱山水的人，每到一地他都会倾情投入，乐观面对。更何况武昌跟他的贬谪地黄州，不仅只有一江之隔，而且还是一个山川地理形胜、人文气息浓郁、物产丰茂廉美的古城。这些能使苏东坡“皆有可乐”的人和事，自然让他产生“吾安往而不乐”的愉悦向往之情，自然使其“时复扁舟”前往，常常“意适忘反”。

对于快乐适意外在要素的“乐其风俗之淳”感受，苏轼则在写《答秦太虚书》时有数不胜数的意味。多年后苏东坡在给樊口潘丙的信中更是明言：“某向者流落，非诸君相伴，何以度日？”

武昌山水人文留下苏轼钟情适意心

《答秦太虚书》充分说明，武昌在苏东坡心里正是一个民俗风情淳朴，能够给予他自由自在、放松心情之地；是一个“其吏民亦安予之拙”，对他尊敬有加之地。所以，他不论是在黄州贬谪戴罪时，还是离开多年后，其钟情适意、感激怀念武昌之心不仅没有丝毫改变，而且像武昌樊口“潘生酒”那样，愈久愈香浓。

由此看来，苏东坡观王晋卿《烟江叠嶂图》所画均州武当山美景，见景生情呼出的“君不见武昌樊口幽绝处，东坡先生留五年”中的“留”，就不仅仅是武昌樊口幽绝的自然山水留住了他的意思。他在武昌大地上处处可见、可闻、可感受的淳朴民风和厚重人文，时时可肆意放开、可自由自在、可无拘无束的鱼水相交亲身经历，人人都对他真诚敬重、关怀备至的切身感受，是苏东坡将钟情适意、感激思念武昌之心永远留了下来的“密钥”。

第十章

东坡美名　长留鄂州

虽微韩宣子，鄙夫亦辞环。至今不贪宝，凛然照尘寰。

——苏轼《梦中作寄朱行中》

依山筑阁见平川，夜阑箕斗插屋椽，我来名之意适然。
东坡道人已沈泉，张侯何时到眼前。

——黄庭坚《武昌松风阁》

宋徽宗建中靖国元年（1101），由于苏东坡命中最后一位贵人的眷顾，他以百折不挠的坚韧意志从孤悬海外的儋州重回大陆，又随着那一抹落日余晖的消逝而告别人世。身后迅疾刮起的“暴风骤雨”虽然对其门徒友人带来灭顶之灾，但他临终的预言，经受住了历史考验。他深情赞美武昌的那些诗文，被接续传颂至今。古城武昌，也成为近千年人们怀念仰慕这位旷世大文豪的一方宝地。

一、临终自信预言

苏东坡最后告别人世是在常州毗陵，时间为宋徽宗建中靖国元年七月二十八日（1101 年 8 月 24 日）。他去世前八天留下《梦中作寄朱行中》：

舜不作六器，谁知贵玙璠。哀哉楚狂士，抱璞号空山。
相如起睨柱，头璧相与还。何如郑子产，有礼国自闲。
虽微韩宣子，鄙夫亦辞环。至今不贪宝，凛然照尘寰。

“至今不贪宝，凛然照尘寰”，既是苏东坡对自己一生高尚人格的精辟概括，也是他向这个世界宣告自己将以不朽功业而“凛然照尘寰”的预言。

苏东坡临终遗言跟绝笔诗一样自信，一样斩钉截铁：

吾生不恶，死必不坠。

当然，苏东坡去世前连续对自己的身后事作表白，是有深刻历史背景的。原来就在其去世的前一年，也就是元符三年（1100）正月初九，宋哲宗崩，宋徽宗赵佶（1082—1135）继位，向太皇太后权同听政，苏轼从天涯海角儋州被诏回大陆。建中靖国元年（1101）正月，向太皇太后仙逝。正式亲政的宋徽宗像其父宋哲宗一样，开始有意打击“元祐党人”。

作为一个精明有远见的政治家，苏东坡去世前肯定对北宋朝廷即将刮起更大不利于自己的风暴有察觉预感。“问汝平生功业，黄州惠州儋州”“至今不贪宝，凛然照尘寰”“吾生不恶，死必不坠”等语，就是他恐有不测之虞时，提前留给后人的话。

苏东坡离开人世前说的这些话，实际上是向世人宣示，不管身后有多大的“暴风骤雨”，自信自己将永远屹立不倒。

此后在武昌西山围绕松风阁发生的故事，就从一个侧面见证苏东坡所言不虚。

二、寻访恩师逸迹

“访坡公之逸迹”的黄庭坚

宋徽宗对“元祐党人”无情打击的“暴风骤雨”，在苏东坡去世的第二年铺天盖地而来。苏东坡因去世免了此番活罪，但他的好友门徒却都难逃此劫，其得意门生黄庭坚更是首当其冲。

说到这里，还不得不重提当年跟苏东坡一起唱和《武昌西山并叙》的邓圣求。恰恰也是在玉堂唱和这一年，黄庭坚因参加太学学士院考试成绩优异而青云直上，以校书郎迁集贤校理、著作佐郎，为《神宗实录》检讨官。《神宗实录》修成后，又晋升为起居舍人。但后来他的仕途命运急转直下，就是拜邓圣求等人所赐。

邓圣求开始是与蔡京（1047—1126）串通，上章指责黄庭坚等人所修的《神宗实录》为谤史。接着又与监察御史赵挺之（1040—1107）一起，以公事报私仇。从此黄庭坚便跟恩师一样，后半生一直在贬谪漩涡中沉浮，吃尽了颠沛流离之苦。绍圣元年（1094）出京任宣州（现安徽宣城）知州，旋改知鄂州（治所在今武汉市武昌区）。这年六月丁亥，又诏他管勾亳州明道宫，于开封府界居住，就近报国史院取会文字。黄庭坚因秉笔直言，故于同时史官中获罪最大，又被贬为戎州（现四川宜宾）别驾、黔州（今贵州彭水）安置。绍圣四年（1097）十二月，因表外兄张向诏涪州别驾、黔州安置，他为避亲嫌而改移戎州安置。

元符三年（1100）向太皇太后垂帘听政后，黄庭坚也沾了一点光。五月复宣德郎、鄂州监税。但因江水上涨，未能下峡。不久向太皇太后仙逝，黄庭坚刚刚好转的命运又急转直下。崇宁元年（1102 ）六月初九，他以朝奉郎知太平州（治所在今安徽当涂）。到官仅九天，邓圣求的同伙赵挺之以黄庭坚《承天院塔记》幸灾谤国，将其弹劾，被罢职离开当涂。此时黄庭坚已无处安身，举家十余口人自长江返棹，徘徊于江州（今江西九江）一带。八月二十五日，诏他以朝奉郎管勾洪州玉隆观，可在京师以外自选居所。黄庭坚打算再到荆南谋居，便率家乘舟溯江西上。

宋崇宁元年（1102）九月初二，在新一轮不利风暴到来之际，作为“苏门四学士”之首的黄庭坚，来到恩师生前魂牵梦绕的地方——武昌。此前刚刚发生了一件标志苏东坡门徒及友人开始跌入新一轮“暴风眼”的事件：张耒在颍州（治所在现安徽阜阳）任知州时，不料竟因为痛悼恩师举哀行服，而步恩师后尘又一次被贬到黄州。为迎接张耒的到来，黄庭坚特地到武昌等候。他写的《跋元祐间与三妗太君帖》就曾记载：“崇宁元年九月甲申（初二），系舟樊口，庭坚题。”

自从元祐元年（1086）写了《次韵子瞻武昌西山》诗后，武昌西山更令黄庭坚倾情向往。诗中的“万壑松声如在耳”诗句，几乎将他想尽快登临武昌西山，亲身感受“万壑松声”魅力的强烈意愿，提前作了直白表露。只是那时他无法预料到，自己如愿登临武昌西山时，恩师一年前已经作古，真的像这首次韵诗结句所写的那样，“意不及此文生哀”。

按照黄庭坚《跋欧阳率更书》“系舟樊口，萧散于寒溪西山之上，携此书往来研味，仿佛见古人。同观者潘邠老、仲达、李文举、陈元矩、何斯举”的记载，当日在樊口潘丙侄子潘邠老和潘仲达等“江西诗派”人员的陪同下，他们同游武昌西山。

此时，西山寺后茂密的松林中，武昌人刚好建成一阁。当地贤达便请黄庭坚这位大诗人、大书法家为其命名题匾。

对于武昌贤达的盛情请托，黄庭坚不好拒绝。但如何命一个有独特意思的阁名，是他不得不慎重考虑的事情。因此，他一边尽情游览，一边反复琢磨。当日傍晚，一行人来到新建的阁楼里开怀畅饮，笑谈古今。恰在此时，一场暴雨倾盆而至。黄庭坚等人不能回归，干脆夜宿于西山寺中。醉意朦胧的黄庭坚毫无睡意。耳听松涛阵阵，不禁心潮起伏。于是一个有特殊含义的阁名和一首古风韵味十足的诗成竹于胸。他在桌案早就铺好的砑花布纹纸上，边吟边书。这个阁的所命之名，与《武昌松风阁》这件北宋“诗书双绝”一起，就此诞生：

依山筑阁见平川，夜阑箕斗插屋椽。我来名之意适然。
老松魁梧数百年，斧斤所赦今参天。
风鸣娲皇五十弦，洗耳不须菩萨泉。
嘉二三子甚好贤，力贫买酒醉此筵。
夜雨鸣廊到晓悬，相看不归卧僧毡。
泉枯石燥复潺湲，山川光辉为我妍。
野僧早饥不能饘，晓见寒溪有炊烟。
东坡道人已沈泉，张侯何时到眼前。
钓台惊涛可昼眠，怡亭看篆蛟龙缠。
安得此身脱拘挛，舟载诸友长周旋。

此诗起笔，黄庭坚就对为新建之阁命名表达“我来名之意适然”的乐意畅快心情。诗中他还通过“东坡道人已沈泉，张侯何时到眼前”诗句，郑重地点出了他这次登临武昌西山的特殊节点——恩师去世一年后，特殊事由——等待因悼念恩师而又被贬到黄州的张耒。这实际上为此诗主题和阁名定下了基调。

“老松魁梧数百年，斧斤所赦今参天。风鸣娲皇五十弦，洗耳不须菩萨泉”四句，既是此时他的亲身见闻，也就此道出该阁命名为“松风”的缘由，更为这一阁名所深藏的含义埋下伏笔。后六句以怀念抒情之诗句，一步步将所命阁名的内涵引向深入。他深切缅怀已经作古的恩师苏东坡，又渴望与即将来到黄州的张耒相会。此时的他，多么想与张耒一起，像当年恩师扁舟武昌那样，到孙权曾经畅饮过的武昌钓台去观睹惊涛拍岸，并昼眠其上；到武昌城外蟠龙矶江边，去欣赏被誉为唐代“三绝”的怡亭铭文。在诗末，黄庭坚希望尽早摆脱眼前这残酷的现实，能“舟载诸友”，在大自然里逍遥自在、无拘无束地“长周旋”。

《武昌松风阁》全诗一百五十三个字，分作二十九行，书法潇洒、笔锋雄劲，被称为中国古代“第九大行书”。

对黄庭坚为武昌松风阁赋诗命名这段历史，南宋王象之在《舆地纪胜》卷第八十一荆湖北路寿昌军景物下记载：“松风阁，在西山寺，旧有松林甚茂，黄庭坚自黄州游西山爱之，因名。”南宋祝穆亦在《新编方舆胜览》卷之二十八湖北路寿昌军下也有“松风阁，在西山寺。黄鲁直命名”的记载。

阁名“松风”饱含追慕情

再来仔细分析黄庭坚为武昌西山这一新建之阁命的名，它确实内含玄机。在那个“暴风骤雨”已经越来越凶猛的特殊时刻，黄庭坚不可能把阁名的微言大义直接向外表露，只能把真实想法藏在内心深处，并通过巧妙贴切的方式让人琢磨领悟。

以“松风”命名，除了此阁确实建在松风缭绕之处这一明面意思外，最早悟出松风阁名微言大义的人中，就有南宋武昌县令薛季宣（1134—1173）。

薛季宣，字士龙，号艮斋，永嘉（今浙江温州鹿城）人。与苏轼作为北宋“蜀学”主要代表相对应，薛季宣为南宋永嘉学派创始人。历仕大理寺主簿、大理正、知湖州。绍兴年间任武昌县令。他写于绍兴三十一年（1161）的《松风阁记》这样记述：“涪翁（黄庭坚晚年自号）复自巴中，访坡公之逸迹，徘徊九曲，信宿松下，啸歌成韵，因风名阁。”

黄庭坚“因风名阁”的“风”，仅仅是自然之风吗？薛季宣抓住了解析这一问题的关键点，就是黄庭坚此次武昌西山之行的主要目的。薛季宣认为是“访坡公之逸迹”，还加上他曾“徘徊九曲”来印证。该记因距离松风阁命名时间只有五十九年，又出自武昌县令之手，其确证黄庭坚此行的一个重要目的是“访坡公之逸迹”，应该非常可信。按薛季宣的分析，黄庭坚以“松风”命阁名，跟怀念他的恩师苏东坡有关。

再将黄庭坚《武昌松风阁》、薛季宣《松风阁记》跟今鄂州出土的一组文物和苏东坡兄弟俩的三篇诗文来一起分析，便可进一步探明其寓意。

1991 年 12 月，鄂州市西山北麓的 653 油库消防车道建设过程中，发现了张耒世交、北宋参军李深之与龚夫人墓，出土了黄庭坚书写的志盖及张耒撰、晁补之书的志铭。这组珍贵文物确认的时间为北宋崇宁元年（1102），刚好跟黄庭坚命名松风阁、张耒贬谪到黄州的年份一致。这也从另一个角度证明，那一年黄庭坚、张耒确实有可能来武昌西山“访坡公之逸迹”。

苏东坡兄弟俩与之相关的第一篇诗文，是苏辙写于元丰五年（1082）的《武昌九曲亭记》。这一记与黄庭坚《武昌松风阁》诗，都有“二三子”好客贤良，分别有“买酒”“酌酒”，最后都留宿山上。苏辙还在记中说，哥哥修九曲亭时看到废亭旁“古木数十，其大皆百围千尺”，认为“不可加以斤斧”。黄庭坚诗则发出“老松魁梧数百年，斧斤所赦今参天”的感叹。苏辙记与黄庭坚诗围绕武昌西山松树的描述，其间的逻辑联系细加分析便可一目了然。苏记黄诗中之所以有这么多密切关联之处，正好说明黄庭坚在吟诗、命阁名时，一定联想到了苏辙写在前面的《武昌九曲亭记》中对恩师武昌西山逸迹的描述。再将薛季宣《松风阁记》关于涪翁曾“徘徊九曲”的记述放在一起来比对分析，黄庭坚所命阁名的内涵指向不言自明。

苏东坡兄弟俩与之相关的第二篇诗文，是苏东坡写于元祐元年（1086）的《武昌西山并叙》。其最后一句是“往和万壑松风哀”。黄庭坚当年次韵此诗时，就对这一结句诗印象深刻。武昌西山“访坡公之逸迹”后，特别是雨夜在新建之阁实地感受“万壑松风哀”的意境，黄庭坚不难从中品味出恩师当年在贬谪中对武昌西山产生的故乡般特殊情感，以及离开几年后由此生发的哀思，更能从苏公诗中的“松风”二字，掂量出反映恩师胸襟的特殊内涵。

苏东坡兄弟俩与之相关的第三篇诗文，则是宋哲宗绍圣元年（1094）十月，苏东坡写于惠州的《记游松风亭》：

> 余尝寓居惠州嘉祐寺，纵步松风亭下。足力疲乏，思欲就亭止息。望亭宇尚在木末，意谓是如何得到？良久，忽曰：“此间有甚么歇不得处？”由是如挂钩之鱼，忽得解脱。若人悟此，虽兵阵相接，鼓声如雷霆，进则死敌，退则死法，当恁么时也不妨熟歇。

此记是苏东坡写攀登惠州嘉祐寺松风亭时欲“就亭止息”，但因“足力疲乏”，未能如愿后所产生的联想。在他看来，自己再一次被贬谪，可能再也无法登上仕途之巅，但就像攀登松风亭一样，“此间有什么歇不得处”？如果就地调整心态，“由是如挂钩之鱼，忽得解脱”。这实际上是苏东坡十多年贬谪经历感悟的一次升华。从贬谪黄州、扁舟武昌开始，他也正是这样做的。苏东坡以逆境中随遇而安、苦中作乐、解脱适意、有所作为的行为和胸襟，超凡脱俗于儒家“达则兼济天下，穷则独善其身”理念，化成其攀登上艺术高峰和人格高峰的强大支撑力量。对恩师这篇记所阐述的理念，正处于贬谪漩涡中的黄庭坚自然有更深刻的领悟。

黄庭坚用“松风”命阁名绝非一时兴起所为，应该有他的深思熟虑。他来到武昌西山，见到恩师“相与营之”的九曲亭，一定会对恩师逆境中“有乐于是”的胸襟有更深的了解。在武昌西山寻访“坡公之逸迹”时，再来品味恩师“往和万壑松风哀”的深情呼唤，品味他在《记游松风亭》中的精妙表白，黄庭坚一定会产生强烈共鸣。用“松风”命阁名，不正是他对恩师两篇诗文里提到的“松风”既委婉又直白的呼应吗?

这样看来，黄庭坚“因风名阁”之“风”，既可以是自然之风，也可以是苏轼的人格之风，抑或是二者兼而有之。也许在那个严厉打击“元祐党人”的恶劣环境下，在苏东坡去世一周年的特殊节点，黄庭坚对恩师的追思怀念、推崇仰慕，只能寄寓于以“松风”命阁名和《武昌松风阁》诗的创作书写上。

见证“苏黄”并峙的名胜之地

苏东坡和黄庭坚是宋诗风格的体现者与北宋书法艺术的领军人物，被世人并称“苏黄”和“苏黄米蔡”。后世名流来武昌西山登松风阁吟诗作赋，无一不写“苏黄”。从这个意义上讲，武昌西山松风阁是“苏黄”并峙的象征，也是追崇苏东坡、黄庭坚人格风范的载体之一。

后来在武昌西山上曾立起“苏黄祠”，还将黄庭坚为松风阁赋诗题名后的洗笔之处辟为“洗墨池”。松风阁、苏黄祠、洗墨池这些遗迹，均成为大江南北文人骚客纪念探访“苏黄”逸迹的名胜。

阁以文传，文以人传。武昌西山松风阁由于有天下扬名的“苏黄”轶事和“天下第九行书”墨宝，自打命名之日起便声名远播，也就此拉开近千年人们来武昌西山追怀仰慕苏东坡“死必不坠”的序幕。

三、缅怀坡公名山

苏公爱徒由“独唱”到“对唱”

一切过去，皆为序章。如果说黄庭坚在武昌西山“访坡公之逸迹”，是“苏门四学士”上演的缅怀恩师“独唱”，那么随着张耒的到来，就开始了二人“对唱”。

黄庭坚登临武昌西山的第二天，张耒到达黄州贬所。张耒在《到黄州谢上表》中说：“已于九月三日到黄州，公参讫。”

正在武昌西山期盼“张侯何时到眼前”的黄庭坚，得知信息便立即过江，与之相见，并写下《次韵文潜》：

武昌赤壁吊周郎，寒溪西山寻漫浪。
忽闻天上故人来，呼船凌江不待饷。
我瞻高明少吐气，君亦欢喜失微恙。
年来鬼祟覆三豪，词林根柢颇摇荡。
天生大材竟何用，只与千古拜图像。
张侯文章殊不病，历险心胆元自壮。
汀洲鸿雁未安集，风雪牖户当塞向。
有人出手办兹事。正可隐几穷诸妄。
经行东坡眠食地，拂拭宝墨生楚怆。
水清石见君所知，此是吾家秘密藏。

这首诗是黄庭坚见到张耒后写的和诗。从“忽闻天上故人来，呼船凌江不待饷。我瞻高明少吐气，君亦欢喜失微恙”诗句，就可以看出“苏门四学士”中的这两个落难兄弟，在黄州相见时的欢欣雀跃之情。

正因为如此，对“武昌赤壁吊周郎，寒溪西山寻漫浪”这一苏公当年经常流连吟咏的事，黄庭坚开篇便将其写进诗中。恩师《怀望西山》诗中就有“双峰何处白云悠，赤壁千年战未休”的描述感叹，其《赤壁赋》中有“西望夏口，东望武昌，山川相缪，郁乎苍苍，此非孟德之困于周郎者乎”的推测反诘，其《念奴娇·赤壁怀古》词中亦有“故垒西边，人道是、三国周郎赤壁”之委婉陈述，其《游武昌寒溪西山寺》诗中还有“尔来风流人，惟有漫浪叟”的由衷赞叹。黄庭坚正是想通过抒发对武昌大江两岸的怀古之情，来表达对苏东坡的怀念之情。

在“年来鬼祟覆三豪，词林根抵颇摇荡”后面，黄庭坚的弟子任渊（1090—1164）曾注：“三豪，当是东坡先生及范淳夫、秦少游，于时皆死矣。”诗中意思是“三豪”被迫害致死，动摇了文学界的根基，给大宋文坛带来不可估量的损失。接着黄庭坚感慨上天既然降下苏轼、范淳夫、秦观这样的大材，在世时不予以重用，只可能死后被画成图像供后人膜拜。在夸赞“张侯文章殊不病，历险心胆元自仕”后，黄庭坚又将笔墨重点放在缅怀恩师上。他向张耒叙述自己刚刚寻访恩师逸迹时，漫游在苏东坡当年生活过的地方，拂拭恩师诗刻墨宝，倍感凄怆。

此诗最后以“水清石见君所知，此是吾家秘密藏”收束，表达的是这样的信念：苏轼师徒所受冤屈一定会“水清石见”，他愿与张耒一起将此信念“密藏”心中。

也许是张耒跟苏轼太有缘，也许是命运对张耒的捉弄，从宋哲宗绍圣四年（1097）三月谪监黄州酒税，到元符三年（1100）正月为黄州通判，再到这次贬谪黄州，五年半中张耒竟三次谪迁黄州。

原本自元祐元年（1086）《次韵苏公武昌西山》之后，张耒就对武昌西山向往已久。谁知他跟恩师的这份特殊情缘，竟为他获得了在黄州、武昌两地之间遍访苏东坡当年逸迹的充裕时间。因此他在武昌，先后写下《吴故城赋》《游武昌》《西山寒溪》《吴王郊台》《题寒溪长老方丈》《齐安今秋酒殊恶，对岸武昌酒可饮，故人潘主簿时惠双壶》《宿樊溪》《离樊口宿巴河游马祈寺》《道士矶》等爱憎分明的诗文，只字不提当年与蔡京等人沆瀣一气、力主“绍述”的武昌县令邓圣求，篇篇可见怀念恩师之情。

张耒的《宿寒溪》这样写道：

> 黄州望樊山，秀色如可揽。扁舟横江来，山脚系吾缆。
> 大川失汹涌，浅水澄可鉴。北风吹疏雨，夜枕舟屡撼。
> 齐安不可望，灭没孤城暗。奔流略溪口，龙鳖屡窥瞰。
> 平生千金质，戒惧敢忘暂。兹游定何名，耿耿有余念。

像恩师当年一样，张耒常常在贬谪地“黄州望樊山”，对江南武昌有“秀色如可揽”的感觉。他也时复“扁舟横江来，山脚系吾缆”。“兹游定何名”诗句，表面上的意思是不知此游主旨。深入分析因悼念恩师而获咎的张耒缘何这样写，“党禁”大背景是一个不容回避的现实原因。但从他一路追随恩师走过武昌、黄州所吟的诗句里，便不难读懂他所写诗中浓浓的缅怀恩师主题，不难察觉他对苏东坡的“耿耿有余念”。

近千年连绵不绝的“大合唱”

“苏门四学士”之后，历代在武昌任职官员或经过此地的文人墨客、社会名流，几乎都以诗文吟咏怀念苏东坡，在历史长河中形成近千年连绵不绝、蔚为壮观的“大合唱”。

南宋武昌县令薛季宣曾写《郊坛六首》，分别吟韵与西山曲岭相关的人和事。其第一首是这样写的：

> 催人暖律厌飞灰，高会连灯懒重陪。
> 闲到苏仙旧游处，熙熙不祇登春台。

武昌西山曲岭上的郊坛，本是三国孙权告天称帝的遗址。薛季宣写这首诗时，并没有顺理成章地首先赞颂孙权的这一丰功伟绩，而是一落笔就吟咏苏仙。如此布局谋篇，可见苏东坡在他心目中的分量。

> 好山遗恨恐他年，冒雨登临兴浩然。
> 避暑离宫闵吴主，横舟巨浪壮苏仙。
> 秋声萧瑟松风阁，岩乳清泠菩萨泉。
> 山半有亭名可易，漫郎尤恶曲并圆。

南宋诗人王十朋（1112—1171）来到武昌写的这首《游西山寺》，与薛季宣一样，也没有按诗题重点吟武昌西山寺。绍兴二十七年（1151），王十朋以“揽权”中兴为对，中进士第一。他是一位刚直不阿、直言不讳，以名节闻名于世的政治家。其诗中着墨重点是通过一明一暗笔法，深情咏诵苏东坡。

“横舟巨浪壮苏仙。秋声萧瑟松风阁，岩乳清泠菩萨泉”为明写，直抒其仰慕苏东坡胸臆。“山半有亭名可易，漫郎尤恶曲并圆”则是曲笔。其中“山半有亭”好理解，即指九曲亭。把这两句连在一起就有点费解。但细品过后便觉得妙趣横生。原来漫郎元结平生最厌恶“曲园”（委曲求全）。王十朋却巧妙地将九曲亭的“曲”，与元结之姓所引申出来的“圆”捏合在一起，并反其意而用之。这样就把夸赞元结、苏轼两位前贤从不委曲求全之意暗喻其中，读来既令人感叹，又令人深思。

万里云霄敛翼回，挂冠高卧大江隈。
春深门巷先生柳，雪后园林处士梅。
翠拥樊山邀杖屦，绿浮汉水映樽罍。
谁能领取坡仙鹤，月下吹箫共往来。

元末明初诗人丁鹤年（1335—1424），字永庚，号友鹤山人，武昌籍色目人，以父名丁为姓。元朝末父官武昌。母亡后他以七十三岁高龄隐居武昌南湖（现洋澜湖），为其守灵达十七载，直到九十岁去世。

丁鹤年给友人写的这首《樊口隐居》，借苏东坡轶事明志。所赠之人，为世代仕元、元亡后“挂冠高卧”、隐居“大江隈”武昌樊口的李筠玉。其结句“谁能领取坡仙鹤，月下吹箫共往来”，是引用苏东坡赤壁泛舟故事，表示两人应像他那样，积极面对世事沉浮。

五百年前苏子游，青山白水想风流。
孤亭遥隔金莲夜，两赋争传赤壁秋。
绿柳红蕖曾去楫，沙汀渔火漫停舟。
乾坤胜地容迁客，应笑浮云自卷收。

明代抗倭名将熊桴（1507—1539）所写的怀念苏东坡诗。自幼他听着苏东坡留在武昌古城的轶事佳话长大，在苏轼“奋厉有当世志”的影响下，刻苦好学。少年时期曾于西山吴大帝避暑宫中读书，不计寒暑。一天傍晚，熊桴读书稍觉疲乏，推开宫门，只见一只吊睛白额猛虎蹲在门外，爪牙似铁，呼吸如雷，虎视眈眈。熊桴大声吼道：“我钟山川之灵，当捐躯报国，岂可为你这恶兽充饥！”说来也怪，熊桴吼毕，这只猛虎就贴耳拽尾而去。从此以后，熊桴“叱虎”

的故事就在民间广泛流传开来。他后来被称为“伏虎”英雄。虽然这一称号来源于此故事，但还有更深层次的含义，就是对他在嘉靖年间抗击倭寇的高度评价。当时，沿海一带有“倭寇猛于虎”之说。受苏东坡“老成忧国”“老于兵事”的影响，熊桴熟读兵书，毛遂自荐，走上抗倭前线。倭寇屡为其伏，听之闻风丧胆。以御倭有功，去世时获赠兵部左侍郎。

在戎马倥偬中，这位“伏虎”大将军思念家乡，特写下《苏子遗亭》这首诗，吟咏苏东坡与故乡武昌结下的情缘。对在大江两岸留下“孤亭（指九曲亭）遥隔金莲夜，两赋争传赤壁秋”美名的苏子，深情赞美。他还为家乡武昌这一“乾坤胜地”，接纳抚慰苏东坡这位“迁客”，并助其蝶变升华而感到自豪。

行至西山古洞天，苏黄题咏尚流传。
灵泉汲水烹新茗，怪石临江泊渡船。
剩有松风来远壑，空有藓壁照荒烟。
祇园补种菩提树，乐布金铺结善缘。

清朝官员官文（1798—1871），来到武昌西山作《西山寺即事三律》，其一就是这首吟诵“苏黄”轶事的诗。该诗直接将武昌西山“松风”跟“苏黄题咏”联系在一起，道出他写这首诗的主旨。“祇园补种菩提树，乐布金铺结善缘”是借用佛语，既表示愿捐资修复因太平天国战火而“空有藓壁照荒烟”的古灵泉寺，也有跟“苏黄”结善缘的意思。

后来官文为出资修葺的武昌西山古灵泉寺题联：“门泊战船忆公瑾，我来茶话续东坡。”

前带平江后枕湖，山林葱蓓旧吴都。
西龛北拒喧腾过，草棘寻幽到二苏。

晚清名臣张之洞（1837—1909），在其所写的《武昌西山》诗中，站在历史的高度俯览吴都武昌江湖名山，刻意吟诵“二苏”。

张之洞是一位有志于“挽大厦之将倾”的晚清屈指可数有为之臣，对苏东坡敬仰不已。他在另一首诗《九曲亭》里曾自注：“余同治戊辰（1868）提学湖北，来游西山，见亭已圮，出钱造之。”由此可见，这位湖广总督七百八十六年后也出资维修武昌西山九曲亭。他还为修葺后的九曲亭撰联：

身世总虚浮，酹酒临江，笑孙郎宫名避暑，霸业而今安在？
江山真面目，登高作赋，独东坡亭称九曲，风流千古犹存。

此联赞美思慕倾向鲜明。张之洞对“以武而昌”的吴大帝孙权以一“笑”了之，但认为苏东坡在古武昌留下的诗文、逸迹、佳话，“风流千古犹存”。

四、“党碑之厄”幸存

一首《武昌西山并叙》不仅引来唱和之情浓烈、次韵追和热烈，而且在近千年的传承中更是上演了既惊悚又传奇的悲喜剧。这出悲喜剧，也是苏东坡临终预言得到应验的有力见证。

《武昌西山》诗刻的传奇悲喜剧

还在黄庭坚于贬谪漩涡飘荡中来到武昌西山“访坡公之逸迹”时，这出悲喜剧便在北宋京城紧锣密鼓地酝酿着。

半个月后的崇宁元年（1102）九月己亥（十七）日，右仆射蔡京列出罪状，将文臣执政官文彦博（1006—1097）等二十二人、待制以上官苏轼等三十五人、余官秦观等四十八人谓之为奸党，请御书刻石于端礼门，以此开启最黑暗的宋徽宗崇宁“党禁”。崇宁二年（1103）九月二十五日，朝廷第二次设立“元祐党籍碑”，涉及九十八人。虽然人数少于崇宁元年端礼门所立之碑，但苏东坡一脉仍赫然列入其中，且立碑数量极多，遍及全国各路州军监司长吏厅。崇宁三年（1104）六月初三，诏重定元祐、元符党人多达三百零九人，刻石诸州。此为朝廷第三次设立“元祐党籍碑”。

也许是“党碑之厄”引起天怒人怨，宋徽宗第一次“党禁”高潮，随着崇宁五年（1106）正月初五彗星出于西方而被迫结束。正月十四日大赦天下，诏毁“元祐党籍碑”。但宋徽宗宣和五年（1123）七月十三日又诏令开封府、四川路、福建路毁苏轼文集之板，开启第二次“党禁”高潮。

在这三次设立“元祐党籍碑”、两次掀起“党禁”高潮中，苏东坡及其门徒友人所受到的打击尤为惨重。崇宁二年（1103）四月初九，诏毁《东坡集》并

《后集》印板。二十七日复诏毁刊行《唐鉴》及“三苏”、秦观、黄庭坚等人的文集。崇宁三年（1104）正月，诏毁“三苏”集及“苏门四学士”等人文集并毁板。南宋徐度撰的《却扫编》载：“东坡既南窜，议者复请悉除其所为之文，诏从之。于是士大夫家所藏，既莫敢出，而吏畏祸，所在石刻，多见毁。”吴曾编刊于南宋绍兴二十四年至二十七年（1124—1127）的《能改斋漫录》载：“崇宁二年（1103），有旨：应天下碑碣榜额，系东坡书撰者，并一例除毁。”这样就导致“三苏”以及“苏门四学士”的诗文集、书画作品大都不存，全国名胜与其相关的景物、石刻也惨遭毁坏。南宋洪迈编著的《夷坚戊志》载，“崇宁、大观间，蔡京当国，设元祐党禁，苏文忠文辞字画悉毁之”“由是人莫敢读苏文”。

不仅如此，“党禁之厄”中还对私自印造、出卖、传播、收藏、保护苏轼等人作品的行为，以治罪律法明令禁止。《宋史・徽宗纪》载，北宋宣和六年（1124）十月庚午，“诏：有收藏习用苏、黄之文者，并令焚毁，犯者以大不恭论”。清代著名地理学家徐松（1781—1848）根据宋代官修《会要》编辑而成的《宋会要辑稿》第一百六十五册《刑法》二之八八载：“中书省言，勘会福建等路近印造苏轼、司马光文集等。诏今后举人传习元祐学术，以违制论，印造或出卖者与同罪。”北宋政和六年（1116）朱肱撰《北山酒经》，卷末就记载了朱翼中因“坐书东坡诗，贬达州”。

由以上史料可知，宋徽宗崇宁、宣和年间不仅将苏洵、苏轼、苏辙以及“苏门四学士”等人的文集、书画、石刻等作品一律销毁，还有不少人因犯禁传播、收藏、保护苏东坡等人的作品而被重处。因此，《武昌西山并叙》唱和诗石刻在北宋崇宁、宣和年间被列入毁灭范围，这是不容置疑的事。

但在“人莫敢读苏文”“犯者以大不恭论”治罪的恶劣恐怖环境下，奇迹还是发生了。刻在武昌西山石壁上的《武昌西山并叙》唱和诗中，苏东坡和黄庭坚、张耒三人的诗刻竟在“元祐党籍碑”之厄中，幸存于世。

南宋史料确证师徒三人诗刻幸存

证明苏东坡师徒“西山唱和诗刻”幸存奇迹的南宋史料，第一份便是宋宁宗赵扩时的资政殿大学士楼钥追和《武昌西山并叙》的题跋。

嘉定四年（1211）九月重阳节，楼钥于攻媿斋，在邓廷所献其祖父邓圣求抄写的《武昌西山并叙》墨宝上，写下追和诗，并跋其后：

> 西山诗碑，止有坡、谷、张右史三篇。近岁邓公裔孙，曾以前辈和篇数十首相示，辄不揣次韵，附见于后。时在翰苑，仍效周益公用印章。盖南渡以来，官府印多更铸，惟翰林院犹用承平旧印，铸于景德二年。苏、邓二公俱曾用此也。

题跋中的“坡”指苏东坡，“谷”为黄庭坚自号的山谷道人，“张右史”指张耒。从此跋可窥见，楼钥生活的年代“西山诗碑”已所存无几，唯独苏东坡、黄庭坚、张耒三个人的诗作石刻仍存世。

楼钥曾在《黄州贡院记》中记述：“黄冈，东南佳处也。大江东去，赤壁西峙。武昌、夏口，鼎立相望。其在皇朝，王（禹偁）、苏（轼）二翰林，一以州驰名，一以坡自命，皆千载杰持之伟人。竹楼、雪堂，既坏复葺；风流文献，至今增重。近时，即太守、博士皆不轻其选，秀士亦彬然出矣。”这些文字表明，楼钥对当时黄州、武昌情况是相当熟悉的，也可印证他所写的“西山诗碑，止有坡、谷、张右史三篇”题跋内容，应该真实可信。

在楼钥题跋十年之后的嘉定十四年（1221），南宋王象之在《舆地纪胜》卷八十一荆湖北路寿昌军的“碑记”门下，亦明确记载“西山唱和石刻，在武昌”。这便是南宋见证苏东坡《武昌西山并叙》唱和诗刻尚存的第二份史料。参照楼钥的题跋记述，王象之笔下的“西山唱和石刻”，应是指苏东坡、黄庭坚、张耒三人的诗刻。

非同寻常保护之举体现的大勇大义

那么，为何苏东坡、黄庭坚、张耒的“西山唱和石刻”能在那么极端险恶严酷的环境下留存下来？

苏东坡师徒三人的人格魅力和他们在唱和诗中对武昌西山所饱含的深情，引来武昌人发自肺腑的敬慕。未曾留下姓名的武昌人此时挺身而出，冒着违抗圣旨、有“以大不恭论”治罪的危险，想方设法保存了三人诗刻。

这一非同寻常保护之举，使人自然联想到春秋末年鄂邑渔父护送伍子胥渡江的舍生取义之举。这两件发生在鄂州历史上的非同寻常之事，虽然隔着千年时空，但都可歌可泣。不论是“护送”还是“保护”，其间一脉相承的是视道义如云天的浩然正气和大勇大义！

五、曲折传承佳话

如果说苏东坡师徒三人《武昌西山并叙》唱和诗石刻在“党碑之厄”中保存下来非常不易，那么苏东坡亲书的《武昌西山并叙》诗帖能传承至今，可以说是中国文学艺术史上的传奇。其曲折传承历程值得后人永远铭记。

两宋三事促成诗帖珠联璧合

“皇天不负有心人。”两宋之间发生的三件事不仅印证了这句话，而且还开启现存世《武昌西山并叙》诗帖辗转传承滥觞，并促成苏公墨宝与后世追慕传承贤儒墨迹印信的珠联璧合，演绎出近千年接力传承佳话。

第一件事发生在北宋，是苏东坡亲书《武昌西山并叙》诗帖得以传承至今的主源头。

在玉堂唱和盛举第二年，也就是元祐二年（1087）二月，苏东坡应苏辙的姻亲岑象求之请，乘着酒兴书写《武昌西山并叙》。岑象求喜得苏东坡亲书的墨宝后，为彰显其获得因缘，特当即题跋其后：

> 子瞻内翰，昔窜谪黄冈，游武昌西山，观圣求所题墨迹。时圣求已贵处北扉，而子瞻方误时远放，流落穷困。不二年，遂与圣求对掌诰命，并驱朝门，同优游笑语于清切之禁，在常人固足感叹。况有文而赋于情者，宜何如哉！此前诗之所以作也。元祐丁卯二月，因会饮子功侍郎宅，子瞻为予笔此，遂记而藏之。江陵岑象求岩起跋。

岑象求，字岩起，梓州（治所在今四川绵阳三台）人。宋神宗熙宁中为梓州路提举常平。宋哲宗元祐元年（1086）知郑州，徙利州路（治所在今四川广元）转运判官，改提点刑狱。后相继任殿中侍御史、两浙路（治所在今浙江杭州）转运副使、户部郎中。北宋徽宗建中靖国元年（1101）以权尚书刑部侍郎为覆按山陵使，后除宝文阁待制知郓州（治所在今山东菏泽郓城）。

虽然岑象求在崇宁三年（1104）也加入了“元祐党籍”，但他为后人做了一件功德无量的好事，就是在大灾大难中不畏艰难，使苏东坡的这一亲书墨宝得以传承后世，并为这幅诗帖在后来传承中的珠联璧合提供了前提条件。岑象求当时在该诗帖上的题跋，既记述了《武昌西山并叙》写作、书写过程及其缘由，还为后人题跋苏东坡诗帖墨宝开启了先河。

第二件事从北宋延续到南宋，为后世俊贤在苏东坡诗帖上追和题跋钤印提供了可能，是流传至今的《武昌西山并叙》长帖得以珠联璧合的次源头。此事涉及两宋五个人，并有史料相互印证。

从流传下来的史料得知，这件事涉及的第一人是邓圣求，他在玉堂唱和不久即亲书了《武昌西山并叙》的唱和次韵诗帖。

涉及此事的第二个人则是邓圣求的孙子邓廷，他于南宋年间追敛收藏了其祖父所抄录的《武昌西山并叙》及和诗三十余首，并在嘉定四年（1211）将其赠送给当朝翰林学士楼钥。

喜得邓廷所送墨宝的楼钥，自然是涉及这件事的第三人。他在邓圣求亲书的《武昌西山并叙》诗帖上的题跋明言："近岁邓公裔孙，曾以前辈和篇数十首相示，辄不揣次韵，附见于后。"根据该跋记载，楼钥不仅亲自题跋和诗，当时还让人用铸于北宋景德二年（1005）、"苏、邓二公俱曾用"的翰林院旧印，钤盖其上。楼钥所作所为，既见证了邓圣求祖孙二人接续做的有关事，又使其成为北宋之后敬慕苏大学士的名流为《武昌西山并叙》诗帖追和、题跋、钤印的第一人。

比楼钥年长十一岁的南宋中期文坛盟主周必大（1126—1204），则是涉及此事的第四人。他在《文忠集》卷十七《跋邓廷所藏其祖温伯与东坡倡和武昌长篇》的记述中，对邓温伯之孙邓廷藏有其祖父墨宝、邓廷转赠此墨宝给翰林学士楼钥作了直接证明：

> 苏、邓两公同直禁，话旧赋诗，逮今逾八十载。东里周某始获敬观邓氏别本于行在所，因命院吏印其后，印盖景德二年旧物，两公尝佩之矣。升堂伏几而袭其裳，得毋象环之恧与！

根据周必大以上记述，当年苏东坡的《武昌西山并叙》及其唱和诗尚有"邓氏别本"——邓圣求亲书本存在。周必大在南宋都城临安（今浙江杭州）见到的就是邓圣求的抄本。周必大觉得"邓氏别本"也很珍贵，故命人在其上钤盖了翰林院铸于北宋"景德二年旧物"印。这一记述虽跟楼钥所题跋里的钤印记载重合，但从楼跋里"仍效周益公用印章"之语细加分析，似乎这两人所述的是同一回事。最起码说明，周必大也是流传下来的苏东坡诗帖长卷上印盖“景德二年旧物”的两个人之一。

武昌西山，天下胜处也。自孙氏燕集以来，至元子始显。逾二百年，邓安惠公为邑，访元子之迹，为之作洼樽铭，则又显。东坡先生谪居黄冈，间往游焉，爱其山水，多见于文字中，“翻鸦落雪”之句，虽画工不能尽也，则又加显。夫物之兴废有时，到天下胜处终不可掩，必有贤人君子为之品题，而况于人乎？方二公对直玉堂，刻烛挥制，曾不及人间名利事。而诗章往来，独梦寐于寂寞之滨，则其胸中所期，盖相索于阆风之上矣。今安惠之孙偰能追敛其酬唱以贻好事之玩，真不坠其家声者。呜呼，元子远矣！二公之流风余韵既不可复得，而一时金马、石渠文士之盛，亦岂可多得哉？

三复遗音，为之兴叹！

这是南宋人祝穆在《方舆胜览》之二十八湖北路寿昌军“山川”门“西山”条下所作的记载。他是两宋涉及这件事的第五人，也是证明“安惠之孙”邓廷“追敛”祖父邓圣求的酬唱“别本”，并“以贻好事之玩”的南宋贤儒。

第三件事便是传承至今的苏东坡《武昌西山并叙》诗帖主次源头合一，也是苏轼墨宝与相关追和、题跋、钤印珠联璧合的关键性事件。

时隔一百二十五年，南宋翰林学士楼钥在苏东坡、邓圣求唱和诗“邓氏别本”上追和、题跋、钤印殊属难得，于是有心人稍后设法将其与岑象求后人传下来的苏东坡亲书《武昌西山并叙》诗帖、岑象求题跋合为一体。

这件事过后，对《武昌西山并叙》诗帖的增墨添彩并没有就此了结，而是为后世延续拓展奇迹提供了范例和载体。

朝代更迭中辗转接续传承

明代景泰年间，翰林学士兼侍读萧镃（1393—1464），一日在淮安通府李君敬家观赏了珠联璧合后的《武昌西山并叙》墨迹长卷，爱不释手。李君敬深知萧镃在文坛的地位，特让萧镃将墨宝携至其居住处细加品玩。萧镃应李君敬之请，在墨宝后题跋：

题东坡西山诗墨迹卷后。右东坡谪黄时游武昌西山诗遗墨，岑象求跋并楼钥所和为一卷，淮安通府李君敬家藏焉。东坡文章翰墨名当世，观其诗句之跌宕，字法之遒劲，足以想见其豪逸之气。而岑之跋，楼之和，亦复如精金良玉，睹者自知为奇货，不待赞也。独念自元丰以来三百四五十年，于今凡几经兵燹，而墨迹如新，岂易得者哉！李氏藏之，诚足为家宝也，因识以归之。

在此跋里，萧镃用“右东坡谪黄时游武昌西山诗遗墨，岑象求跋并楼钥所和为一卷”，表明苏东坡亲书的《武昌西山并叙》书帖，已跟岑象求题跋、楼钥追和诗及题跋合为一体。该跋还以“东坡文章翰墨名当世，观其诗句之跌宕，字法之遒劲，足以想见其豪逸之气”，表达他对苏东坡的敬慕夸赞；以“精金良玉”评价这一作品的贵重难得；以“于今凡几经兵燹，而墨迹如新”，感叹这一墨宝长卷在三百多年时移世易中的传承不易。

宫保都宪陆君全卿得坡翁此诗，乃为岑象求书赠邓圣求者。岑跋云：子瞻谪黄冈，游西山，观圣求墨迹。时圣求已处北扉，不二年对掌诰命。作诗感叹。楼大防和章并及元次山遗迹，有二公先后搜访，同念旧游之语。今坡集载此诗，序云：嘉祐中，圣求为武昌令，居黄相望，常往来溪山间。元祐元年十一月，会宿玉堂，偶话旧事，而其诗乃有“金銮相望不可见”之句。意者圣求先入，坡亦随召。其题《武昌西山》者，则赋旧事为赠，非山游时作也。集又载次韵一首，序云和者三十余人，今皆不复见，楼诗反出其右，而坡亦不之见矣。圣求名璧，其在翰林为学士承旨云。正德八年七月四日，长沙李东阳书。

明武宗朱厚照正德八年（1513）七月四日，文学家、书法家李东阳，有幸见到岑象求、楼钥题跋的《武昌西山并叙》墨迹原件，遵收藏者宫保都宪陆全卿所嘱，题“东坡诗翰”四字于卷首，并以《苏子瞻书〈武昌西山〉赠邓圣求诗迹》为题和诗一首。题跋记述了苏东坡的墨宝流传过程，直言苏东坡《武昌西山并叙》唱和答谢诗“序云和者三十余人，今皆不复见”，倒是“坡亦不之见”的“楼诗反出其右”，曲意表达了其对这件墨宝有关趣事的调侃惊叹。

明末清初著名收藏家吴其贞（1607—1678）在嘉兴姚水翁家观摩苏东坡墨

迹长卷后，在他所写的《书画记》卷五中详细介绍了该诗帖：

> 苏东坡《西山》诗一卷。纸墨如新，计写二百七十有一。识曰："右武昌西山赠邓圣求一首。"书法清爽，甚有兴趣，秀色奕奕，为公有名之书。诗后尚有余纸，有同时岑象求岩起题跋。又嘉定四年重阳日，四明卢纶题跋。前面引首纸上，明李西涯题"东坡诗翰"四字。卷后附纸上，又有西涯题跋。此卷观于嘉兴姚水翁家，时丙午五月二日。

吴其贞，字公一，号寄谷，徽州（今安徽歙县）人。他出生于收藏世家，从事书画鉴藏及书画交易达四十余年，因而对苏东坡墨迹长卷作出"公有名之书"的评价。根据以上记述，还可知岑象求的题跋与《武昌西山并叙》书写在同一纸上，而楼钥的墨迹是后来合为一体的。李东阳在"前面引首纸上"题了"东坡诗翰"四字，又在"卷后附纸上"题跋，使得苏东坡的《武昌西山并叙》诗帖又增添了一道看点。

> 此诗公手书真迹在江陵岑象求岩起家。岑跋曰："子瞻内翰昔窜谪黄冈，游武昌西山，观圣求所题墨迹。时圣求已贵处北扉，而子瞻方忤时远放，流落穷困。不二年，遂与圣求对掌诰命，并驱朝门，同优游笑语于清切之禁。在常人固足感叹，有文而赋于情者，宜何如哉？此前诗所以作也。元祐丁卯二月因会饮子功侍郎宅，子瞻为余笔此，遂记而藏之"云云。后有四明楼钥跋。明正德朝为陆都宪全卿所得，李长沙为跋尾。

这是清康熙年间"清初六家"之一的查慎行（1650—1727）在《初白堂诗评》卷中对《武昌西山并叙》诗帖辗转传承情况所作的介绍。其言及的诗帖长卷前后题跋内容，跟吴其贞所言基本一致。这说明这幅墨宝长卷传承至今的版本及主要内容，在明代已基本形成。

> 苏文忠西山诗卷。此卷白麻纸本，带轻粉光腻。高一尺二寸，长八尺余，四接。行书，径寸大。前八九字一行，后三四字。笔古墨奕，全法河南，而姿态较雄迈。余见坡迹多矣，此与《寒食诗卷》尤为冠绝。

无款。宋印四十余方鲜艳，岑、楼诗、跋亦足辉映。

清乾隆年间文人吴升（生卒年不详）在《大观录》卷五中记述了《武昌西山并叙》诗卷的规格尺寸。他在评点苏大学士书法艺术时，直言“此与《寒食诗卷》尤为冠绝”，并认为与苏东坡墨宝珠联璧合的“岑、楼诗、跋亦足辉映”。

苏轼《武昌西山》诗卷，乃为岑象求所书者，墨气浓腴秀发，极磊落沉酣之趣。苏迹极多，正当以此与《黄州寒食诗》为无上妙品。幅内有岑象求跋，引首李西涯篆书“坡翁书翰”四字，后幅有楼攻媿、李西涯和诗及跋。

这是历乾隆、嘉庆、道光三朝大学士阮元（1764—1849）在《石渠随笔》卷二中对《武昌西山并叙》诗卷艺术价值进行的评点。他跟吴升一样，也认为“正当以此与《黄州寒食诗》为无上妙品”。

实至名归的最好归宿

清乾隆十二年（1747），敕命吏部尚书梁诗正（1697—1763）、户部尚书蒋溥（1708—1761）等人，将内府所藏历代书法作品择其精要，由宋璋、扣住、二格、焦林等人镌刻成法帖，刻石嵌于北京北海公园阅古楼墙间。

该法帖共分三十二册，刻石五百余块，收集自魏晋至明代末年包括苏轼《武昌西山并叙》诗帖在内、共一百三十四位书法家的三百余件书法作品，全称为《御刻三希堂石渠宝笈法帖》。命名这一法帖时之所以特意加上“三希堂”，是因为其中收有被乾隆帝视为三件稀世墨宝的东晋书迹：王羲之的《快雪时晴帖》、王羲之之子王献之（344—386）的《中秋帖》和王羲之侄子王珣（349—400）的《伯远帖》，而珍藏这三件稀世珍宝的地方被称为“三希堂”，因此三件东晋稀世墨宝名为《三希宝帖》。

另外，《钦定石渠宝笈续编》淳化轩藏三详细记述了《武昌西山并叙》长卷上的所有文字。

还有一件值得一提的事。清光绪年间，历史地理学家、金石文字学家、目录版本学家、书法艺术家、驻日使馆官员，被誉为“晚清民初学者第一人”的杨守敬，在选刻《景苏园帖》时，将《黄州寒食二首》和《武昌西山并叙》诗帖，分别列在第一、二位。

苏东坡亲书的《武昌西山并叙》诗帖能够传承至今，并在中国几千年烟如浩渺的书法作品中通过大浪淘沙，入刻代表中国历代书法艺术珍品的《御刻三希堂石渠宝笈法帖》；在苏东坡众多书法作品中，此诗帖能与《黄州寒食二首》一起入列《景苏园帖》前二的位置，这既是该墨宝历经曲折传承后的实至名归、最好归宿，也可见证其在中国古代书法艺术史和苏轼个人书法作品中的重要地位。

《武昌西山并叙》这一"诗书双绝"，再与其"唱和盛举""保护义举""追和轶事""传承佳话"等方面联系在一起，本身就成为中国古代诗歌文学史、书法艺术史上的奇绝大观。仅凭这一点，就能让武昌西山、今日鄂州扬名万代。

六、满城苏子留芳

往事越千年。苏东坡留给古城鄂州的芳泽遗韵早已开花结果，芳香四溢。作为湖北省历史文化名城，在当今的鄂州大地上，几乎处处可观与苏东坡密切相关的胜景，可见坡仙逸迹，可闻苏公传说佳话。

苏东坡留下武昌西山三胜景

中国很多有历史底蕴的地方，惯以推出"十大""八大"景物等方式，集中宣传推介其人文历史和自然景观。鄂州历史上也是如此。

早在清代前期的《武昌县志》里，就有"武昌八景"记载：凤台烟雨、龙蟠晓渡、樊岭晴岚、吴王古庙、苏子遗亭、报恩夜钟、西山积翠、南湖映月。

近代推出"鄂城八景"：凤台烟树、龙蟠晓渡、寒溪漱玉、书堂夜雨、吴王古刹、苏子遗亭、西山积翠、南湖映月；评出"十大古迹"：一古楼、二宝塔、三孔桥、四眼井、五家巷、六大坊、七星塘、八卦石、九曲亭、十字街。

在上述两个"八景"、一个"十大古迹"中，涉及景物 18 处。其中的苏子遗亭（九曲亭）、寒溪漱玉、西山积翠三处胜景，即衍生于苏东坡当年留下的芳泽遗韵。

"苏子遗亭"是以上三个方面皆入选的鄂州古景观。由此可见，苏东坡扩建的九曲亭在鄂州历史文脉中和人们心里的独特地位。九曲古亭后来虽几度倾废，但历代接力复建修葺。此亭还在元代以苏辙《武昌九曲亭记》文意改名"最乐亭”。明嘉靖二十八年（1549）被直接改为“怀坡亭”。明末崇祯年间又改为“怀苏亭”，时南工部主事乔世宁（1503—1563）专门作《怀坡亭记》。清康熙三十年（1691）改回九曲亭，并沿用至今。翻开九曲亭一千八百年历史，除了当初被人们视为三国“孙氏遗迹”外，到了苏东坡扩建此亭后，九曲古亭就跟坡公美名相生相伴，横亘古今。

“寒溪漱玉”这一景观跟苏东坡的三篇诗文有很大关联。苏轼来黄州后第一次登临武昌西山写下的《游武昌寒溪西山寺》，就直接在诗题里点到了“寒溪”。第二篇文是苏公写的《菩萨泉铭并序》，其中专门记述了阿育王所铸文殊师利金像“初送武昌寒溪寺”“谁谓寒溪，向有斯泉”等灵异神奇之事。第三篇是离开武昌两年多后，苏东坡在《武昌西山并叙》玉堂唱和后写的答谢诗。其“寒溪本自远公社，白莲翠竹依崔嵬。当时石泉照金面，神光夜发如五台”诗句，是“寒溪漱玉”这一景观之名的主要出处。正是由于与苏东坡有密切关联，这一胜景就被赋予了厚重、灵异的人文色彩。

“西山积翠”是对鄂州西山秀美景色的集中概括。其出处是苏东坡《书王定国所藏王晋卿画〈烟江叠嶂图〉一首》诗句：“江上愁心千叠山，浮空积翠如云烟。山耶云耶远莫知，烟空云散山依然。”清同治三年（1864）八月，湖广总督官文拨款修葺古灵泉寺时，挥笔在进古灵泉寺景区的门坊上，题下清劲洒脱的“西山积翠”四字。

古灵泉寺成为追崇怀念苏公宝地

从官文所题“西山积翠”山门进入古灵泉寺景区，这里既是佛教净土宗发祥地之一的佛教重地，又是人们追崇怀念苏东坡的一方宝地。

在古灵泉寺门前，菩萨泉古井静静地等候着游客、香客的到来。人们会不由自主地想到苏东坡对此泉的探究，想起他“不愧惠山味”的评价和所写的一系列有关诗文，更会迫不及待地品尝一口“东坡饼”。

经过已故中国佛教协会主席赵朴初题写“古灵泉寺”匾额的寺门进入该寺，其内侧左边有一座六角小亭，名“拥翠亭”。清道光进士、武昌邑人王家璧曾作《苏黄祠记》：“苏黄祠于西山。拥翠亭在其右，楼制而祠名。”顾名思义，此祠专为纪念苏东坡、黄庭坚师徒而立。

再来到大雄宝殿后面。古灵泉寺与世界上其他宝刹禅林不同，它在这里设了两处别有洞天之地。

从大殿后右侧，进入一个题有“英雄避暑”大字的半圆门，这里是当年的吴大帝避暑宫侧殿遗址。宋祝穆《方舆胜览》记载：孙权被封吴王时，建有避暑宫，在寒溪山间，西山寺即故基。这处幽静清凉之地，为纪念此事所辟。

跟“英雄避暑”半圆门相对应，在大殿后左侧半圆门上，题着“才子赋诗”四个大字。里面有一座亭子，为明代嘉靖初知县许稿卿所修。由于小院内还有“滴滴泉”“涵息泉”“活水泉”，加上这里还是游人香客品泉休憩场所，因此该亭俗名“三泉亭”。但从“才子赋诗”四字来看，修建此亭还大有深意。它是为了纪念晋代陶侃、唐代元结、北宋苏轼三位贤儒而建，故名“三贤亭”。

在“三贤亭”后壁上镶嵌着的一幅晚清湘军名将彭玉麟的仙梅石刻。围绕这幅仙梅图所生发的凄美含情故事，不仅为武昌西山厚重的历史人文又增添一抹淡淡的幽思色彩，还与苏东坡著名的“忆从樊口载春酒，步上西山寻野梅”诗句遥相呼应。

清光绪六年（1883），时任兵部尚书、被人称为“善画梅花水师统领”的彭玉麟，在武昌友人王孝凤陪同下来到西山观梅赏梅。相传他跟外婆家养女梅姑青梅竹马，情投意合。但受限于封建礼教，他不得不奉母命另娶。梅姑也被迫嫁人，四年后死于难产。彭玉麟为此痛苦不已，发誓将用余生“狂写梅花十万枝”，以体现对梅姑的痴情。

来到寻梅赏梅宝地的武昌西山，听闻苏东坡“步上西山寻野梅”轶事，这位痴梅情郎有感旧事，当场作仙梅图，吟《题梅花诗刻二首》。其二曰：“醉磨盾墨画枯梅，疏影横斜乱写来。付与樊山苍铁石，长春不老总花开。”后来鄂州贤达将这幅极其珍贵的画作诗稿，连同鄂州籍著名书法家周华琴专门题写的对联“悠游泉石知何日，常伴梅花不计年”，一并刻立在“三贤亭”后壁上。

苏东坡的“寻梅”诗句与彭玉麟的仙梅图，将武昌西山很早就有的寻梅赏梅雅谈韵事勾连起来了。传说唐代大历年间，“有僧课《连经》，冬月，因插梅于所坐窗下。月色皎然，有人以手自牖而入，欲折此梅。僧喝问姓名，不答，但诵诗云：‘特持寻梅到武昌，禅房偷折一枝芳。山僧若问名和姓，说著和伊也断肠。’诵毕，掣手而去。”后人就根据这一传说，在武昌西山建了“寻梅亭”。

据成书于南宋理宗宝祐年间、湖北现存宋代唯一方志《寿昌乘》的记载，“元丰前已有此亭矣”。也就是说，苏东坡贬到黄州、扁舟武昌时，武昌西山上就有“寻梅亭”。因此，他在首游所写“风泉两部乐，松竹三益友”诗句中，不仅巧妙地在“三益友”中暗含了“梅”，而且让人们通过这一特殊艺术写作方式，去体念武昌西山的“寻梅”之趣。同样是这一缘由，离开武昌后，苏东坡仍念念不忘“步上西山寻野梅”。

由此，武昌西山更成了文人雅士寻梅赏梅、赋诗观画的圣地。今日的鄂州市也因苏东坡、彭玉麟等文人墨客、大德贤儒在西山上接续弘扬的千年梅花缘，将梅花确定为“市花”。

古都新城处处可闻坡仙遗芳

二十一世纪以来，鄂州市弘扬传承悠久厚重历史文化掀开了新的篇章。逐梦前行中寓含坚定文化自信的城市公共建筑设施和文化载体，雨后春笋般地相继展现在世人面前。其中就有苏东坡留给古城的一个个闪光点。

在鄂州“城市客厅”凤凰广场，以古武昌“八景”之一“凤台烟树”意境重修的凤凰台，台高两层，尽显“凤凰台上凤凰游”之气势与雅韵。拾级而上，台阶正中铺设着紫铜甬道，其间用八千个凹刻金字记述悠悠五千年鄂州历史。在宋元历史单元里，专门用一百五十字记述苏轼与今日鄂州的特殊情缘：

> 公元1080年，苏轼被贬为黄州团练副使，常泛舟南来，游憩于樊口、西山。写有《与子由同游寒溪西山》《记樊山》《菩萨泉铭并序》等。苏辙有《陪子瞻游武昌西山》《武昌九曲亭记》诗文。元祐元年，苏轼于汴京作《武昌西山》诗，苏辙、黄庭坚、张耒、晁补之等三十余名士唱和。西山寺“东坡饼”为江南名点。

凤凰台二层北面正中位置，镶嵌着一篇展示鄂州古今五彩斑斓文明画卷，吟诵“凤台烟树”神韵的《凤凰台铭》。其二百四十字铭文里，写了“苏公载酒”。

正对着黄州古城的鄂州“城市阳台”——滨江公园里，在纪念舍生取义护送伍子胥渡江的“渔父亭”（一名“解剑亭”）旁，修建了一条长一百一十九米，高三米的鄂州历史文化长廊，用三十六组浮雕作品，集中表现了五千年间发生在鄂州大地上的六十余次重大历史事件和众多为古城留下深刻影响的重要历史人物，其中就刻画了苏东坡在武昌西山的“寻梅”形象。

在西山东麓“寒溪漱玉”故地，拔地而起的新鄂州博物馆（三国吴都博物馆），不论是在“唐宋风雅”的历史展示单元中，还是在《鄂州与历史名人》《鄂州民俗馆》等专题展区里，苏东坡留在鄂州市的逸迹，都是市内外参观者驻足流连、观赏探究的重点。

元丰七年（1084）苏东坡离开黄州、武昌后，于十月二十六日在《书韩魏公黄州诗后》中写下这样一句话："有德于民，民怀之不忘也。"作为《宋史》推崇的"有德于民"楷模，苏轼对今日鄂州大地产生的深刻影响，充分印证了《书韩魏公黄州诗后》所言之正确。

七、苏轼"死必不坠"

在山东潍坊诸城，苏东坡曾经当过密州知州的地方，出了一位现代著名诗人——臧克家（1905—2004）。从背诵苏东坡诗文起步，到追随其耕耘于文学艺术天地的他，曾写下被千万人铭记的名诗绝句：

有的人活着，他已经死了。
有的人死了，他还活着。

在大江东去、逝者如斯的历史规律面前，任何人都无法拗违。现代中国著名学者林语堂（1895—1976）说："苏轼已死，他的名字只是一个记忆。但他留给我们的，是他那心灵的喜悦，思想的快乐。这才是万古不朽的。"

苏东坡正是用生前立下的不朽功业，成为世界认可的"千年英雄"，实现了"死必不坠"的遗愿，也因此永远活在华夏儿女心间，永远活在中国乃至世界文学的殿堂里。

苏东坡年表

宋仁宗景祐三年

十二月十九日（1037 年 1 月 8 日）卯时，生于眉州眉山纱縠行苏宅。

宋仁宗景佑四年（1037），二岁

伯父苏澹卒。

宋仁宗宝元元年（1038），三岁

长兄苏景先卒。

宋仁宗宝元二年（1039），四岁

二月二十日，弟苏辙出生。

宋仁宗庆历元年（1041），六岁

二伯父苏涣为中都公，移判阆州。

宋仁宗庆历二年（1042），七岁

在父母指导下选读欧阳修文章，知文而希望见其人。

宋仁宗庆历三年（1043），八岁

入眉山天庆观北极书院读书，以道士张易简为师。

宋仁宗庆历五年（1045），十岁

父苏洵游学四方，轼与弟从眉山天庆观北极书院退学，母程夫人亲授书，读《后汉书·范滂传》，“慨然奋厉有当世志”。

宋仁宗庆历八年（1048），十三岁

轼与辙就学于西杜寿昌刘巨门下。

宋仁宗皇祐三年（1051），十六岁

始游学于县境。二伯父苏涣为祥符县令。

宋仁宗至和元年（1054），十九岁

娶青神县乡贡进士王方之女、十六岁的王弗为妻。

宋仁宗至和二年（1055），二十岁

与父苏洵游学益州（今成都），以新作“正统三论”拜见张方平，被以“国士”待之。

宋仁宗嘉祐元年（1056），二十一岁

三月，苏洵带轼与辙陆路出川进京应试。五月，到京。九月，礼部举人考试，轼取第二名，辙亦中。

宋仁宗嘉祐二年（1057），二十二岁

正月，与弟辙同登进士，名列第二。父子三人名震京师。四月八日，母程氏卒，享年四十八岁，父子三人同回蜀治丧。

宋仁宗嘉祐三年（1058），二十三岁

服丧家中，作《论蓄兵赋民书》。

宋仁宗嘉祐四年（1059），二十四岁

服丧期满。十月，父子三人举家从水路出川赴京。妻子王弗生长子迈。

宋仁宗嘉祐五年（1060），二十五岁

三月，抵京。轼与辙分别被授河南府福昌县、渑池县主簿，皆因应制策未就职。

宋仁宗嘉祐六年（1061），二十六岁

制试，轼入三等，辙入四等。被授大理评事签书凤翔府节度判官，十一月，辞父离京，别弟于郑州。十二月，到任凤翔。

宋仁宗嘉祐七年（1062），二十七岁

二伯父苏涣卒于利州签判。

宋仁宗嘉祐八年（1063），二十八岁

三月二十九日，慧眼赏识轼、辙的仁宗崩。四月壬申，英宗赵曙继位，后有恩于轼的高氏、曹氏分别被立为皇后、皇太后。

宋英宗治平元年（1064），二十九岁

十二月十七日，罢凤翔任还京。

宋英宗治平二年（1065），三十岁

正月，入京。试学士院二论，皆入三等，得直史馆。五月二十八日，妻王弗卒于京师，享年二十七岁。

宋英宗治平三年（1066），三十一岁

四月，父苏洵卒于汴京，享年五十八岁，宋英宗赐“光禄寺丞”。与弟扶柩船溯江归蜀，途中在武昌县樊口古镇落帆歇息，听闻晋陶侃镇守武昌、卒于樊口轶事，寻绎樊山圣母庙，探访孙权猎豹等故迹。

宋英宗治平四年（1067），三十二岁

正月，英宗驾崩，宋神宗赵顼继位，其母高后为皇太后，尊曹太后为太皇太后。八月，合葬父母于眉州彭山县安镇乡可龙里。

宋神宗熙宁元年（1068），三十三岁

七月，除父丧，续娶王弗堂妹、王介幼女王闰之为妻。十二月，与弟携家眷入京。

宋神宗熙宁二年（1069），三十四岁

二月，与辙还京。王安石为参知政事，实施变法。因与王安石政见不合，仍以殿中丞直史馆抑置判官告院。

宋神宗熙宁三年（1070），三十五岁

任殿中丞直史馆抑置判官告院，权开封府推官。妻王闰之生次子迨。

宋神宗熙宁四年（1071），三十六岁

在京任殿中丞直史馆抑置判官告院兼判尚书祠部。请求外任。四月，命以太常博士通判杭州。七月，出京。十一月，到任杭州。

宋神宗熙宁五年（1072），三十七岁

妻王闰之生三子过。

宋神宗熙宁七年（1074），三十九岁

收王朝云。五月，命移知密州。九月，离开杭州。十月，到任。

宋神宗熙宁九年（1076），四十一岁

中秋节，给弟写《水调歌头·明月几时有》。十二月，诏命以祠部员外郎直史馆移知河中府。

宋神宗熙宁十年（1077），四十二岁

辙自京师来迎兄。抵陈桥驿，改知徐州。四月，到任。

宋神宗元丰二年（1079），四十四岁

三月，改知湖州。四月二十日，到任。七月，被御史中丞李定等弹劾，二十八日逮捕于湖州任上。八月十八日，入御史台监狱，史称“乌台诗案”。十二月二十九日，结案，“责授检校水部员外郎，黄州团练副使，本州安置，不得签书公事，令御史台差人转押前去”。

宋神宗元丰三年（1080），四十五岁

正月初一，携子迈，被押解离京。

二月初一，到黄州，寓居定慧院。此后十余天的寒食节前，寄寓武昌车湖刘郎洑的嘉州犍为人王齐万前往定慧院探访，作《王齐万秀才寓居武昌县刘郎洑，正与伍洲相对，伍子胥奔吴所从渡也》诗。作《定惠院寓居月夜偶出·次韵前篇》，回忆十五年前“忆昔扁舟溯巴峡，落帆樊口高危亚”，自注“樊口在黄州南岸”。在此前后，樊口潘丙来访，后在《杂记》云“樊口有潘生，善酿酒醇美”，书赠《鳊鱼》诗。鄂州知州朱寿昌得知轼贬谪来黄，派人送来酒果，二人相互致信问候。

三月，王齐万侄子王天麟到访，言及“鄂黄溺婴”，致信朱寿昌，请其制止武昌溺婴恶习。作《黄鄂之风》，记录在黄州开展的救助溺婴活动。

四月十二日，蜀中故友杜沂带在武昌县衙供职的长子杜传前来探望，就其携带的武昌西山酴醾花、菩萨泉，作诗二首。十三日，应杜沂之请，渡江首游武昌古樊山之东的西山区域，武昌县令江综闻讯，与杜沂之子杜传、杜俣同游，题名西山石壁，作《游武昌寒溪西山寺》诗。同月，为杜沂父杜君懿所蓄诸葛笔作记。给朱寿昌回信告诉家人和弟弟还在来黄途中。

五月，因家眷即将到来，迁居临皋亭。中旬作《记樊山》，探究武昌樊山历史人文及山中古迹。二十七日，苏辙送兄长家人于武昌磁湖，遇大风浪不得进，作《今年正月十四日与子由别于陈州，五月子由复至齐安，以诗迎之》，辙次韵二首作答。二十九日一早，到蕲水巴河口迎接弟和家眷。给朱寿昌去信告诉家人和弟弟已来黄。武昌供奉官郑文赠古铜剑，作《武昌铜剑歌并引》为谢。

六月二日，陪弟过江经樊口，游武昌西山，作《与子由同游寒溪西山》，辙作《黄州陪子瞻游武昌西山》。九日，辙离黄，送弟至武昌车湖刘郎洑，辙作《将还江州，子瞻送至刘郎洑王生家饮别》。回信告诉朱寿昌弟弟已赴筠州。胡掾自武昌来黄州，替朱寿昌“托致羊面酒果”。作《满江红·寄鄂州朱使君寿昌》，对出手整治武昌溺婴的朱寿昌用“君是南山遗爱守”来夸赞。

七月，纳王朝云为侍妾。当月，因樊口潘丙弟弟潘原买朴被禁，与朱寿昌信，“望赐全庇”。

八月十二日，乳母任氏病逝，享年七十二岁。

十月，李常来黄，与常过江游武昌西山寒溪，应常之请，作《菩萨泉铭并叙》。

十一月，作《菩萨蛮·回文四时闺怨》，赠给王齐愈。

十二月，《答秦太虚书》介绍“对岸武昌，山水绝佳”，武昌车湖刘郎洑“蜀人王生”倾情接待“数日不厌”，“又有潘生，作酒店樊口，棹小舟径至店下，村酒亦自醇酽”。陪蜀僧清悟游武昌车湖刘郎洑，书赠王齐愈，还在其书斋谈论唐末五代文章字画，写《王文甫达轩评书》。腊月底，致信朱寿昌，对“此岁行尽，会合何时”表示“以增怅然”。

宋神宗元丰四年（1081），四十六岁

正月十二日，樊口潘丙等陪同到女王城作诗。十五日，子姑神降郭家，与樊口潘丙前往观之，作《子姑神记》《仙姑问答》。二十日，潘丙等送其赴麻城岐亭访陈季常。

三月十一日，因生计艰难，好友马正卿向黄州知州徐君猷求得城中军营废地，得以躬耕其间，开始自号“东坡居士”；武昌樊口潘丙、车湖王齐愈兄弟等人其助开荒种地。王适自筠州赴徐州秋举，过黄，与适游武昌西山，作佛理诗《武昌酌菩萨泉送王子立》。

六月二十三日，与陈季常、王齐愈、潘丙等会于师中庵。

七月，向王齐万侄子王天常了解探讨西南夷战边事，然后在《答李琮书》中回复“承问王天常奉职所言边事”。

九月，樊口潘丙弟潘原失解，作《与潘三失解后饮酒》慰之。

十月，作《东坡八首并叙》，以“潘子久不调，沽酒江南村”“江南有蜀士，桑果已许乞”分别对躬耕东坡给予帮助的武昌樊口潘丙和车湖刘郎洑王氏兄弟等人，一一表示谢意。二十二日，在武昌车湖刘郎洑得陈季常书报种谔征讨西夏大捷，作《闻捷》《闻洮西捷报》。

十二月，大雪后怀念朱寿昌，作《江城子·黄昏犹是雨纤纤》。

是年春，见识“武昌秧马”，在黄州推广。当年夏天，给杜沂去信两封。

宋神宗元丰五年（1082 年），四十七岁

正月，作《正月十二日与潘郭二生出郊寻春，去年是日同至女王城作诗，乃和前韵》。十七日，梦扁舟渡江，作《水龙吟·小舟横截春江》，有“云梦南州，武昌东岸，昔游应记”词句。雪堂落成，与樊口潘丙侄子潘大临雪堂问答，作《雪堂问潘邠老》，一名《雪堂记》。

二月二十二日，陪蕲水县令李婴乘舟过江，武昌县主簿吴亮、车湖王齐愈、樊口潘丙等同游武昌西山，第二次题名西山岩壁。

三月，寒食节，作《黄州寒食二首》，诗情书意高度契合贬谪黄州生活窘境，被列为“天下第三行书”。七日，往沙湖相田，道中遇雨，作《定风波·莫听穿林打叶声》词。十一日，在武昌车湖刘郎洑王齐愈家作《四花相似说》，评酴醾花、桃花、海棠花、罂粟花。在此前后作《书赠王十六二首》。

五月，牵头重建武昌西山九曲亭，辙作《武昌九曲亭记》。朱寿昌罢鄂州知州任。

七月六日，在王齐愈家饮其自酿白酒，大醉，集古人句作《墨竹词》，并作《定风波·雨洗娟娟嫩叶光》。十六日晚，与蜀中道士杨世昌游黄州赤壁后，作《赤壁赋》。几天后，作《念奴娇·赤壁怀古》。与王齐雄等人游武昌西山，在九曲亭以“皓鹤下浴红荷湖”对“玄鸿横号黄槲岘”吃语上联，作吃语诗《西山戏题武昌王居士并引》。

九月，雪堂夜饮，作《临江仙·夜归临皋》。重阳节后，巢谷前来投靠，将其引荐给武昌车湖刘郎洑王氏兄弟。恰遇黄州牢城失火，殃及东坡雪堂，潘丙与在黄家人前来帮助灭火“两瓢无恙”。巢谷接信后从车湖刘郎洑赶回黄州。

十月十五日，与杨世昌、樊口潘丙侄子潘大临夜游黄州赤壁，作《后赤壁赋》。

十二月，将章圣明肃皇太后赐给其侄孙刘永年、后由王齐愈转赠的宋真宗御用之砚，送给好友蒲宗孟，作《黼砚铭并叙》。

当年杜沂卒，与沂子杜孟坚简，哀慰之。

宋神宗元丰六年（1083），四十八岁

正月，作《六年正月十二日复出东门仍用前韵》，樊口潘丙等依约陪同。

三月寒食日，同郭遘渡江游寒溪，武昌县主簿吴亮携酒野饮，翻改白居易诗，作《瑞鹧鸪·乌啼鹊噪昏乔木》哀词。

四月，黄州知州徐君猷调任湖南，安国寺继连大和尚以徐君猷常饮酒喝茶之竹亭求名，其命名“遗爱亭”，并代巢谷作《遗爱亭记》。

五月，在临皋亭侧修建南堂，作《南堂五首》诗，记述辟出专门房子书写字画、炼养丹砂等情况。

闰六月，张怀民贬谪黄州，在城西建亭，请其命名“快哉亭”，辙作《黄州

快哉亭记》。饮酒于王齐愈家，醉后画墨竹，赋《定风波》。

八月，作《节饮食说》。

九月二十四日，与张舜民同游武昌吴大帝城、西山，县令李观、主簿吴亮陪同，有诗文。二十五日，又一同会食武昌县令李观之宅。二十七日，侍妾王朝云生四子遁，小名干儿。作《十拍子·暮秋》，以“东坡日月长”“狂夫老更狂”夸赞武昌、黄州美酒给自己带来的变化。

同年，作《渔父》词四首。《五禽言五首》其二是专门为武昌农夫作的禽言诗。游武昌西塞山，点化唐张志和《渔歌子》，作《浣溪沙·西塞山前白鹭飞》。

宋神宗元丰七年（1084），四十九岁

正月，在给辙儿女亲家曹九章诗中提及“卖剑买牛”之事。还曾在《墨花》中回忆“求为黑牡丹”、在给章惇信中介绍用青蒿治牛病。二十一日，宋神宗亲出手札，“量移其检校水部员外郎汝州团练副使，本州安置，不得签书公事”。

二月，作《刘监仓家煎米粉作饼子，余云“为甚酥”？潘邠老家造逡巡酒，余饮之，云“莫作醋，错著水来否”？后数日，余携家饮郊外，因作小诗，戏刘公求之》。

三月上旬，接“量移汝州”手札。九日在《赠别王文甫、子辩》中写下“尔后遂相往来，及今四周岁，相过殆百数”。中旬，在《与王文甫》中表示“甚有事欲面话”。下旬，为樊口潘丙之侄潘大临作《蝶恋花·别酒劝君君一醉》，并亲书题跋《归去来辞》、前后《赤壁赋》，赠樊口潘丙侄子潘大临、潘大观。

四月一日，辞别雪堂周边父老，作《满庭芳·归去来兮》，此前还曾在武昌作《满庭芳·蜗角虚名》。六日，应继连大和尚之请，作《黄州安国寺记》。七日上午，启程离开时，作《别黄州》。中午，在武昌樊口潘丙所开潘生酒店辞行，将走后遗留之事托付潘丙叔侄。下午，在樊水出江口吟《调笑令》二首赠别武昌渔父。傍晚，在武昌西山吴王岘作《过江夜行武昌山上，闻黄州鼓角》。晚，至武昌车湖刘郎洑王齐愈家。因大风慰留，九日，作《再书赠王文甫》。十四日，在武昌磁湖会见故友吴子上兄弟，作《陈氏草堂》，在西塞山作《西塞风雨》，与武昌、黄州诸友作最终告别。

五月端午节后，其家眷乘船离开黄州，前往九江，跟其会合。前行途中，游庐山，作哲理诗《题西林壁》。探访石钟山，作《石钟山记》。

七月，幼子遁夭折。抵金陵，见王安石于蒋山。

十二月初一，抵泗州，上表求常州居住。

同年，在赴汝州途中所作的《忆黄州梅花五绝》中，忆念“樊口江边耿耿参”。

宋神宗元丰八年（1085），五十岁

二月，舟至南都，诰下仍以检校水部员外郎汝州团练副使，允许常州居住，特致信武昌樊口潘丙告知情况。

三月，神宗崩，哲宗赵煦继位，高太皇太后垂帘听政。

五月，以司马光为门下侍郎，开始废除新法。

六月，命复朝奉郎，知登州。到任五日，即召还朝。其间，致信武昌樊口潘丙，告诉动态。

十二月，回京，任礼部郎中。

宋哲宗元祐元年（1086），五十一岁

正月，先以七品服入侍延和殿，半月升为起居舍人。

三个月后，升为中书舍人。不久，又升为翰林学士，知制诰。

十一月二十九日夜，玉堂值守，与曾任武昌县令的邓圣求唱和《武昌西山并叙》。引来三十多人次韵，又作答谢诗《〈西山〉诗和者三十余人，再用前韵为谢》。后将《武昌西山并叙》唱和次韵诗卷，托到京城的樊口潘丙父亲潘革，带回转交车湖刘郎洑王氏兄弟，请其帮助镶刻在西山石壁。

十二月，遭台谏官攻击。

宋哲宗元祐二年（1087），五十二岁

为翰林学士，知制诰兼侍读。党争愈演愈烈，遂有洛党（以程颐为首）、朔党（以刘挚为首）、蜀党（以轼为首）之语。二月，应辙姻亲岑象求之请，书《武昌西山并叙》，此墨宝曲折传承至今。

宋哲宗元祐三年（1088），五十三岁

翰林学士，知制诰兼侍读，权知礼部贡举。遭新旧两党攻击，称病乞求外任，未准。

宋哲宗元祐四年（1089），五十四岁

致信潘丙告知“老病还朝”“已乞郡矣”。三月十日，在王定国家中题诗于王晋卿所作《烟江叠嶂图》上，发出“君不见武昌樊口幽绝处，东坡先生留五年”，并与王晋卿次韵、复韵赠答。十一日，诰以龙图阁学士知杭州。

六月，辙升任翰林学士兼礼部尚书。

七月，轼杭州到任。此前，在《次韵王晋卿〈送梅花〉一首》中吟“五年不踏江头路”，怀念武昌车湖刘郎洑的王氏兄弟。

八月，辙为贺辽国生辰特使。

年底，致信武昌樊口潘丙，向武昌、黄州友朋告知近况，致以新春祝福。

宋哲宗元祐五年（1090），五十五岁

疏浚杭州西湖，治理钱塘六井。秋，跟友人袁毂、刘季孙赋诗唱和时，引用李白在武昌庾亮楼所吟《陪宋中丞武昌夜饮怀古》诗句填《点绛唇》：“闲倚胡床，庾公楼外峰千朵。与谁同坐。明月清风我。”弟为御史中丞。

宋哲宗元祐六年（1091），五十六岁

二月二十八日，翰林学士承旨兼侍读，召还朝。六月到任。遭洛党攻击。八月，出知颍州。疏浚颍州沟渠和西湖。

宋哲宗元祐七年（1092），五十七岁

正月，以龙图阁学士知扬州。二月，到任，取消“万花会”。六月，辙为门下侍郎。七月，除兵部尚书。九月，到京。十一月，又兼侍读。

宋哲宗元祐八年（1093），五十八岁

任端明殿学士，左朝奉郎，礼部尚书。八月，继室王闰之病逝，享年四十六岁。九月初三，高太皇太后去世，哲宗亲政，恢复新党章惇、吕惠卿官职。十三日，命其出知定州，二十六日，离京。在到达前后，分别在《渔家傲·临水纵横回晚鞚》和《中山松醪赋》中吟西山。此前还曾作《怀望西山》诗。

宋哲宗绍圣元年（1094），五十九岁

借鉴晋陶侃武昌整军举措开展定州整军。恢复新法，其兄弟及门生相继遭贬。四月，以讥斥先朝罪名贬知英州，未至贬所。八月，先任宁远军节度副使，后改任建昌军司马贬惠州。途经庐陵，向宣德郎曾安止介绍“武昌秧马”，作《秧马歌并引》。十月，到惠州。先后在当地和吴中、常州阳羡等地推广“武昌秧马”，后作《题秧马歌后》四篇以记之。弟谪守汝州。

宋哲宗绍圣三年（1096），六十一岁

三月，筑房舍于白鹤观。七月，侍妾王朝云病逝，享年三十四岁。

宋哲宗绍圣四年（1097），六十二岁

三月，长子迈授韶州仁化令。四月十七日，责授琼州别驾，昌化军安置，不得签书公事。时辙改贬雷州，五月，兄弟俩相遇于滕州，同行至雷州。六月，渡海，七月二日，到昌化军（又称儋州）贬所。

宋哲宗元符元年（1098），六十三岁

被逐出官舍，在城南买地筑屋。

宋哲宗元符三年（1100），六十五岁

正月初九，哲宗崩，宋徽宗赵佶继位，向太皇太后权同听政。五月，大赦，其量移廉州。六月，渡海。七月，到贬所。九月，改舒州团练副使，永州安置。行至英州，得旨复朝奉郎，提举成都玉局观。

宋徽宗建中靖国元年（1101），六十六岁

正月，抵虔州，五月，至真州，因病止于常州。六月，上表自请致仕。七月二十八日（8 月 24 日）病逝于常州毗陵。后葬于汝州郏城钧台乡上瑞里嵩阳小峨眉山。

参考文献

1. 梁隆炜主编:《中国通史》,中国档案出版社 1999 年版。

2. 陈寿:《三国志》,北京工艺美术出版社 2019 年版。

3. 司马光:《资治通鉴》,中国财政经济出版社 2000 年版。

4. 余冠英等主编:《唐宋八大家全集》,国际文化出版公司 1997 年版。

5. 脱脱等撰:《宋史》,中华书局 1997 年版。

6. 曾枣庄、刘琳主编:《全宋文》,上海辞书出版社、安徽教育出版社 2006 年版。

7. 傅璇琮等编:《全宋诗》,北京大学出版社 1991—1998 年版。

8. 唐圭璋编,王仲闻参订,孔凡礼补辑:《全宋词》,中华书局 1999 年版。

9. 孔凡礼点校:《苏轼文集》,中华书局 1986 年版。

10. 王文诰辑注,孔凡礼点校:《苏轼诗集》,中华书局 1982 年版。

11. 孔凡礼:《苏轼年谱》,中华书局 1998 年版。

12. 冯应榴辑注,黄任轲、朱怀春校点:《苏轼诗集合注》,上海古籍出版社 2019 年版。

13. 谭新红编著:《苏轼词全集》,崇文书局 2015 年版。

14. 熊朝东:《大写三苏》,中国文史出版社 2013 年版。

15. 宋明刚主编:《苏轼全传》,中国文史出版社 2017 年版。

16. 王象之:《舆地纪胜》,中华书局 1982 年版。

17. 丁永淮等编注:《苏东坡黄州作品全编》,武汉出版社 1996 年版。

18. 王琳祥:《苏东坡谪居黄州》,华中师范大学出版社 2010 年版。

19. 阮忠:《我本海南民　兹游冠平生:流寓儋州的苏东坡》,南方出版社 2015 年版。

20. 武昌县志编纂委员会编:《武昌县志》,武汉大学出版社 1989 年版。

21. 鄂州市地方志编纂委员会编:《鄂州市志》, 湖北人民出版社 2014 年版。
22. 叶贤思编著:《鄂州通览》, 湖北人民出版社 2013 年版。
23. 饶浩洲主编:《鄂州与名人》, 湖北人民出版社 2016 年版。
24. 万齐文:《吴都探古集》, 香江文艺出版社 2013 年版。
25. 余国民主编:《南浦诗词(2021 年卷)》, 中国文化发展出版社 2021 年版。
26. 孙璜清主编:《苏东坡黄州文选》, 中国广播电视出版社 2022 年版。

后　记

我第一次接触苏东坡贬谪黄州逸迹，还是在二十世纪七十年代初。那时在鄂城县古武昌城滨江大北门码头乘渡轮溯流而上，一下子就到了黄州沙街码头，抬头就观望到了东坡赤壁。钟爱苏东坡文化，探究苏东坡对家乡所产生影响的种子，就此悄然种下。

苏轼贬谪黄州期间时复扁舟越大江，为其蝶变升华、以厚重东坡文化跃上文坛巅峰提供了诸多养分，也在古武昌（今鄂州市）留下浓墨重彩的一页。因此，中国苏轼研究学会副会长、黄冈市东坡文化研究会原会长涂普生说“东坡文化体内循流着鄂州文化血液”“没有鄂州文化，苏东坡是很难写出一词二赋的”。于是中国苏轼研究学会鼓励编撰苏轼的《鄂州卷》。2020 年是苏东坡贬谪黄州、扁舟武昌 940 周年。此时着手编撰出版苏东坡《鄂州卷》具有重大意义。承蒙厚爱，我有幸承担这一重任。

为了选择一个恰当的角度来撰写此书，既填补苏轼研究空白，又可在更大的范围内有自己的特色和亮点，我选择以下三个方面问题，作为探究撰写此书的重点：苏东坡缘何钟情适意、感激眷念古武昌？古武昌对贬谪戴罪的苏东坡实现“黄州突围”有何贡献？苏东坡在鄂州历史上留下了什么？基于此，我在书中旗帜鲜明、细致入微地记述苏东坡跟古武昌的特殊情缘，以便突出鄂州市苏东坡文化的独特历史印记和本书主旨。

首先，鄂州市的苏东坡文化，主要形成于苏轼贬谪黄州、扁舟武昌时期。其最核心、最有亮点的，恰恰是苏东坡因对古武昌的钟情适意、感激眷念所衍生的大量诗文、逸迹、佳话。这也是本书着意突出的重点内容。“有乐于是”出自其弟苏辙在《武昌九曲亭记》中探析哥哥牵头扩建九曲古亭“于是最乐”的感悟，以此评点苏轼对古武昌的独特情感。其次，由于苏轼扁舟越大江时，此地行政隶属关系为荆湖北路鄂州武昌县，且古今鄂州、武昌地名完全掉了一个头。因此按照历史唯物主义原则，书中所称武昌，即为今日鄂州市。再次，书中尽量用苏东坡来称呼苏轼。因为在苏轼贬谪黄州后所开启的辉煌功业中，古武昌给予他的诸多有益滋养，以及他在鄂州历史上留下的巨大影响，差不多都跟东坡居士这一特殊时期的自号相关联。最后，本书撰写时尽量站在今鄂州的角度来深入系统地观察研究，描述记叙。

尽管本书相当于苏轼的《鄂州卷》，但撰写时还是着意以点带面，让读者能通过本书，对苏东坡一生功业有比较完整的了解。不仅如此，书后还特附《苏东坡年表》，尽量收集苏东坡与今日鄂州相关联的大事。为了方便读者更深入、更真实地把握鄂州市苏东坡文化，书中大量引用苏东坡有关诗文和相关历史资料，特别是注意考证引用全国各相关地域在苏轼文化研究中涉及今鄂州的史料，并着力挖掘探究鄂州市当地与苏东坡文化相关的资料及其研究成果。另外，苏东坡纵游武昌的历史机缘主要来自其贬谪黄州，所以本书对苏轼在黄州期间所写名篇佳作尽量涉猎，对其中与古武昌历史人文、山川地理有内在联系的内容，做了大量充分的考证探析，并适当加以演绎。这些都在书中以醒目的方式呈现在每个章节前和书文内，以便尽可能地使本书占有资料真实充分、主要内容于史有据、叙述观点准确妥帖。

本书得以顺利撰写出版，得到多方面的提携扶助。原华中师范大学文学院中文系主任、海南师范大学文学院院长阮忠教授拨冗指点。中国苏轼研究学会理事、黄冈市东坡文化研究会顾问王琳祥教授，把自己多年研究苏东坡情系古武昌的宝贵资料倾囊而出。他还与中国苏轼研究学会理事、黄冈师范学院文学院教授方星移一起，对拙作字斟句酌，润色斧正。眉山市三苏文化研究院专门发来推荐函。相关文史研究者对本书进行了研讨。鄂州市社科联将“东坡文化与鄂州（武昌）的关联影响”，列入 2023 年鄂州市社科应用课题立项，本书为该课题结项成果。中共鄂州市委宣传部、市关心下一代工作委员会、市委老干部局等单位有关领导，以不同方式，对本书写作、出版给予了帮助。余涛、苏良刚、何平华等友人在本书撰写、出版过程中，作了大量的联系协调工作。这里一并表示感谢。同时拙作若有不当之处，敬请方家指教。